第5版
子ども家庭福祉論

田邊 哲雄・中 典子

編著

晃洋書房

まえがき

　2022（令和 4）年にこども基本法が公布，2023（令和 5）年 4 月に施行となり，日本は，これまで以上にこどもまんなか社会を目指すこととなりました．こども基本法第 1 条では目的を「日本国憲法及び児童の権利に関する条約の精神にのっとり，次代の社会を担う全てのこどもが，生涯にわたる人格形成の基礎を築き，自立した個人としてひとしく健やかに成長することができ，心身の状況，置かれている環境等にかかわらず，その権利の擁護が図られ，将来にわたって幸福な生活を送ることができる社会の実現を目指して，社会全体としてこども施策に取り組むことができるよう，こども施策に関し，基本理念を定め，国の責務等を明らかにし，及びこども施策の基本となる事項を定めるとともに，こども政策推進会議を設置すること等により，こども施策を総合的に推進すること」としています．また，同法第 2 条では，「こども」を「心身の発達の過程にある者」としています．児童福祉法では「児童」は18歳未満とされていましたが，「こども」と表記して定義することで必要な人に必要な支援ができる機会ができたように感じました．

　このような，新たなこども施策が示される中，編者として田邉哲雄，中典子の 2 名が書籍の編集を進め，本書籍『第 5 版　子ども家庭福祉論』を発刊することになりました．これもひとえに，執筆者の先生方とともに発刊に向けて執筆に取り組むことができたからだと感じています．

　今回の改訂では，子ども家庭福祉に関する研究を行っている教員が，子どもを取り巻く現状，子どもの権利，子ども家庭福祉の歴史，こども家庭庁発足をはじめとする新たな法制度の策定とこれまでの制度の改正，子ども家庭福祉の専門性，また，子育て支援，保育所，社会的養護，障害児とその家族，ひとり親家庭，外国籍等の子どもと家族への対応をはじめとする内容が含まれています．また，子どもの貧困，子ども虐待，子どもと非行をはじめとする子ども家庭福祉の現代における課題についても，執筆者の先生方が最新の情報を収集し，執筆しています．こどもまんなか社会を目指すこども家庭庁が発足し，これからますます，子どもの暮らしの安定に向けての取組の充実が図られることと思います．その際，本書籍が子ども家庭福祉分野の発展の一助となると思います．

今回の改訂により，これから保育者を目指す皆さん，また，保育者の皆さんにとって，今まで以上に時事的な内容になっています．本書籍を読んでいただき，子ども家庭福祉の歴史，法制度，現状と課題についての理解が深まればと願います．

また，本書の出版にあたり，多大なるご支援をいただいた晃洋書房の萩原淳平社長，編集部部長西村喜夫氏，編集部徳重伸氏に心から感謝します．

2025年1月

編　　者

目　　次

まえがき

第1章　現代社会と子ども ……………………………………………… 1
第1節　子どもの定義　（1）
第2節　子ども家庭福祉の理念　（4）
第3節　子どもをとりまく養育環境の変化　（5）
第4節　子どもをとりまく生活環境の変化　（11）

第2章　子どもの権利 …………………………………………………… 18
第1節　子ども家庭福祉と子どもの権利　（18）
第2節　子どもの権利の歴史的変遷　（21）
第3節　子どもの権利を守る取り組み　（27）

第3章　子ども家庭福祉の歴史 ………………………………………… 32
第1節　欧米の子ども家庭福祉の歴史　（32）
第2節　日本の子ども家庭福祉の歴史　（37）
第3節　保護から自立支援に向けた子ども家庭福祉　（40）

第4章　子ども家庭福祉の法と体系 …………………………………… 46
第1節　子ども家庭福祉を支える法と制度の基礎　（46）
第2節　児童福祉法　（47）
第3節　子ども家庭福祉にかかわる法律　（53）

第5章　子ども家庭福祉の実施機関と財源 …………………………… 60
第1節　国 の 機 関　（60）
第2節　都道府県による機関　（63）
第3節　市町村による機関　（67）
第4節　地域での実施機関　（69）
第5節　子ども家庭福祉の財源　（70）

第6章　子ども家庭福祉の専門職 ……………………………………… 72

第1節　専門職としての福祉の仕事　　(72)

第2節　子ども家庭福祉の専門職　　(77)

第3節　子ども家庭福祉の専門性の向上　　(83)

第7章　子育て支援 ………………………………………………………… 86

第1節　少子化と子育て支援の動向　　(86)

第2節　子ども・子育て支援制度　　(90)

第3節　次元の異なる少子化対策の実現に向けた「こども未来戦略」　　(94)

第4節　今後の子ども・子育て支援　　(96)

第5節　母子保健と健全育成　　(97)

第8章　保　育　所 ………………………………………………………… 102

第1節　保育所とは　　(102)

第2節　保育所を取り巻く現状　　(107)

第3節　保育所保育の特性　　(109)

第4節　多様な保育ニーズへの対応　　(111)

第5節　地域の関係機関・施設とのつながり　　(113)

第9章　社会的養護 ………………………………………………………… 117

第1節　社会的養護とは何か　　(117)

第2節　社会的養護の形態・現状　　(124)

第3節　保育者と社会的養護の関連性　　(129)

第4節　子どもの最善の利益と社会的養護　　(130)

第10章　障害のある子どもの福祉と家族支援 ………………………… 133

第1節　障害とは何か　　(133)

第2節　ライフステージにおける障害児（者）福祉サービス　　(136)

第3節　障害児の保育と教育との連携　　(142)

第4節　家族をとりまく現状と支援　　(143)

目　次　v

第11章　ひとり親家庭 ………………………………………………… 148
第1節　子ども家庭福祉とひとり親家庭　　(148)
第2節　ひとり親家庭を取り巻く社会状況　　(149)
第3節　ひとり親家庭への支援　　(153)

第12章　貧困家庭，外国籍等の子どもとその家族への対応 ………… 162
第1節　貧困家庭の子どもたち　　(162)
第2節　貧困が及ぼす子どもへの影響　　(164)
第3節　貧困家庭への対応　　(166)
第4節　外国籍等の特別な配慮が必要な背景がある子どもと
　　　　その家庭への対応　　(169)

第13章　子ども虐待 ……………………………………………………… 174
第1節　子ども虐待とは何か　　(174)
第2節　子ども虐待の実態　　(176)
第3節　子ども虐待への支援　　(179)

第14章　子どもと非行 …………………………………………………… 187
第1節　非行という言葉　　(187)
第2節　非行の動向　　(189)
第3節　非行への対応　　(192)
第4節　非行の原因と克服　　(198)

第15章　子ども家庭福祉の課題 ………………………………………… 200
第1節　次世代育成支援と子ども家庭福祉の推進　　(200)
第2節　地域における連携・協働とネットワーク　　(203)
第3節　医療的ケア児への対応　　(204)
第4節　子ども家庭福祉の中にある「保育」　　(208)

索　　引　　(217)

第1章
現代社会と子ども

　子どもを取り巻く現代社会の状況を皆さんはどのように考えていますか．家庭，学校，友人，地域社会，インターネット，社会的価値など，子どもを取り巻く社会には，様々な要素が存在し，変化しています．皆さんは，それらを全て肯定的な状況として捉えていますか．子ども虐待，貧困，待機児童，いじめ，ひきこもり，ヤングケアラーなど現代社会における否定的な状況を想像されることも多いのではないでしょうか．子どもの存在を考える際に重要な視点は，子どものみを対象とするのではなく，子どもを含む家庭や地域，社会全体を視野に入れて捉えることです．顕在化している問題の背景は複雑であり，社会の様々な状況と子どもの関係性を把握し，子どもにとって最善の利益を提供するための方法を考える必要があります．こどもまんなか社会を実現するためにこども家庭庁が2023（令和5）年に発足しました．本章では，子どもの存在について考えることから始め，子どもの養育環境と生活環境の現状について明らかにします．

第1節　子どもの定義

1　子どもとはどのような存在か

　子どもの特徴は，その姿，存在の多様性であるといえます．生命の発生から成人するまでの胎児，乳児，幼児，児童，少年などの発達段階があり，環境を通して社会経験を重ねていく様々な姿が子どもにはあります．アドルフ・ポルトマン（1897-1982）は，人間は他の哺乳類動物より早く生まれてきており，生理的早産であると言っています．人間は大脳が大型化したため，頭が大きくなる前に出産しないと母体に負担がかかり，その結果，早産が通常化して運動能力が未熟なまま生まれてくると考えたのです．さらにポルトマンは，生後1年の間を子宮外の胎児期と呼び，他の哺乳類動物と比較して大人の保護なしでは生きていけない子どもを出産後も親のお腹の中にいるような状態として，二次的就巣性と呼んでいます．

実際に人間の子どもは，歩行など身体的自立の一歩に約1年の月日を必要とし，その後も多くのことを他人に依存せざるを得ない存在です．子どもは，親を中心とした環境をはじめ様々な社会環境の中で，親や他人の言葉・行動を模倣して，発達段階に即した知識や技能，価値観を育み成長をしていきます．私たちが子どもの存在を考えるためには，親をはじめとした周囲の社会環境を正しく捉え，その背景となっている私たちの価値観や社会制度について深く理解する必要があります．

　現代社会では，法律において子どもを年齢によって大人と区別しており，法律名では児童という用語で示されることが多くあります．しかし，法律においてもその区分は18歳であったり，20歳であったりしました．2023（令和5）年4月1日施行のこども基本法では，「こども」は「心身の発達の過程にある者」と明記されています．明確に子どもと大人を区分して捉えることは難しく，大人は子どもの幸せの延長にあり続ける存在であるといえます．1959（昭和34）年に国際連合によって採択された「児童権利宣言」の前文にあるように，「児童は，身体的及び精神的に未熟であるため，その出生の前後において，適当な法律上の保護を含めて，特別にこれを守り，かつ，世話することが必要である」といった社会環境の重視と「人類は，児童に対し，最善のものを与える義務を負うものである」といった社会責務の意識を社会全体で醸成していくことが必要となります．

2　法律上の子ども

　「児童福祉法」をはじめとして，子どもは児童と表記されていることが多くありますが，表1-1に示されるように児童以外に，少年，年少者，未成年者，学齢児童，学齢生徒，こどもなどの用語が使用されている場合もあります．児童と規定される年齢は「児童の権利に関する条約」に示されるように，18歳未満とすることが国際的にも標準といえます．「児童福祉法」においても同様に規定されていますが，児童をさらに乳児（1歳未満の者），幼児（1歳から小学校就学の始期に達するまでの者），少年（小学校就学の始期から18歳に達するまでの者）と3つに区分しているところに特徴があります．しかし，表1-1に示されるように児童の年齢は全て18歳未満となっているわけではありません．児童扶養手当や特別児童扶養手当のように高校卒業までを対象としているもの，またその際の障がい児を対象とする場合や「母子及び父子並びに寡婦福祉法」については，

第 1 章　現代社会と子ども　　3

表 1 − 1　児童福祉関係法における子どもの範囲

「児童」の定義が法律上明示されている主な法律		
児童福祉法	児童	18歳未満の者
	乳児	1 歳未満の者
	幼児	1 歳から小学校就学の始期に達するまでの者
	少年	小学校就学の始期から18歳に達するまでの者
児童虐待の防止等に関する法律	児童	18歳未満の者
児童手当法	児童	18歳に達する日以後の最初の 3 月31日までの間にある者
児童扶養手当法	児童	18歳に達する日以後の最初の 3 月31日までの間にある者又は20歳未満で政令で定める程度の障害の状態にある者
特別児童扶養手当等の支給に関する法律	児童	20歳未満であって，障害等級が一級及び二級に該当する程度の障害の状態にある者
母子及び父子並びに寡婦福祉法	児童	20歳未満の者
児童買春，児童ポルノに係る行為等の処罰及び児童の保護等に関する法律	児童	18歳未満の者
インターネット異性紹介事業を利用して児童を誘引する行為の規制等に関する法律	児童	18歳未満の者
労働基準法	年少者	18歳未満の者
	児童	15歳に達した日以後の最初の 3 月31日が終了するまでの者
学校教育法	学齢児童	満 6 歳に達した日の翌日以後における最初の学年の初めから，満12歳に達した日の属する学年の終わりまでの者
	学齢生徒	小学校又は特別支援学校の小学部の課程を終了した日の翌日後における最初の学年の初めから，満15歳に達した日の属する学年の終わりまでの者
（参考）		
児童の権利に関する条約	児童	18歳未満の者（ただし，当該児童で，その者に適用される法律により，より早く成年に達したものを除く）

その他児童に類する者を法律上明示している主な法律		
民法	未成年者	18歳未満の者（民法改正により2022（令和 4 ）年 4 月 1 日変更）
	婚姻適齢	男満18歳，女満18歳（民法改正により2022（令和 4 ）年 4 月 1 日変更）
刑法	刑事責任年齢	満14歳
風俗営業等の規制及び業務の適正化等に関する法律	年少者	18歳未満の者
少年法	少年	20歳未満の者
	特定少年	18歳，19歳
母子保健法	乳児	1 歳未満の者
	幼児	1 歳から小学校就学の始期に達するまでの者
青少年が安全に安心してインターネットを利用できる環境の整備等に関する法律	青少年	18歳未満の者
子ども・子育て支援法	子ども	18歳に達する日以後の最初の 3 月31日までの間にある者
	小学校就学前の子ども	子どものうち小学校就学の始期に達するまでの者
こども基本法	こども	心身の発達の過程にある者（年齢区分に関する規定はない）
こども家庭庁設置法	こども	心身の発達の過程にある者（年齢区分に関する規定はない）
子ども・若者育成支援推進法	子ども・若者	（年齢区分に関する規定はない．※）

※子ども・若者育成支援推進法の規定に基づき策定された「子ども・若者ビジョン」では，それぞれ対象となる者を以下のように定義している．
　・子ども：乳幼児期（義務教育年齢に達するまで），学童期（小学生）及び思春期（中学生からおおむね18歳まで）の者
　・若者：思春期，青年期（おおむね18歳からおおむね30歳未満まで）の者，施策によっては，40歳未満までのポスト青年期の者も対象

（出典）厚生労働省「社会保障審議会児童部会新たな子ども家庭福祉のあり方に関する専門委員会　第 4 回新たな児童虐待防止システム構築検討ワーキンググループ資料各種法令による児童等の年齢区分」〈https://www.mhlw.go.jp/file/05-Shingikai-12601000-Seisakutoukatsukan-Sanjikanshitsu_Shakaihoshoutantou/0000096703_1.pdf〉，2024年 5 月 6 日閲覧．をもとに改編．

20歳としているものがあります．それぞれ法律の目的に即して，年齢区分がされています．また，2022（令和4）年度より改正された「民法」が施行となり，18歳成人としての位置づけが明確になり，女性の婚姻年齢も引き上げられることになりました．先述したように2023（令和5）年4月1日施行のこども基本法では，「こども」は「心身の発達の過程にある者」と明記されました．

第2節　子ども家庭福祉の理念

　現在，児童福祉という呼び方は，福祉分野の中では減少しつつあります．理由としては，子どものみを対象とした社会福祉ということだけでは，現在の子どもをめぐる複雑な社会課題をとらえることは適切ではなく，家庭や家族を単位とした支援のあり方や制度設計に変化しているためです．

　子ども家庭福祉の理念は，子どもにとって最もふさわしく，中心となる生活の場が家庭であり，子どもが常に最善の利益を得るために必要となるあらゆる制度やサービス，援助活動などを家庭と一体となって行うことです．それは，子どもが常に最善の利益を得るために，行政，社会福祉関連の機関・施設や専門職，地域が一体となって家庭を通して子ども支え続けることを基盤としています．

　そもそも「福祉」という言葉は，英語でソーシャルウェルビーイング（social well-being）と表現されます．その意味は，肉体的にも，精神的にも，そして社会的にも，すべてが満たされた幸福な状態が恒久的に続くことであり，さらにその幸福は人と人との強い信頼と愛情の繋がりの中で獲得される人間関係を基盤としたうえに創られるものとして考えられています．子どもが生活する家庭は，強い信頼と愛情に溢れた環境となっていることで，子どもは幸福を感じながら安心して成長をすることができます．

　しかし，現代社会はそのような家庭環境を実現することが困難な側面もあります．子育てに悩んでいる，夫婦間の不和を抱えている，貧困となっているなど，子育てをしている家庭の課題は多種多様といえます．「児童福祉法」第2条③には，「国及び地方公共団体は，児童の保護者とともに，児童を心身ともに健やかに育成する責任を負う」と規定されています．公的責任において行政は，保護者が子どもを安心して育てられるように施策を整え，子どもの成長を支援していく責任があります．保育士をはじめとした専門職は，子育て家庭の

抱える様々な困難に対し，どのような施策があるか，またその機能はどういったものかを把握し，必要な家庭に支援として届ける役割があります．このような取り組みは，行政や専門職だけで行うのではなく，地域の住民にも参加してもらうことが大切です．地域が身近にある子育て家庭に関心を持ち，困っている家庭があれば相談に乗り，支援することができれば，救われる問題も多くあります．子どもにとって地域は，家族以外の人と繋がる場であり，遊びの場，学校などもある学びの場でもあります．また，子どもにとって地域は成長をしていく場です．温かい近隣住民の関わりがあることで，子どもは地域で安定して生活することができ，健やかに成長することができます．

第3節　子どもをとりまく養育環境の変化

1　少子化の現状

現在の日本では，合計特殊出生率が減少し，少子化が深刻な状況となっています．合計特殊出生率は，一人の女性が生涯に産む子どもの数を示したものです．2023（令和5）年現在，合計特殊出生率は1.20，出生数は統計史上最少の72万7277人となっています．

図1−1をもとに日本の出生状況を見てみると，1947（昭和22）年から1949（昭和24）年の第一次ベビーブームが最も子どもが生まれていることがわかります．第一次ベビーブームは，第二次世界大戦が終了後，結婚が増加したことにより起きたベビーブームです．この時期には，およそ270万人の子どもが生まれ，合計特殊出生率としても4.32と4人を超える子どもが平均的にいたことがわかります．続いて出生率が高いのが，1971（昭和46）年から1974（昭和49）年の第二次ベビーブームです．これは第一次ベビーブームで生まれた団塊の世代が，子どもを生んだことによる出生の増加です．この時期には，209万人以上の子どもが生まれ，出生率も2.14と高い数値でした．それ以降，出生率は下降していき，1989（平成元）年には，迷信により人々が出産を避けた1966（昭和41）年の「ひのえうまの年」を下回る1.57となり，深刻な少子化の状況として社会に衝撃を与えました．この年の出生率は1.57ショックと言われ，1994（平成6）年に制定された「今後の子育て支援のための施策の基本的方向について」，通称エンゼルプランの成立の大きな契機となりました．その後，出生率は2002（平成14）年に1.2台まで下がり，2005（平成17）年には過去最低の1.26まで落ち，そ

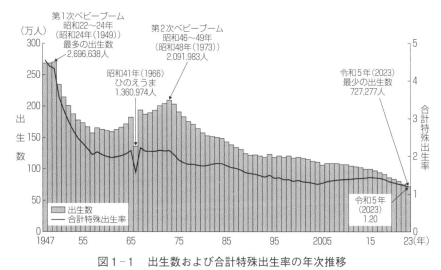

図1−1　出生数および合計特殊出生率の年次推移

(出典) 厚生労働省「令和5年(2023)人口動態統計月報年計(概数)の概況」2024年, p.4〈https://www.mhlw.go.jp/toukei/saikin/hw/jinkou/geppo/nengai23/dl/gaikyouR5.pdf〉, 2024年8月3日閲覧.

の後微増となり1.3台となりました．2021（令和3）年以降の新型コロナウィルス感染拡大の影響を受けて，さらに出生数が低下することが危惧されていましたが，先述したとおり実際に，国が統計を取り始めた1899（明治32）年以降，最も少子化が進行する事態となりました．

2　少子化の背景

　少子化の背景は，晩婚化及び晩産化の進行，未婚化及び非婚化の進行が大きな要因と分析されています．

　日本人の平均初婚年齢は2020（令和2）年現在，男性は31.0歳，女性は29.4歳となっています．1975（昭和50）年では，男性は27.0歳，女性は24.7歳となっており，それぞれ4歳近く晩婚化しています．

　また，未婚化も同様に進行しています（図1-2）．2015（平成27）年現在，50歳まで一度も結婚したことのない人の割合である生涯未婚率は，男性24.8％，女性14.9％となっています．1985（昭和60）年では，男性4.3％，女性3.9％となっており，大幅に未婚率が上昇していることがわかります．予測値では，2040（令和22）年には男性で29.5％％，女性で18.7％になる見通しとなっており，約3人に1人は結婚をしていない状況が危惧されます．日本は，婚姻していることが

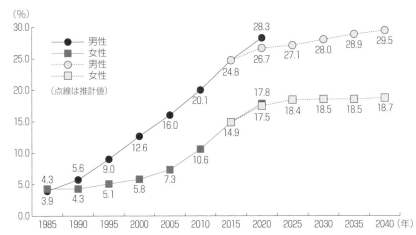

図1−2　50歳時未婚割合の推移

(出典)「令和5年版　厚生労働白書　本編図表バックデータ」〈https://www.mhlw.go.jp/stf/wp/hakusyo/kousei/22/backdata/01-01-01-13.html〉，2024年8月3日閲覧．

子どもを産む前提とする規範が強いため，結婚と出生率は強く関連することになります．

　晩婚化，未婚化を背景とした出生数の減少も少子化の大きな要因です．図1−3に示される出生順位別の母の平均年齢は，1975（昭和50）年において第1子25.7歳，第2子28.0歳，第3子30.3歳でした．2020（令和2）年において第1子30.7歳，第2子32.8歳，第3子33.9歳となり，第1子では5.2歳，第2子では4.8歳，第3子では3.6歳上昇しています．

　図1−4に示される夫婦の完結出生児数（＝結婚持続期間が15〜19年の初婚どうしの夫婦の平均出生子ども数）をみると，1972（昭和47）年から2002（平成14）年までは2.2人前後で推移していました．しかし，2005（平成17）年から減少傾向となり，2015（平成27）年には1.94人となりました．

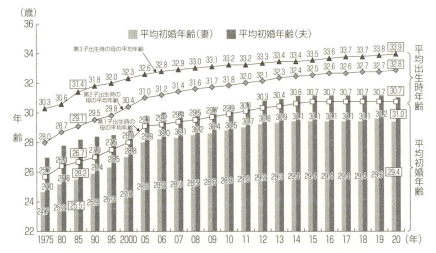

図1-3　平均初婚年齢と出生順位別母の平均年齢の年次推移

(資料) 厚生労働省「人口動態統計」を基に作成.
(出典) 内閣府「令和4年版　少子化社会対策白書」2022年, p.13 〈https://warp.da.ndl.go.jp/info:ndljp/pid/12772297/www8.cao.go.jp/shoushi/shoushika/whitepaper/measures/w-2022/r04webhonpen/img/zh1-1-11.gif〉, 2024年8月8日閲覧.

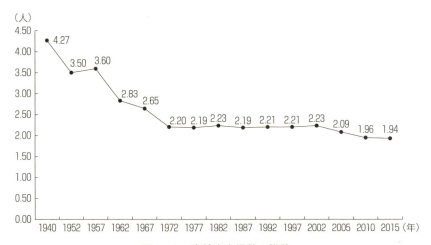

図1-4　完結出生児数の推移

(資料) 国立社会保障・人口問題研究所「第15回出生動向基本調査 (夫婦調査)」2015年を基に作成.
(注) 対象は結婚持続期間15〜19年の初婚どうしの夫婦 (出生子供数不詳を除く). 横軸の年は調査を実施した年である.
(出典) 内閣府「令和4年版　少子化社会対策白書」2022年, p.15 〈https://warp.da.ndl.go.jp/info:ndljp/pid/12772297/www8.cao.go.jp/shoushi/shoushika/whitepaper/measures/w-2022/r04webhonpen/img/zh1-1-13.gif〉, 2024年8月8日.

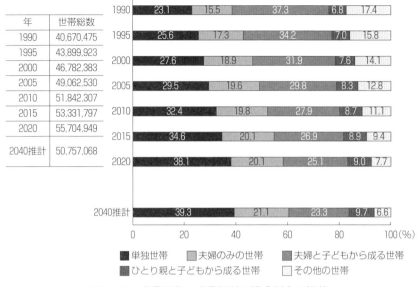

図1-5　世帯総数・世帯類型の構成割合の推移

（資料）2020年までは総務省統計局「国勢調査」，2040年推計値は国立社会保障・人口問題研究所「日本の世帯数の将来推計（全国推計）」（平成30年推計）による．
（注）1990年は，「世帯の家族類型」旧分類区分に基づき集計．世帯類型における「子ども」は，成年の子も含まれる．2010年から2020年における割合は，世帯の家族類型「不詳」を除いて算出している．
（出典）厚生労働省「令和5年版　厚生労働白書──つながり・支え合いのある地域共生社会──」2023年，p.5〈https://www.mhlw.go.jp/wp/hakusyo/kousei/22/dl/1-01.pdf〉，2024年8月3日閲覧．

3　核家族化

　図1-5に示されているとおり，2020（令和2）年現在における世帯総数は5570万4949世帯です．その世帯総数を100%とすると，単独世帯が38.1%，夫婦のみの世帯が20.1%，夫婦と子どもからなる世帯が25.4%，ひとり親世帯数が9.0%でした．1990（平成2）年から2020（令和2）年までの推移を比較すると単独世帯の割合の増加，ひとり親と子どもからなる世帯の割合の増加があることがわかります．また，夫婦と子どもからなる世帯は，世帯数，世帯総数に占める割合ともに減少傾向にあります．

　もともと日本社会は，農業を中心とした第一次産業が盛んな国でした．そこでは，田畑を耕すために多くの人が必要となり，家族や親族，地域の人が助け合いながら生活をしていました．当時は，三世代家族が当たり前で一つの世帯人数も多く，地域住民が相互に助け合う共同体としての機能もあったため，子

育てに参加してくれる人が多くいました．それが高度経済成長期以降，経済活動の活発化により，都市部へ労働力が流出することにより職住分離の形となり，現在の小規模の核家族の形態が中心となりました．女性の社会進出による共働きの増加や遠方への日々の通勤時間，待機児童など保育サービスの脆弱さは，少人数となった現在の家族にとって子育て負担が重くなっていることは明らかです．

4　少子化と核家族化が及ぼす養育環境の変化

　少子化や核家族化による家族規模の縮小化は，子育ての負担感を助長し，養育機能の低下を引き起こします．厚生労働省（2018）は「第7回21世紀出生児縦断調査」（平成22年出生児）の概況を示しています．そこでは，図1-6に示すような2017（平成29）年実施の「子どもを育てていて負担に思うことや悩み」についての調査結果があります．2020（平成22）年出生児の調査における「子

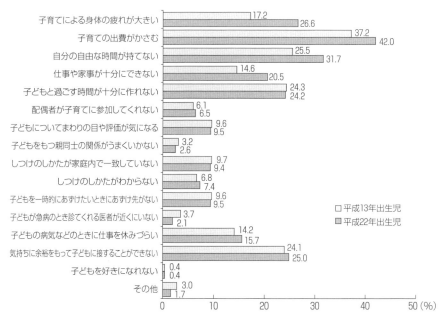

図1-6　子どもを育てていて負担に思うことや悩みの内容の世代間比較（複数回答）
（注）第7回調査の回答を得た者（平成13年出生児総数 36,785，平成22年出生児総数 25,397）を集計．
（出典）厚生労働省「第7回21世紀出生児縦断調査（平成22年出生児）の概況」2018年，p. 8〈https://www.mhlw.go.jp/toukei/saikin/hw/syusseiji/16/dl/gaikyou.pdf〉，2024年8月3日閲覧．

どもを育てていて負担に思うことや悩みの有無」では,「負担に思うことや悩みがある」との回答が75.2%でした.「子どもを育てていて負担に思うことや悩みの内容」(複数回答)では,「子育ての出費がかさむ」が42.0%で最も高かったです.次は,「自分の自由な時間が持てない」で31.7%,その次は「子育てによる身体の疲れが大きい」で26.6%でした.2001(平成13)年出生児と比較すると,「子育てによる身体の疲れが大きい」が9.4ポイント高くなっています.また,「子どもと過ごす時間が十分にもてない」「気持ちに余裕をもって接することができない」等,子どもの育ちに影響する項目も高くなっています.

　家族内におけるきょうだいの減少,祖父母となかなか会えない環境,地域社会の中でのつながりの脆弱化といった状況は,異年齢の交流や様々な人間関係の形成の過程で生まれる豊かな経験の機会を奪っているといえます.このような現状は,現在の子どもが子育てに触れ合う経験がないまま育っていくということにもつながります.自分の子どもが初めて抱っこをする子ども,自分の子どもがはじめておむつを交換する子どもということも珍しくありません.誰もが子育てに不安を抱えるものですが,現代社会の親の方が以前に比べて子育てを支援してくれる者が少ない,また,経験値からも子育てへの不安を抱える傾向が強いといえます.

第4節　子どもをとりまく生活環境の変化

1　地域社会の変化

　近年,ひとり世帯の増加,賃貸住まいの増加,共働きの増加などを背景に近所づきあいが減少し,地域のつながりが希薄化しています.国立社会保障・人口問題研究所(2023)の「2022年生活と支え合いに関する調査」によると,子どもの世話や看病で頼れる人のほとんどは家族・親族となっていました.次いで,前者と比較してかなり低くなりますが,友人・知人となっていました.近所や民生委員・福祉の人が頼れると回答した方はごく僅かでした.地域の子ども食堂・地域食堂のような地域の社会資源の利用をみると,「子どもの世話や看病について頼れる人がいない」人ほど子ども食堂を知らない状況にありました(図1-7).

　新型コロナウィルス感染拡大による「緊急事態宣言」は,地域社会に大きな影響を与えました.外出自粛をはじめ,地域でのお祭りや行事ごとも中止とな

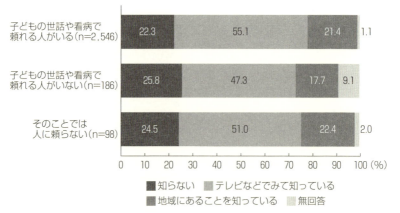

図1-7　18歳未満の子どもがいる者の子ども食堂・地域食堂の認知状況（子どもの世話や看病について頼れる人の有無別）
（注）個人票により集計している．分母に18歳未満の子どもがいない個人，18歳未満の子どもがいるか不明の個人を含まない．
（出典）国立社会保障・人口問題研究所「2022年生活と支えあいに関する調査」2023年，p.92〈https://www.ipss.go.jp/ss-seikatsu/j/2022/SSPL2022_gaiyo/SSPL2022_gaiyo.pdf〉，2024年8月3日閲覧．

り，地域のつながりはさらに希薄化してしまうことが危惧されました．学校は休校となり子育てと経済活動の両立が困難になった家庭や女性の家事・育児負担も相対的に大きくなり，子ども虐待，DV相談件数が増えるという事態が生じました．この危機的な状況に対して，様々な形で地域のつながりを再構築する必要がありました．

しかし，新型コロナウィルス感染拡大を契機とした社会変化は，在宅勤務，オンラインやSNSを利用したつながりを強化し，新しい地域社会を生み出す可能性もあります．例えば，在宅勤務が可能になったことにより，通勤によるストレスから解放され，家族と過ごす時間や地域にいる時間も増えていきます．買い物や散歩など地域の中で人びとが出会う機会は増えてきており，自然と自分が暮らす地域への関心は高くなっていきます．職場と住居は近いほうがいいといった「職住近接」も注目されるようになりました．子ども食堂も新型コロナウィルス感染症の流行拡大により制約を受けましたが，個別訪問やフードパントリー[1]といった新しい形での支援も出てきました．

2　子どもの生活習慣と心身の変化

　農林水産省の2024（令和6）年3月における「食育に関する意識調査報告書」では，2023（令和5）年現在の「家族と一緒に食べる頻度」が示されています．ほとんど毎日朝食を家族と一緒に食べると回答した人が43.8％，週に4回から5日が5.9％，週に2から3日が12.3％，週に1日程度が8.6％，ほとんどないが27.7％でした．そして，ほとんど毎日夕食を家族と一緒に食べるが63.1％，週に4から5日が11.3％，週に2から3日が13.2％，週に1日程度が4.5％，ほとんどないが6.3％でした．また，小学生のころ，「家では，1日三食いずれも決まった時間に食事をとっていた」が83.8％，「家では，家族そろって食事をとっていた」が82.0％，「家では，『いただきます』，『ごちそうさま』のあいさつをしていた」が78.1％，「家では，食事が楽しく心地良かった」が70.5％，「家では，季節の食材や，季節にあった料理が用意されていた」が70.2％でした（図1−8）．

　これらのことから，子どもだけで食事をしている状況が多く存在していることがうかがえます．親は共働きで帰宅が遅い，また，子どもたちの塾や習い事で忙しいと，家族そろって食事をする機会は減少していきます．午前中の活動の重要なエネルギーとなる朝食を食べていない状況があると，育ち盛りの子どもにとって成長の妨げになります．生活習慣において活動と就寝のバランスが崩れることになります．

　厚生労働省は，2023（令和3）年5月に実施した調査をもとに「第11回21世紀出生児縦断調査」（平成22年出生児）の概況を示しています．そこでの子どもの生活状況は，登校日にテレビを見る割合は90％以上でした．テレビを3時間以上見る割合は，小学1年生が19.7％，2年生が21.6％，3年生が20.3％，4年生が24.0％，5年生が22.8％と学年が上がるにつれてその割合が増えていました．そして，コンピュータゲームをする時間の割合も学年が上がるごとに増加していました．また，宿題や学習塾等を含む学校以外で勉強している割合は，90％以上でした．学校以外での1日の勉強時間は，1時間から2時間が，学年が上がるにつれてその割合が増えていました．ゲームやSNS，携帯電話などの影響から就寝時間の遅くなる子どもが多くなることが考えられます．

　生活習慣の変化とともに，子どもの心身も変化しています．文部科学省(2023)の「令和4年度学校保健統計調査」によると，2022（令和4）年現在の17歳男子の平均身長は170.7㎝であり，1948（昭和23）年よりも10.1㎝伸びています．一方で，国立成育医療センターの「子どもの健康と環境に関する全国調査」に

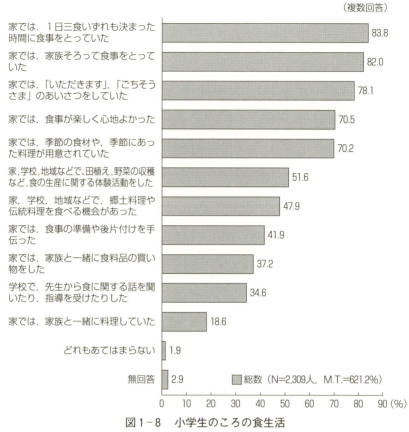

図1-8 小学生のころの食生活

(出典) 農林水産省「食育に関する調査報告書」2024年, p.66〈https://www.maff.go.jp/j/syokuiku/ishiki/r06/zuhyou/z5-1.html〉, 2024年8月3日閲覧.

よると，栄養価や生活習慣の変化から身体的な成長はありますが，アレルギーやぜんそくなどの疾患を抱える子どもが増加していると示されています．

　いじめや友人関係，家族問題をかかえている子どもたちが増加しており，ますます心のケアが必要となってきます．文部科学省（2017）では「現在的健康課題を抱える子どもたちへの支援——養護教諭の役割を中心として——」を策定し，養護教諭の資質向上や教員，スクールカウンセラー，スクールソーシャルワーカー等の専門スタッフとともに連携した取り組みを推し進めています．また，様々な子どもの心の問題等に対応するため，都道府県及び指定都市にお

ける拠点病院を中核とし，各医療機関や保健福祉教育関係機関等と連携した支援体制の構築を図る「子どもの心の診療ネットワーク事業」も開始されています．

3　学校教育（いじめ，不登校，非行）

　学校は，子どもにとってコミュニケーションを深め，学び，社会生活に触れる様々な経験をし，楽しく過ごすことのできる場所ではなくなっているかもしれません．保健室利用の子どもは，人間関係に悩んでいる，いじめを受けている，不登校である等の状況にあります．新型コロナウィルス感染症拡大による友達とのコミュニケーションの減少，内申点といった競争が付きまとう学習，少子化による親からの過度の期待など，学校の中で子どもたちは過剰なストレスを抱えている状態となっています．

　文部科学省（2023）は「令和4年度児童生徒の問題行動・不登校等生徒指導上の諸課題に関する調査結果」を示しています．そこでは，2022（令和4）年現在，いじめ件数は68万1948件に上り，認知件数は，小学校が55万1944件，中学校が11万1404件，高等学校が1万5568件，特別支援学校が3032件となっています．SNSやインターネットを通じた新たないじめも増加の背景として挙げられます．いじめを原因とする命の危険や不登校につながった疑いのある「重大事態」は923件となっています．いじめを苦にした自殺といった深刻なケースも目立っています．いじめ発見のきっかけは，「アンケート調査など学校の取組による発見」が51.4％，「本人からの訴え」が19.2％，「当該児童生徒（本人）の保護者側の訴え」が11.8％，「学級担任が発見」が9.6％となっています．本人がSOSを発しやすい環境にする必要があります．

　不登校については，2022（令和4）年度の小・中学校における長期欠席が46万648人，そのうちの不登校児童生徒数が29万9048人となっています．2015（平成27）年の不登校児童生徒数が12万5991人だったことから考えると，深刻な状況になっていることがわかります．不登校の原因としてあげられるものは，無気力や不安，生活の乱れが多いです．不登校の理由として，いじめの割合は少ないですが，学校内での友人関係をはじめとした様々な問題に子どもが悩み，不登校に至っています．

　2000（平成12）年の「少年法」改正により，少年院の収容はおおむね12歳に引き下げられ，重大な非行結果については原則的に刑事裁判で対応する制度を新たに作り，厳罰化，必罰化を推し進めてきました．2022（令和4）年の小・中・

高等学校における暴力行為の発生件数は，9万5426件（前年度7万6441件）であり，前年度から24.8％増加しています（文部科学省　2023）．2022（令和4）年施行の改正「少年法」では，18・19歳は「特定少年」と定義され，17歳以下の少年とは異なる扱いとなりました（第14章参照）．少年犯罪の背景にある虐待回避型非行のような家族の問題，いじめなどの社会背景について考える必要があります．

注
(1)　フードパントリーとは食品の無料配布を行う支援活動です．ひとり親家庭やコロナ禍で影響を受けた食品を必要とされる方にパン・お菓子・インスタント食品など，食品ロスになってしまう食品の無料配布を行う活動です．子ども食堂も自分たちの食堂では感染リスクから食事の提供が難しくなったため，地域で食事を無料配布するようにしたところがあります．

参考文献
石井光太『漂流児童』潮出版，2018年．
厚生労働省「社会保障審議会児童部会新たな子ども家庭福祉のあり方に関する専門委員会第4回新たな児童虐待防止システム構築検討ワーキンググループ　資料各種法令による児童等の年齢区分」〈https://www.mhlw.go.jp/file/05-Shingikai-12601000-Seisakutou katsukan-Sanjikanshitsu_Shakaihoshoutantou/0000096703_1.pdf〉，2024年5月6日閲覧．
―――「令和5年版　厚生労働白書――つながり・支えあいのある地域共生社会――」2023年〈https://www.mhlw.go.jp/wp/hakusyo/kousei/22/dl/1-01.pdf〉，2024年8月3日閲覧．
―――「第7回21世紀出生児縦断調査」（平成22年出生児）の概況」2018年〈https://www.mhlw.go.jp/toukei/saikin/hw/syusseiji/16/dl/gaikyou.pdf〉，2024年8月3日閲覧．
国立社会保障・人口問題研究所「2022年生活と支えあいに関する調査」2023年〈https://www.ipss.go.jp/ss-seikatsu/j/2022/SSPL2022_gaiyo/SSPL2022_gaiyo.pdf〉，2024年8月3日閲覧．
国立成育医療センターの「子どもの健康と環境に関する全国調査」〈https://www.ncchd.go.jp/center/activity/ecochil/〉，2024年9月18日閲覧．
こども家庭庁「令和4年度　少子化の状況及び少子化への対処施策の概況　子ども・若者の状況及び子ども・若者育成支援施策の実施状況　子どもの貧困の状況及び子どもの貧困対策の実施状況」2023年〈https://www.cfa.go.jp/assets/contents/node/basic_page/field_ref_resources/0ccb3a83-155c-4c5e-888e-8b5cbc9210fe/c6fc81e7/20231220_resources_white-paper_02.pdf〉，2024年8月3日閲覧．
流石智子・浦田雅夫編『知識を生かし実力をつける　子ども家庭福祉』2020年．
内閣府「令和4年版　少子化社会対策白書」2022年〈https://warp.da.ndl.go.jp/info:ndljp/pid/12772297/www8.cao.go.jp/shoushi/shoushika/whitepaper/measures/w-2022/

r04webhonpen/img/zh 1 - 1 -11.gif〉，2024年 8 月 3 日閲覧.

農林水産省「食育に関する調査報告書」2024年〈https://www.maff.go.jp/j/syokuiku/ishiki/r06/ 3 - 3 .html〉，2024年 8 月 3 日閲覧.

法務省「少年法が変わります！」2021年〈https://www.moj.go.jp/keiji 1 /keiji14_00015.html〉，2024年 8 月 3 日閲覧.

松本園子・堀口美智子・森和子編『子ども社会福祉を学ぶ』ななみ書房，2015年.

文部科学省「現在的健康課題を抱える子どもたちへの支援──養護教諭の役割を中心として──」2017年〈https://www.mext.go.jp/a_menu/kenko/hoken/__icsFiles/afieldfile/2017/05/01/1384974_ 1 .pdf〉，2024年 9 月18日閲覧.

────「令和 4 年度学校保健統計調査」2023年〈https://www.mext.go.jp/content/20231115-mxt_chousa01-000031879_ 1 a.pdf〉，2024年 9 月18日閲覧.

────「令和 4 年度児童生徒の問題行動・不登校等生徒指導上の諸課題に関する調査結果について」2023年〈https://www.mext.go.jp/content/20231004-mxt_jidou01- 100002753_ 1 .pdf〉，2024年 8 月 3 日閲覧.

吉岡眞知子『子ども学序説』ナカニシヤ出版，2009年.

第2章 子どもの権利

すべての子どもの権利が保障される社会を実現するためには，子どもを支援する立場にある者だけでなく，私たち一人一人が子どもの権利を正しく理解し，それを守る役目を果たすことが必要です．そこで本章では，子どもの権利の特徴や歴史的変遷を学びながら，子どもの権利を保障するための取り組みや子どもの最善の利益について理解することで，子どもの権利保障を担う当事者としての意識を涵養します．

第1節 子ども家庭福祉と子どもの権利

1 児童福祉から子ども家庭福祉へ

「子ども家庭福祉」という言葉は，従来，一般的に，「児童福祉」という言葉で表されていました．しかし，全国社会福祉協議会の児童家庭福祉懇談会が1989（平成元）年3月に発表した提言，「あらたな『児童家庭福祉』の推進をめざして」の中で，はじめて，「児童家庭福祉」という理念が提示されました．その理由として，現代では，核家族化や少子化，近隣関係の希薄化，ひとり親家庭の増加等により，家庭機能が脆弱化し居住する地域での養育力も低下しています．このように，子どもが生まれ育つ環境にさまざまな課題を抱えている中，日本国憲法第25条の中で保障されている「健康で文化的な最低限度の生活」という理念が，主に経済生活上の保障にとどまっており，家族全体をとらえた文化的，健康的な側面での支援体制には十分配慮されていないことがあげられました．また，すべての子どもの生存権，発達権，幸福追求権を保障するための最も基本的な条件は，① 基本的な欲求充足，② しつけ，教育，③ 自己実現への支援，④ 情緒的交流・心の絆，⑤ 文化の伝承，といった家庭機能の充実であり，そのためには，子どもだけでなくその親も，健康的，文化的，情緒的，経済的，時間的にも人間らしい生活のできる家庭基盤の充実が不可欠である，と述べています．そのため，これまでのように主に児童だけを対象とした視点からの対策ではなく，「健康で文化的な家庭機能」の充実を図るために，家庭

という概念も含めた「児童家庭福祉」という視点が用いられるようになりました.

その後,最近では,子どもが保護の対象であるだけでなく,権利を行使する主体でもあるということをより表すという意味で,「児童」よりも「子ども」という表現が用いられるようになってきました.このように,子どもが生まれ育つ環境の変化に伴う福祉観の転換や,子どもの権利を発展的に再認識することの必要性から,現在の「子ども家庭福祉」という表現に至ったといえます.

なお,「どうして『子供家庭福祉』ではなく『子ども家庭福祉』なの?」と疑問に思う方もいるかもしれません.これは,「子供」の「供」という漢字には,「付き従う人」といった意味が含まれることから,子どもが大人の従属物ではなく,尊重されるべき固有の存在,一人の人間であることを表すものとして,後に説明をする「児童の権利に関する宣言」(児童権利宣言)(1959 (昭和34) 年)以降,「子ども」という表記が用いられるようになったと言われています.

2 子どもの権利の特徴

子どもは幼ければ幼いほど,身の回りのことや自分に関する大事な決断を一人でできるわけではありません.それゆえ,大人から保護や養育を受けることが必要であるといえます.しかし,だからといって,子どもが大人の従属物(所有物)のように扱われたり,自分一人では何もできない弱い人間と軽んじられたりすることがあってはなりません.なぜなら,子どもであっても大人であっても,人はすべて平等で,かけがえのない一人の価値ある人間として尊重されるべき存在であるからです.このように,一人の独立した人間として与えられる生存権や自由権といった諸権利のことを,基本的人権といいます.私たち大人は,子どもが自立にむけ成長や発達を遂げる段階にあり,さまざまな可能性に満ちた存在であるという特徴を十分理解した上で,その権利を保障する役割を果たしていかなければなりません.

(1) 受動的権利

子どもの権利の特徴の1つが受動的権利です.受動的権利とは,端的に言うと,大人から子どもが保護を受ける権利のことを言います.たとえば,成長や発達に十分な量や栄養を考えた食事を与えられること,体調を崩したら適切な治療を受けられること,教育を受けることや虐待や不適切な環境から守られることなどがあげられます.子どもの年齢が低ければ低いほど,大人からこうし

た保護や援助を受けなければ，十分な成長，発達が期待できないばかりか，生命そのものが危ぶまれる可能性があります．そのため，子どもの命を守り，自立に向けた発達の道のりを保障するためにも，大人から「～される」という権利が重要になるのです．また，子どもの受動的権利がどれだけ十分に保障されるかということは，子どもを育てる立場にある大人が受動的権利の意味をいかに正しく理解し，それを保障する責務や義務をいかに自覚しているか，ということに関係してきます．すなわち，この権利が存在しているだけでは十分な効力は発揮されず，大人によってその義務が果たされてはじめて効力が発揮される権利であるといえます．しかし，広く世界をみてみると，内戦や貧困により安全が脅かされ，教育の機会が奪われたり，十分な食事や治療が与えられず放任されたり，命の危険に直面したりしている子どもも少なくありません．

(2) 能動的権利

　子どもの権利の特徴の2つ目は，能動的権利です．能動的権利とは，子どもは単に大人に保護される存在であるだけでなく，一人の人間として，大人と同様に主体的に権利を行使する存在であることを意味する権利（生まれながらにして持つ権利）です．能動的権利には，意見表明権や思想・良心・宗教の自由，結社・集会の自由，プライバシーが守られる権利等があります．

　たとえば，大人が子どもの意見も聞かずに子どもの生活に関することを一方的に決めてしまうのは，仮に大人が，「子どものため」に良かれと思ってしていたとしても，子どもが自分で考えて決める権利を脅かしていることになりかねません．また，大人が大人の視点ですべて決めてしまうと，いくつになっても自分で自分のことを判断できない，主体的に物事に取り組めない，他人の顔色をうかがってしまうなど，子どもの自立する権利を阻害してしまう可能性もあります．子どもは大人の保護を必要としますが，大人の言いなりになってさえいれば，一人前の大人になれるわけではありません．そのため，子どもの発達や年齢に応じて，大人が時には必要な説明や情報提供を行ったり，子どもの意思や伝えたいことを言語，非言語の両面から読み取ったりしながら，子ども自らが主体的にその権利を行使する環境を保障していく必要があるのです．

3　子ども家庭福祉と「児童の権利に関する条約」との関係

　受動的権利のみならず，能動的権利も保障することを明記したという点において非常に画期的な意味をもっているのが，1989（平成元）年に国際連合で採

択された「児童の権利に関する条約」です．前文と全54条からなるこの条約では，「子どもの最善の利益」（第3条），「生きる権利・発達する権利」（第6条），「親と一緒に生活する権利」（第9条），「意見表明権」（第12条），「表現の自由」（第13条），「発達のための相当な生活水準を保つ権利」（第27条），「教育を受ける権利」（第28条），「休息及び余暇・遊び・文化的芸術的活動に参加する権利」（第31条）などが規定されています．一見，今の日本ではごく当たり前に保障されていると思われる権利もあるかもしれません．しかし，子ども家庭福祉における諸問題と「児童の権利に関する条約」の関連性を見てみると（表2-1），子ども虐待や子どもの貧困，いじめや薬物乱用など，前述の権利がすべての子どもに十分に保障されているとは言い難い現状があることがわかります．そのため，これらの問題は，子どもが犠牲になるのがかわいそうだから，という観点からだけでなく，守られるべき人権や保障されるべき権利が侵害されているから，解決すべき重大な課題であると捉えることも必要です．

第2節　子どもの権利の歴史的変遷

人が権利を獲得してきた歴史を振り返ると，大人の場合は，独立戦争やフランス革命といった争いを通じて諸権利を勝ち得てきました．しかし，子どもの場合は闘争によって勝ち得たものではなく，大人側の気づきや認識の変化によって，それを保障すべき土壌がつくられてきたという背景があります．

1　諸外国の歴史

古代，「大人の所有物」とみなされていた子ども観は，中世に入っても「子ども」という概念が存在せず，いわゆる「小さな大人」とみなされていました．しかし，近代に入ると，子どもが大人とは異なる存在であることが意識され始めます．その一つが，ジャン＝ジャック・ルソー（1712-1778）の「子どもの発見」の思想です．ルソーはその著書『エミール』（1762年）の中で，子どもは大人と異なる固有の存在であり，未成熟な存在だからこそ人間的成長を遂げる可能性のある価値ある存在として，発達に応じた教育が必要であることを主張しました．しかしその後，産業革命が進むと，子どもは安価な労働力として酷使され，教育を受ける機会を奪われただけでなく，十分な食事や医療を受けることができず，命を落とすことも少なくありませんでした．

表2-1　子ども家庭福祉における諸問題と「児童の権利に関する条約」の関連性

子ども家庭福祉における諸問題	「児童の権利に関する条約」	
	条文	内容
子ども虐待	第2条	差別されない権利
	第19条	虐待・放置若しくは怠慢・搾取から保護される権利
	第32条	経済的搾取（労働）等から保護される権利
	第34条	性的搾取及び性的虐待から保護される権利
	第36条	あらゆる形態の搾取から保護される権利
	第39条	不当な扱いを受けた児童が心身の回復，社会復帰を促進するための適切な措置を受ける権利
子どもの貧困	第24条	病気の治療および健康の回復のためのサービスを受ける権利
	第26条	社会保障の給付を受ける権利
	第27条	発達のための相当な生活水準を保つ権利
	第28条	教育を受ける権利
	第31条	休息及び余暇・遊び・文化的芸術的活動に参加する権利
薬物乱用	第33条	麻薬等の不正使用から守られる権利
	第40条	未成年者の権利と司法
いじめ	第6条	生きる権利・発達する権利
	第28条	教育を受ける権利
	第31条	休息及び余暇・遊び・文化的芸術的活動に参加する権利
社会的養護	第20条	代替的保護及び援助を受ける権利
養子縁組	第21条	養子縁組

(出典) 筆者作成.

　こうした時代を経て，20世紀初頭に，スウェーデンの思想家であるエレン・ケイ（1849-1926）が，20世紀を「児童の世紀」とすることを唱えたことで，子どもが固有の存在であり，人としてその権利が保障されるべきであるという，子どもの権利保障に対する関心が徐々に広まり始めました（表2-2）.

　1924（大正13）年には，世界で最初の児童に関する権利宣言である「児童の権利に関するジュネーブ宣言」（以下，「ジュネーブ宣言」）が国際連盟で採択されました．「ジュネーブ宣言」では，第一次世界大戦により，次代を担う多くの子どもが犠牲となった反省から，「すべての国の男女は，人類が児童に対して最善のものを与えるべき義務を負う」（前文）ことを明示しています.

　しかし，第二次世界大戦により，再び世界中の子どもの尊い命や家族，住む

場所が奪われるという悲劇が繰り返されました．そこで国際連合は，第3回総会（1948（昭和23）年）で，すべての人の人権および自由を尊重し確保するために，「すべての人民とすべての国とが達成すべき共通の基準」として「世界人権宣言」を採択しました．

「ジュネーブ宣言」や「世界人権宣言」を基盤に，子ども固有の人権宣言として1959（昭和34）年の国連第14回総会で採択されたのが，「児童の権利に関する宣言」（児童権利宣言）です．この宣言では，前文で「人類は，児童に対し，最善のものを与える義務を負う」としたのをはじめ，子どもの最善の利益を保障することを強調するとともに，子どもの保護者だけでなく，行政機関や政府等へも，子どもの権利を認識し守るよう努力することを要請しています．

しかし，これらの「宣言」は法的な拘束力はありません．世界では，内戦や飢饉などにより，受動的権利すら十分に守られていない子どもが存在することを考えると，こうした宣言を法的な拘束力のある「条約」として制定することが，次第に課題となってきました．

そこで1976（昭和51）年に国際児童年に関する決議が採択され，「児童の権利に関する宣言」の採択から20周年にあたる1979（昭和54）年が国際児童年とされました．これをきっかけに，「児童の権利に関する宣言」を条約化する作業が始まり，10年後の1989（平成元）年に「児童の権利に関する条約」いわゆる，「子どもの権利条約」が国連第44回総会で採択されました．

前文と全54条からなるこの条約では，第3条をはじめ「児童の最善の利益」が考慮されるべきことが示されています．また，児童の養育および発達についての第一義的な責任を有するのは「父母又は法定保護者である」としながらも，締約国がそれを援助することも明記されています．すなわち，子どもと直接かかわる大人だけが子どもの権利保障に責任をもてばよいのではなく，法律や制度，サービスを整えること等を通して，国全体で子どもの最善の利益や権利が保障されるような環境を整え，支援していくべきことが示されています．

また，この条約の最も画期的な点は，世界のあらゆる国において，子どもの受動的権利が保障されることを示しただけでなく，意見表明権（第12条），表現・情報の自由（第13条），思想・良心・宗教の自由（第14条），結社・集会の自由（第15条）といった，能動的権利が明確に示されたところにあります．これにより，子どもが大人から保護され，守られるべき存在であるという子ども観にとどまらず，権利を行使する主体として尊重されるべき存在であるという子ども観へ

表2-2 子どもの権利に関する諸外国の主な歴史

年	宣言・条約等	内 容
1924 （大正13）	「児童の権利に関するジュネーブ宣言」 （ジュネーブ宣言）	国際連盟により採択された，世界で最初の児童に関する権利宣言．すべての国の男女が，児童に対して最善のものを与えるべき義務を負うことを規定した．
1948 （昭和23）	「世界人権宣言」	国連第3回総会において，すべての人民とすべての国が達成すべき共通の基準として採択．子どもも含めたすべての人類を対象とし，うまれながらにもつ人権を宣言した．
1959 （昭和34）	「児童の権利に関する宣言」 （児童権利宣言）	「児童の権利に関するジュネーブ宣言」や「世界人権宣言」を基盤に，子ども固有の人権宣言として，国連第14回総会で採択．子どもの最善の利益の保障を強調するとともに，子どもの受動的権利を明文化した．
1966 （昭和41）	「国際人権規約」	「世界人権宣言」を法的拘束力のあるものとして条約化したもので，国連第21回総会で採択された．
1979 （昭和54）	国際児童年	「児童の権利に関する宣言」の採択から20周年を迎え，改めて，子どもを取り巻く社会問題に対する注意を喚起し，その解決にむけ各国で適切な取り組みがなされる契機とするために定められた．
1989 （平成元）	「児童の権利に関する条約」 （子どもの権利条約）	子どもを権利行使の主体とし，保護される存在という受動的権利のみならず，能動的権利（意見表明権，思想・良心・宗教の自由，など）をも保障したものとして，国連第44回総会で採択．日本は1994（平成6）年に批准した．

（出典）筆者作成.

の転換が図られたといえるでしょう．

2 日本の歴史

鎌倉時代から戦国時代の頃，子どもは親に服従するのが当たり前とされ，独立した人格のある存在とはみなされていませんでした．そのため，単なる労働力として扱われたり，貧困家庭では子どもが商品として売買されたり，産まれても育てられないという理由で，堕胎や間引き（生まれた赤ん坊の命を意図的に絶つこと）で子どもの数を調整するということがなされていました．

江戸時代に入り戦乱の世がおさまっても，農民の困窮した生活が大きく変わることはなく，明治時代に政府による富国強兵政策がとられると，ますます貧困問題が深刻化していきました．浮浪児や身売りが増加するとともに，子どもが安価な労働力として働かされる中，1911（明治44）年に「工場法」が成立，

1916（大正5）年に施行され，不十分ながらも児童労働の保護に対する関心が寄せられ始めました．しかし，国の政策は相互扶助によるところが多く，子どもの保護は主に民間の篤志家による慈善事業に委ねられることになりました．

明治末期，日露戦争により父親を亡くした母子家庭が増えるにつれ，浮浪児や非行児も増大し始めました．こうした社会問題を解決するため，国としても保護を必要とする児童への支援に力を入れるようになりました．

大正時代に入ると，日本でもエレン・ケイらの考え方が紹介されはじめました．「ジュネーブ宣言」が国際連盟で採択された頃，社会事業家の一人である生江孝之（1867-1957）が，保護されることを「児童の権利」（「生存の権利」，「生活する権利」）ととらえ，それまで主流であった「社会的弱者」という保護対象児童への考え方に対し，新たな視点を打ち出しました．

しかし，関東大震災（1923（大正12）年）や金融恐慌（1927（昭和2）年）等による貧困対策として公布された「救護法」（1929（昭和4）年）では，保護されることが「児童の権利」であるという視点が盛り込まれることはありませんでした．その後も世界恐慌（1929（昭和4）年），農村恐慌（1930（昭和5）年）が相次ぐ中，困窮した家庭では，虐待や心中，子殺しや身売りに加え，子どもが家計を助けるために，物売りやこじきなどをさせられる事態が後を絶ちませんでした．こうした社会的背景を受け，1933（昭和8）年に制定されたのが「児童虐待防止法」です．14歳未満の子どもを対象とし，児童労働からの保護という観点が含まれていたこの法律では，保護者が虐待をした場合，また，保護者が監護を怠ったために児童が刑罰法令に触れる行為をした場合の保護者への処分を定めました．なお，戦前の児童虐待防止法は，戦後制定された「児童福祉法」（1947（昭和22）年）にその内容が組み込まれ廃止されました．

第二次世界大戦の敗戦直後には，戦災孤児や引き上げ孤児など親を失った子どもが生き抜くために非行や犯罪にはしり，緊急の保護施策が求められるようになりました．そこで，連合国最高司令官総司令部（GHQ）からの強い指導のもと，すべての児童を対象とした総合的な児童施策の必要性が認識された結果，日本国憲法の「基本的人権の尊重」をはじめとする基本理念に基づき，1947（昭和22）年に「児童福祉法」が公布されました．それまでの法律や制度が，保護を必要とする子どものみを対象としていたのに対し，「児童福祉法」では，権利を保障される対象がすべての子どもに拡大されました．第1条で「すべて国民は，児童が心身ともに健やかに生まれ，且つ育成されるよう努めなければな

らない」「すべて児童は，ひとしくその生活を保障され，愛護されなければならない」という理念を明記し，わが国ではじめて，受動的権利（守られる権利）をはじめとする子どもの権利を保障する規定が盛り込まれました.

さらに，1951（昭和26）年の5月5日には，「児童憲章」が定められました.「児童憲章」には，「児童福祉法」と異なり，法的な拘束力はありません. しかし，国民の道義的規範として正しい子ども観を示すことで，これを社会が認識し，すべての子どもの基本的人権が守られることをねらいとしています. その前文では，「児童は，人として尊ばれる」「児童は，社会の一員として重んぜられる」「児童は，よい環境の中で育てられる」ことが記されています. すなわち，子どもが子どもである以前に一人の人間として尊ばれること，成長・発達の過程であるがゆえに，十分な判断力や生産力をもちえていなくとも，社会に固有の存在として尊重されること，子どもに必要な成長・発達にふさわしい適切な環境の中で育てられることが保障されるべきことを宣言しています. なお，日本ではじめて子どもの権利について宣言をしたこの「児童憲章」は，世界的に見ても，「児童の権利に関する宣言」（1959（昭和34）年）に先駆けて定められたという点において，先駆的なものでした.

その後，日本は「児童の権利に関する条約」を1994（平成6）年に批准しました. 2016（平成28）年の改正児童福祉法では，第1条に「児童の権利に関する条約の精神にのつとり」という文言が入り，すべての子どもが適切な養育や保護を受け，心身の健やかな成長・発達や自立が図られ，生活や福祉が保障される権利をもつことが明文化されました. また，2023（令和5）年には，日本国憲法や「児童の権利に関する条約」の精神にのっとり，「こども基本法」が施行されました. この法律では，「こども」とは，「心身の発達の過程にある者」（第2条第1項）と定義されています.「児童福祉法」や「児童虐待の防止等に関する法律」等のように，児童を「満〇歳未満の者」と数字で定義していないのは，こどもの年齢によって必要な支援がとぎれることがないようにするためです. また，この法律では，すべてのこども（心身の発達の過程にある者）の基本的人権が守られ，差別されないことや，年齢や発達の程度に応じて，自分に直接関係することに意見を言うことができ，その意見が尊重されること，子どもの最善の利益が尊重されることなど，こども施策を行ううえでの基本理念が示されています. さらに，2022（令和4）年に改正された「児童福祉法」では，児童の意見聴取等の仕組みの整備が盛り込まれました.「児童の権利に関する条

表2-3　子どもの権利に関する日本の主な歴史

年	法律等	内　容
1911 （明治44）	「工場法」	日本で初めて労働者の保護について定めた法律．12歳未満の者の就業，15歳未満の者及び女子に1日12時間を超える労働をさせることなどを禁止した．
1929 （昭和4）	「救護法」	老衰，幼少，病弱，貧困，身体障害などのために生活できない者を公的に救済するための法律．居宅保護ができない場合，孤児院などへの収容等が行われたが，扶養義務者が扶養できる場合は公的救済を受けることができなかった．
1933 （昭和8）	「児童虐待防止法」	14歳未満の子どもを対象とし，児童労働からの保護，虐待や子どもの監護を怠った保護者への処分などを規定した．
1947 （昭和22）	「児童福祉法」	満18歳未満のすべての子どもを対象とし，次代を担う子どもの健全な育成を図るために制定された．2016（平成28）年の法改正では，第1条において，児童の権利に関する条約の精神にのっとり，養育や生活の保障，成長・発達・自立等が等しく保障されることが明文化された．
1951 （昭和26）	「児童憲章」	国民の道義的規範として，子どもが人として尊ばれ，社会の一員として重んぜられるなどの権利を明文化し，子どもの権利を社会全体で保障することを表明した．
2023 （令和5）	「こども基本法」	すべてのこどもの基本的人権が守られ，差別されないこと，年齢や発達の程度に応じて，自分に直接関係することに意見を言うことができ，その意見が尊重されること，子どもの最善の利益が尊重されることなど，こども施策を行ううえでの基本理念が示された．

（出典）筆者作成.

約」の批准から30年近くを経て，少しずつ子どもの権利保障が法制化されているといえるでしょう（表2-3）.

第3節　子どもの権利を守る取り組み

1　子どもの権利を学ぶ機会の保障

「児童の権利に関する条約」の第29条で，人権と基本的な自由等を大切にすることを子どもに学ばせることが規定されています．また，第42条では，国がこの条約の原則や規定を，大人だけでなく子どもにも広く知らせることを約束する，と記載されています．これに対して，日本では，子どもが自分たちに与えられた権利について学ぶ機会の確保は，まだこれからだといえます．公益社

団法人セーブ・ザ・チルドレン・ジャパン（2022）が小・中学校，高等学校等の教員を対象に行った「学校生活と子どもの権利に関する教員向けアンケート調査」によると，子どもの権利を「内容までよく知っている」教員は21.6％で，「内容について少し知っている」が48.5％，「名前だけ知っている」が24.4％でした．また，直近1年間で子どもたちに子どもの権利を伝えるために行った取り組みを尋ねた質問では，「特に取り組みはしていない」が約半数（47.0％）を占めていました．他方，授業で子どもの権利をより深く学ぶ機会をつくったり（23.9％），授業外（例：部活・生徒会・自己学習）でより深く学ぶ機会をつくったり（18.6％）するなどの取り組みも一定数なされていることが明らかになりましたが，教育現場では依然，権利教育の難しさや課題を抱えています．

　しかし，親から虐待を受けて育ってきた子どものように，日常的に自分の気持ちを押し殺し，親の言いなりに生活せざるを得なかった場合，自分自身の考えをもつということ自体ができなかったり，あきらめてしまったり，声に出すことをためらう傾向があります．また，こうした子どもが自分の意見を主張できない背景の一つには，自分に権利があるということを知らない，知らされていないということが考えられます．そのため，子どもの命や生活を保障する為には，子どもが自分に与えられている権利を知り，それを学ぶ機会を保障する取り組みも教育現場において活発化させる必要があります．

2　子どもの権利ノート

　虐待や不適切な扱いを受けた子どもが入所する施設の一つに，児童養護施設があります．児童養護施設への入所は，必ずしも子どもがそれを望んだり納得したりしたものではなく，意図せず「措置（行政によって決められること）」という形で親やきょうだいと引き離され，施設での生活を余儀なくされる場合があります．これは，あくまでも子どもの最善の利益を考えた場合，親子分離をすることが現状では適切であるという判断に基づき行われるものではありますが，施設へ入所する子どもへそのことを適切に伝える必要があります．

　そのような経緯を経て，施設へ入所することになった子どもへ，これからの施設での生活において守られるべき権利についてまとめられたのが，「子どもの権利ノート」です．1990年代以降，児童養護施設では，施設内で職員による子どもへの体罰や虐待が行われていた事件が相次いで発覚し，心に傷を負い施設に入所した子どもの人権が，それを守られるべき施設においても侵害されて

いる事実が浮き彫りになりました．こうした施設内虐待事件を一つの契機として，「子どもの権利ノート」が各自治体で作成されはじめました．その内容は，自治体によって多少違いがありますが，概ね，子どもがこれから入所する施設がどのようなところで，入所後の生活ではどのようなことが保障されるか，といったことが記載されています．児童養護施設には，さまざまな年齢の子どもが入所しており，中には発達障がいを抱えた子どもも生活をしています．そのため，「子どもの権利ノート」を単に配布するだけでなく，あらゆる子どもが自分に与えられた権利を十分理解できるよう，丁寧な説明のもと，子どもの権利保障に配慮がなされることが求められます．

3　子どもの権利を守るために私たちに必要なこと

　子どもが大人から保護され，養育される存在だということは，大人から身の回りの世話や経済的な援助等を受けなければ，生活や命が保障されないことからも容易に想像ができるでしょう．だからといって，「大人がいないと生きていけない存在だから，大人の言うことに従うべきだ．大人は子どもの意見を聞かずに大事なことを決めても良い」ということでは決してありません．私たちは，こうした子ども蔑視からくるアダルティズムの考えから脱却していかなければなりません．子育てに関しても，子どもには大人から保護され養育される権利があり，子どもが適切な生活環境を与えられ，心身ともに豊かな成長・発達を遂げる権利を保障することに，保護者としての義務があるといえます．このことを大人が十分認識していないと，せっかく子どもに受動的権利が与えられていても，子どもはその与えられた権利を十分に行使することができません．また，「大人（親）のお陰で生活ができている」という考えも，子どもには生活する環境が与えられる権利があり，その権利を保障することが大人の義務であることを考えると，これは大きな捉え違いであるともいえます．そのため，「子どもを育む」という行為そのものを，子どもの権利という観点から捉え，大人が担うべき義務の意味を正しく理解する必要があります．

4　子どもの意見表明を保障するために

　能動的権利として意見を表明する権利が保障されるということは，単に発言することが許される，その機会が与えられるということではありません．もし，子どもが発言したことをその端々から大人に否定されたり，無視されてしまっ

たりしたら，多くの子どもは，意見を表明することをあきらめ，人に対する信頼感を失い，心を閉ざしてしまうことにもなりかねません．そのため，意見表明権を保障するということは，大人が子どもの意見に耳を傾け，その意思をまずはありのまま受容するという姿勢が重要になります．子どもの主体的な意思表明を傾聴し尊重する姿勢が，「一人の人間として認められている，尊重されている」という自信へと繋がり，さまざまなことに興味を示したり，チャレンジしたりと，自立に向けた成長や発達を保障することにも繋がっていくのです．

　また，子どもの意見表明の手助けをするのが，子どもアドボカシーです．子どもアドボカシーは，その先進国・イギリスでは「子どものマイクになること」とも説明されます．すなわち，子どもの思いや願いを大人に伝えられるよう支援したり，アドボケイト（アドボカシーの担い手）を通して代わりに大人に発信したりする活動です．三菱UFJリサーチ＆コンサルティング（2020）による「令和元年度子ども・子育て支援推進調査研究事業」としての「アドボケイト制度の構築に関する調査研究報告書」によると，「エンパワメント」「子ども中心」「独立性」「守秘」「平等」「子どもの参画」が子どもの意見表明支援を実践する基本原則とされています．この原則に示されるように，子どもアドボカシーは，子ども自身がどうしたいか，その意見や気持ちを基本に，子どもの所属先と利害関係をもたないアドボケイトが，子どもの力を信じ秘密を守り信頼関係を築きながら子どもの声の伴走者となり，その権利が保障されるよう働きかけていきます．2024（令和6）年4月から，意見表明等支援事業が都道府県等の事業として努力義務化された中，特に社会的養護の現場では，子どもアドボカシーの活動が浸透していくことが期待されます．

5　子どもの最善の利益の保障

　子どもは権利の主体である一方，成長・発達の過程にある存在なので，その意見や判断が十分現実的ではない場合も考えられます．そこで大切になるのが，子どもの最善の利益の視点です．例えば，子どもの発達段階を加味せず，その意見を単純にすべて受容することが権利保障なのではありません．さまざまな状況から判断し，その子どもにとって一番良いこと，最も幸福と考えられることは何なのかを，大人の願望や都合からではなく，子ども中心の視点から考え子どもを支援するということが，子どもの最善の利益の保障です．

　子どもが失敗したり負けたりして悲しい思いをするのはかわいそうだからと，

大人が先回りして失敗を防いだり，勝ち負けがつく体験を避けたりしてしまうこともあるかもしれません．しかしこれは，子どもが失敗から学び，悔しい思いを乗り越える等の生き抜く力を養う機会を奪ってしまうことであり，子どもの将来を考えると子どもの最善の利益を保障している行為とは言えません．それゆえ，「児童の権利に関する条約」に大きな影響を与えたヤヌシュ・コルチャック（1878-1942）が言う，子どもの「失敗する権利」や「過ちを犯す権利」を保障することも大切であるといえるでしょう．

また，自分の気持ちを言葉で表すことがまだ難しい発達段階にある子どもや，障がいによって意思表示が難しい子ども，大人に虐げられ自らの意思を表明しにくい立場にいる子どもの場合，言葉以外の表現から大人がその意思や願いを適切に汲み取ることも必要です．このように，自立への過渡期にある子ども期の特徴や生活背景等もふまえた上で，大人が子ども主体という観点からその言動を捉え，子どもにとっての最善の利益を念頭に関わることが重要です．

「児童福祉法」の第2条では，すべての国民が，子どもの年齢や発達の程度に応じて意見を尊重し，最善の利益を優先して考え，健やかに育成できるよう努力しなければならないと規定しています．保育者や教員，児童福祉施設の職員など，子どもとかかわる仕事に就いている専門職はもとより，すべての国民が子どもの権利に関心を寄せ，正しい理解と高い意識をもって生活をしていくことで，子どもの権利が守られる社会の実現に近づいていくといえるでしょう．

注
⑴ 「子どもは一人前の人間ではないので大人に従うべきだ．子どもは大人の支配下にある」といった子ども蔑視の考えやそれに基づく行動を指す．

参考文献
柏女霊峰『子ども家庭福祉論 第3版』誠信書房，2013年.
公益社団法人セーブ・ザ・チルドレン・ジャパン「学校生活と子どもの権利に関する教員向けアンケート 調査結果」2022年〈https://www.savechildren.or.jp/scjcms/press.php?d=3898〉，2025年1月16日閲覧.
シェーヌ出版社編，遠藤ゆかり訳『ビジュアル版 子どもの権利宣言』創元社，2018年.
児童家庭福祉懇談会（全社協）「あらたな『児童家庭福祉』の推進をめざして」全国社会福祉協議会，1989年.
三菱UFJリサーチ＆コンサルティング「令和元年度子ども・子育て支援推進調査研究事業 アドボケイト制度の構築に関する調査研究報告書」2020年〈https://www.mhlw.go.jp/content/11900000/000757976.pdf〉，2024年9月18日閲覧.

第3章
子ども家庭福祉の歴史

　本章では，欧米の子ども家庭福祉の歴史，日本の子ども家庭福祉の歴史を学び，それぞれの時代においてどのような子ども・家庭支援がなされてきたかについて学びます．先駆者の取り組みから，現在における子どもの最善の利益及びこどもまんなか社会の実現のために必要なことを考えていきます．

第1節　欧米の子ども家庭福祉の歴史

1　イギリス

　古代社会では，家父長が子どもを捨てたり殺したり奴隷として売ったりすることが行われていましたが，10世紀頃から11世紀末には，村落共同体や商業組合によって経済的に困っている人や親のいない子どもに対して相互扶助による保護がなされました．子どもは，労働力となるよう養育され，働くことができない病児や障がい児は，教会や修道院で保護されていました．

　15世紀のイギリスでは，エンクロージャー（囲い込み運動）によって土地を失った多くの農民が都市部へと流れ，貧困者や貧困児童の数が激増し治安が悪くなっていきました．こうした状況から，1601年に「エリザベス救貧法」と呼ばれる世界最初の国家による社会福祉制度の原型ができましたが，福祉的なものというよりも治安維持が目的とされるものでした．これは，教会や修道院が行っていた救済活動を当時の行政が統合し，財源として教区ごとに救貧税を設けて救済資金とするもので，①働くことができる者は強制就労，②働くことができない者には扶助，③扶養者に児童の徒弟奉公を奨励するといった内容でした．

　産業革命以降，貧しい子どもたちは徒弟から工場労働に移り，低賃金での長時間労働を強いられ，発育不良や非行，生命の危機，障がいを負うことなどが問題となりました．ロバート・オーウェン（1771-1858）は，1816年に自分の工場敷地内に「性格形成学院」と呼ばれる施設を作り，教育の中で子どもを叩いたり怒鳴ったりすることを批判し，人間は生まれながらの素質と環境による後天的な影響が結びついて形成されると考えました．また，「工場法」の制定に

も力を注ぎ，子どもの年齢によって労働を禁止したり制限をしたり，夜間労働を禁止することなどについて尽力しました．

1834年には，福祉費用の削減を目的とした「新救貧法」が制定されました．これは，院外救済を廃止し，院内救済のみとすることや救済される貧民の生活水準が自力で生活する者の生活を上回ってはならないとする「劣等処遇の原則」に基づいていました．この頃は，子どもも労役場に収容され耐え難い生活を強いられていましたが次第に子どもに対する教育の必要性がいわれるようになり，労役場から分離収容され，大収容施設での読み書きなどの教育が行われるようになりました．

1870年には，大収容施設の批判が高まり，トマス・ジョン・バーナード（1845-1905）が小舎制の孤児収容のためのホーム「バーナードホーム」を設立し，里親委託や未婚の母への支援などを行いました．この活動は，後述する岡山孤児院を設立した石井十次（1865-1914）など多くの日本の社会事業家に影響を与えました．

1869年には，ロンドンに慈善組織協会（COS: Charity Organization Society）が設立され，貧困家庭への個別訪問や支援が行われました．1884年にはバーネット夫妻が世界初のセツルメントハウスである「トインビーホール」をロンドンに設立しました．セツルメント運動は，貧困地域に知識のある人が移住し，地域住民との交流を通して地域福祉の向上を図る取り組みのことです．このセツルメント運動は，各地で盛んになっていきました．

1883年には，リバプールで児童虐待防止協会が設立，1889年には，「児童虐待防止及び保護法」が制定され，親権を理由に親子分離が困難であった子どもを保護することができるようになりました．その後，1908年には，「児童法」が制定され，それまでの児童保護立法を統合し，すべての子どもを対象とした乳幼児の生命保護や少年犯罪の教育・保護について保障されることを目指していきました．第一次世界大戦（1914-1918）後，戦争が子どもに重大な影響をもたらしたことから児童の生命を護るよう児童救済基金団体が「世界児童憲章」（1922年）を発表し，児童福祉の充実に向け動き出したものの世界恐慌の影響もあり十分な成果が出せませんでした．しかし，「世界児童憲章」の発表は，国際連盟の「児童の権利に関する宣言」（ジュネーブ宣言・児童の権利宣言・児童権利宣言とも称されます）（1924年）につながりました．

1942年のベヴァリッジ委員会によるベヴァリッジ報告では，「ゆりかごから

墓場まで」とされる社会保障制度に関する具体的な構想が示され福祉国家を確立しようとしました．これは，貧困，疾病，無知，不潔，怠惰の5つ（5巨人悪）を解決するために必要最低限度の原則（ナショナル・ミニマム）を社会保険，教育，雇用，公的扶助を充実させる必要があるとしたものです．

1946年，デニス・オニール事件（里親に委託されていた子どもの虐待死）を受け「児童養護に関する委員会（カーティス委員会）」が設置され，子どもが劣悪な状態に置かれ続けることのないように要保護児童に対する公的な指導と責任を拡大することなどを報告しました．1948年の「児童法」（同法は，成立から現在まで何度も改正されています）では，カーティス委員会の勧告を取り入れ，子どもの養育における家族の権利や責任を重視する姿勢が示されました．強制的な親子分離を行う場合は裁判所による適任者命令か親権の決議が必要となり，公的責任について抜本的な改革がなされました．

1969年，ボウルヴィ（1907-1990）が愛着理論（アタッチメント理論）を提唱しました．愛着を「特定の人との間に形成される情緒的な結びつき」であるとし，愛着形成には特定の養育者との一定の相互作用が必要であることを示したのです．愛着形成が正常になされなかったときに生じるさまざまな問題のことを愛着障害といいます．

1997年には，貧困地域の子どもたちの就学までの適切なサポートを行うことを目的としてシュア・スタートという総合的な保育育児支援策が進められ，チルドレンズセンターが全国各地にできました．

2　アメリカ

17〜18世紀前半，イギリスの救貧法の影響を受けていた植民地時代のアメリカでは，労働能力のある者は就労，ない者は院内救助とするとしていました．南北戦争（1861-1865）が終結し，アメリカ合衆国として独立するまでは「奴隷制度」という人種差別もありました．子どもも幼いときから徒弟や農家委託で強制的に労働をさせられていました．18世紀になると救貧院や孤児院で衣食住の提供や教育が行われましたが，未来の労働力を育てる目的での救貧でした．19世紀初頭からの産業革命では，失業や貧困，傷病，浮浪，犯罪などの社会問題が拡大し，民間慈善事業による活動が行われました．

南北戦争後，都市部にはスラムが多く形成され，セツルメント活動が展開されました．1889年に設立されたジェーン・アダムズ（1860-1935）のセツルメン

トハウスは「ハルハウス」と呼ばれ，貧しい子どもへのクラブ活動や保育事業などが行われていました．また，前述した慈善組織協会（COS）はイギリスではじまり，アメリカにも設立されました．メアリー・リッチモンド（1861-1928）は，友愛訪問やケースワークの発展に貢献し，『社会診断』や『ソーシャルケースワークとは何か』などを著し，「ケースワークの母」と呼ばれました．

1909年には，セオドア・ルーズベルト大統領によって「第1回ホワイトハウス会議」が開かれました．この会議において「家庭生活は，文明の所産のうち，もっとも美しいものである．児童は緊急なやむをえない理由がない限り，家庭生活から引き離されてはならない」という内容の声明が出され，家庭尊重の原則と施設収容から里親養育中心へと変わっていきました．1912年には，児童局が設置され，子どもの暮らしや福祉に関する調査や報告がなされるようになりました．

1929年の世界恐慌によって貧困者が続出すると，大統領フランクリン・ルーズベルトは，対策として「ニューディール政策」を打ち出しました．1935年には，その政策の一環として社会保険制度や公的扶助，社会福祉サービスを組み込んだ「社会保障法」が制定されました．

第二次世界大戦後のアメリカは，ベトナム戦争が長期化し，傷痍軍人や母子家庭といった問題や隠れた貧困，人種差別の問題などが浮き彫りとなってきました．1957年にバイスティックにより表明されたケースワーク（個別援助技術）の原則は，「バイスティックの7原則」として今でも保育者に求められる姿勢とされています．

1960年代には，食料補助施策として「フード・スタンプ」，低所得者層の就学前児童への教育・福祉として「ヘッド・スタート（就学援助プログラム）」が貧困撲滅政策の一環として提供されました．貧困層の幼児の教育改善に向けた取組として評価はされていたもののこの仕組みは財政をひっ迫させていました．また，この頃，小児科医ヘンリー・ケンプによる「被虐待児症候群に関する論文」（1962）の発表がきっかけとなり，子ども虐待が社会問題となりました．1974年には，「児童虐待予防対策法（CAPTA）」が成立し，アメリカにおける現在の児童虐待防止制度の基礎ができました．

1981年，レーガン大統領は減税と福祉抑制政策として従来の要扶養児童家庭扶助（AFDC）の受給要件を厳しくし，受給者には就労の機会と基礎スキルのためのプログラムへの参加を義務づけました．1996年にはAFDCは廃止され，

36

州独自基準で貧困家庭を扶助することが主流となりました.

3　子どもの教育や権利活動に貢献した人物

　保育者になりたい人が押さえておくべき,児童の教育や権利活動に貢献した人物について紹介します.

　ルソー(1712-1778)は,「子どもの発見者」と呼ばれているフランスの教育思想家です.子どもは,「小さな大人」ではないとし,子どもを独自の存在として捉えることが教育の原点であることを主張しました.子どもの感性的特性を生かし,伸び伸びと育つよう保護し支え環境を整えるという「自然主義教育」(消極的教育)を説き,『エミール』や『社会契約論』を著しました.

　ペスタロッチ(1746-1827)は,スイスの教育実践家で「初等教育の父」と呼ばれており,子どもの興味を前提とした上で,頭(知識),手(技術),心(宗教心)の3つの発達を保育理念としました.実物(即物)教授法という実物や事実において五感を使って学ぶ指導を提唱しました.

　フレーベル(1782-1852)は,1840年に世界最初の幼稚園「キンダーガルデン」をドイツで開設し「幼児教育の父」と呼ばれています.彼は,子どもの遊びを子ども自身の内面が表現されているものであるとし,「恩物」を考案しました.恩物とは,球や立方体などで構成されており数学的な原理を体験したり,生活の周囲にあるものを表現したりして遊ぶもので,教育玩具のはじまりとされています.

　エレン・ケイ(1849-1926)は,スウェーデンの教育学者で国家主義に基づく近代公教育のありかたを批判しました.著書『児童の世紀』は1900年に出版され,子どもは自ずと成長するのであって,余計なことはしない方がよいということや,大人がよいモデルとして子どもの前に存在していれば子どもも善を行うことを学ぶとしました.

　コルチャック(1878-1942)は,ポーランドにあるユダヤ人の孤児院「ドムシエロット」の院長でした.子どもを人権の主体であると主張していました.コルチャックは,最期まで200人の子どもたちとともに生き,1942年8月にトレブリンカ強制収容所のガス室で子どもたちとともに亡くなりました.ナチス・ドイツが組織的に行った絶滅政策・大量虐殺の犠牲となったコルチャックの死後,1989年の「児童の権利に関する条約」が国連総会で採択されましたが,これはコルチャックによる「子どもの権利」の主張に基づき,ポーランド政府が

提案したものです.

　このように，さまざまな国の歴史を礎に現代の子どもの生活や権利が守られていることがわかります.

第2節　日本の子ども家庭福祉の歴史

1　近代以前の相互扶助と慈善事業

　近代以前（江戸時代まで）の日本は，地縁・血縁に基づいた相互扶助を基本とし，それぞれの地域で独自に取り組んでいました．しかし，相互扶助は，自然条件の悪化や戦乱による社会情勢の悪化などにより，十分に機能しない状況がありました．聖徳太子による「四箇院」は，仏教伝来の影響受けた慈善活動の代表的な例です．四箇院は,「施薬院」(薬草栽培),「療病院」(病人治療),「悲田院」(孤児・飢人収容),「敬田院」(仏教的教化)を指します．公的救済制度としては，718（養老2）年に「戸令」が規定されました．救済対象に孤児がありましたが，公的な救済は最終手段であり，それまでの相互扶助が主でした．その環境にない者には，僧侶や尼僧が「悲田院」で救済していました.

　室町時代から戦国時代は，堕胎，間引き，捨て子や人身売買が横行していました．1500年代半ばに，キリスト教宣教師のフランシスコ・ザビエルが来日し，キリスト教思想に基づく孤児，貧困者や病者を救済しました．江戸時代には，幕府から棄児の禁止令（1690（元禄3）年）が出されましたが，天災や飢饉時は食糧難で堕胎や間引きが減ることはありませんでした.

2　明治時代から高度経済成長期

(1)　明治時代

　明治維新をきっかけに近代化が進み，資本主義の発展とともに貧困問題が深刻化しました．1874（明治7）年に制定された「恤救規則」では，基本的に家族や親族，地域住民での助け合いを前提とし，「労働能力を欠き且つ無告の窮民（身寄りや他者の助けがない者）」に対して，国家が行うものと規定されました．この規則は，1929（昭和4）年制定の「救護法」まで継続しました．「恤救規則」の対象が頼る人のいない70歳以上の障がい者や高齢者，病気で働けない人，13歳以下の孤児であり，内容は米を買う代金の支給だけで住居や医療は保障されなかったため，実質的な救済活動は社会事業家の慈善活動に頼っていました.

例えば，岩永マキ（1849-1920）は，国内初の児童養護施設とされる浦上養育院を開設し孤児を育てました．その他にも，1887（明治20）年における石井十次（1865-1914）の岡山孤児院（現在の児童養護施設），1890（明治23）年における赤沢鐘美（1864-1937）・ナカ夫妻の新潟静修学校付設の守孤扶独幼児保護会（現在の保育所），1891（明治24）年における石井亮一（1867-1937）の滝乃川学園（知的障害児施設，現在の障害児入所施設），1899（明治32）年における留岡幸助（1864-1934）の家庭学校（現在の児童自立支援施設），1900（明治33）年における野口幽香（1866-1950）・森島峰の二葉幼稚園（のちに二葉保育園に改称．現在の幼稚園）など，子どもたちを支えていた社会事業家が数多くいます（表3-1）．

日清・日露戦争後の日本は，貧困者が増え，子どもや女性は人身売買の対象となったり安価な労働力として工場で長時間酷使されたりしました．そのような背景から児童や女性の保護を目的とした「工場法」が1911年に成立し，12歳未満の就労禁止，12時間以上の労働や深夜業の禁止（15歳未満の児童，女性）などが規定されました．

表3-1　日本の主な社会事業家（明治時代）

岩永マキ （浦上養育院）	天然痘によって両親を失った乳児を養育したことがきっかけで孤児の救済活動を開始し，浦上養育院を設立した．日本最初の児童養護施設といわれている．
石井十次 （岡山孤児院）	孤児や生活に困窮する子どもを引き取って岡山孤児院を設立し，バーナードホームにならって10歳以下の子どもを里親に委託した．体罰の否定，里親制度の促進，教育の推進をはかった．
小橋勝之助ら （博愛社）	親交のあった石井十次の岡山孤児院から子どもたちを引き受け，孤児院の事業・救済にあたった．
石井亮一 （滝乃川学園）	孤児になった女子の身売りなどを見過ごすことができずに孤女学院を設立し，その中に知的障害の子どもがいたことをきっかけとして滝乃川学園と名称を改め知的障害児への支援に尽力した．
留岡幸助 （家庭学校）	非行少年に懲罰ではなく，環境を整えよい教育を行うことを大切にし，家庭学校を設立し，生活指導，教育，職業訓練を実践した．
赤沢鐘美・ナカ夫妻，仲子夫妻 （新潟静修学校付設守孤扶独幼稚児保護会）	幼い弟妹の子守をする子どもたちのために修学の間，弟妹を預かる場所として開設された．わが国最初の常設保育所といわれている．
野口幽香・森島峰 （二葉幼稚園）	貧困層に向けた幼稚園を開設，フレーベルの教育思想を取り入れた教育を実施した．

（出典）浅井春夫編著『シードブック子ども家庭福祉　第3版』建帛社，2017年に基づいて筆者作成．

(2) 大正から昭和初期

　日露戦争・第一次世界大戦後，資本主義経済は発展したものの米騒動，関東大震災，昭和恐慌などにより社会状況は不安定になっていきました．そのようななか，子どもの長時間労働や身売り，親子心中，子ども虐待などが社会問題となりました．

　1929（昭和4）年に新たな「救護法」が成立し，3年後に施行されました．1933（昭和8）年，保護者責任を規定した「児童虐待防止法」が制定されました．同年，「少年教護法」が制定され，国立感化院であった「国立武蔵野学院」は，少年教護法の制定とともに「国立少年教護院」となりました．1937（昭和12）年には，13歳以下の貧困母子家庭を対象とした「母子保護法」が制定されました．

　1932（昭和7）年，高木憲次（1889-1963）が日本初の肢体不自由児学校「光明学校」，1942（昭和17）年には肢体不自由児施設「整肢療護園」を開設し，戦時体制の中で治療・教育・職能を一体とする「療育」を確立しました．

　この時期は，子どもの保護を含めたさまざまな福祉政策が打ち出されましたが，戦争が続いていた時代だったため政策の実施にはさまざまな課題がありました．

(3) 第二次世界大戦後から社会福祉六法の整備

　第二次世界大戦後の日本は，失業や食糧難などで混乱しており，戦災孤児や浮浪児などの要保護児童への児童保護政策などが緊急の課題となりました．

　政府は，1946（昭和21）年に公的扶助制度である「(旧) 生活保護法」，1950（昭和25）年に「日本国憲法」（1946（昭和21）年公布）の内容に基づく現行の「生活保護法」，1947（昭和22）年には，「日本国憲法」の理念に基づいた「児童福祉法」が制定されました．児童福祉法は，すべての子どもたちの健やかな成長・発達を保障することを理念とし，児童福祉施設の整備を進めていきました．同年，厚生省（現：厚生労働省）に児童局が，翌年に各都道府県に児童相談所が設置されました．また，1946（昭和21）年に糸賀一雄（1914-1968）が知的障害児施設（現障害児入所施設）「近江学園」，その後1963（昭和38）年に重症心身障害児施設（現障害児入所施設）「びわこ学園」を開設し，発達保障の考え方を示しました．1949（昭和24）年には，身体障害者福祉法が制定されました．

　1951（昭和26）年，「児童憲章」が示され，前文には「児童は，人として尊ばれる」「児童は，社会の一員として重んぜられる」「児童は，よい環境の中で育

てられる」と明記されました．1960年以降，日本は著しい経済成長をとげ，家庭を取り巻く環境が大きく変化しました．

1964（昭和39）年，厚生省（現：厚生労働省）の「児童局」が「児童家庭局」へと改称され，全国の福祉事務所に家庭児童相談室が設置されました．この時期に，精神薄弱者福祉法（1998（平成10）年知的障害者福祉法に改称），1963（昭和38）年に老人福祉法，1964（昭和39）年に母子福祉法（2014（平成26）年に母子及び父子並びに寡婦福祉法に改称）が制定されました．

第3節　保護から自立支援に向けた子ども家庭福祉

1　児童の権利に関する条約（子どもの権利条約）の批准

1989（平成元）年，第44回国連総会において，「児童の権利に関する条約（子どもの権利条約）」が採択され，1994（平成6）年に日本は批准しています．この条約は，前文と54条からなっており，子どもを権利の主体とし，「子どもの最善の利益」を尊重することを重視しています．「生きる権利」「育つ権利」「守られる権利」「参加する権利」は，4つの柱といわれています．

2　子ども・子育て支援新制度

2012（平成24）年，子ども・子育て関連3法（「子ども・子育て支援法」「就学前の子どもに関する教育，保育等の総合的な提供の推進に関する法律（認定子ども園法）の改正」「子ども・子育て支援法及び就学前の子どもに関する教育，保育等の総合的な提供の推進に関する法律の一部を改正する法律の施行に伴う関係法律の整備等に関する法律」）が成立しました．これに伴い，2015（平成27）年から「子ども・子育て支援新制度」が実施され，さまざまな子育て支援が行われるようになりました（第7章参照）．

3　幼児教育・保育の無償化と大学等における就学支援

2019（令和元）年，「子ども・子育て支援法の一部を改正する法律」が成立し，幼児教育・保育の無償化が実施されました．同年，「大学等における就学の支援に関する法律」が制定され，住民税非課税世帯とそれに準ずる世帯の学生を対象に修学関連の経済的負担を軽減しています．また，2023（令和5）年12月22日に示された「こども未来戦略」に盛り込まれた多子世帯の大学等授業料・入学金の無償化は，2025（令和6）年4月1日から導入され，子どもを3人以

上育てている世帯の進学費用の負担を軽減して少子化を防ぐことが目的です．

4 幼保連携型認定こども園

2012（平成24）年，「就学前の子どもに関する教育，保育等の総合的な提供の推進に関する法律」（認定こども園法）改正により，幼保連携型認定こども園が創設されました．幼保連携型認定こども園は，学校および児童福祉施設の位置づけをもつ単一施設として認可されます．職員は，幼稚園教諭免許状と保育士資格の両方を有する「保育教諭」です（第8章参照）．

5 子ども虐待

2000（平成12）年，「児童虐待の防止等に関する法律」，翌年に「配偶者からの暴力の防止及び被害者の保護に関する法律（DV防止法）」（2023（令和4）年「配偶者からの暴力の防止及び被害者の保護等に関する法律」に改称）が制定されました．これらに関連して2012（平成24）年8月より「児童扶養手当法」の支給要件に，配偶者からの暴力（DV）により裁判所からの保護命令が出された場合も加えられました．

2016（平成28）年の「児童福祉法」大幅改正で，子どもが権利の主体であることや，子どもの意見が尊重されその最善の利益が優先して考慮されること，児童の保護者は，児童を心身ともに健やかに育成することについて第一義的責任を負うこと，里親やファミリーホームなど社会的養護を必要とする子どもをより家庭に近い養育環境で生活できるよう整えること，虐待予防や被虐待児の自立支援，虐待発生時の迅速的確な対応などについて明記されました．

2017（平成29）年，「新しい社会的養育ビジョン」がとりまとめられ，家庭で生活することが難しい子どもは施設ではなく，里親委託を中心にしていくという方向性が示されました（第9章参照）．

2019（令和元）年の「児童虐待の防止等に関する法律」の改正では，親権者などによる体罰の禁止が明記されました（令和元年6月成立，2020（令和2）年4月施行）（第13章参照）．

6 教員による児童生徒へのわいせつ行為の防止対策

2021（令和3）年に「教育職員等による児童生徒性暴力等の防止等に関する法律」が制定されました．教育職員等による児童生徒性暴力等の防止等に関す

る施策を推進し，児童生徒等の権利や利益の擁護を目的としています．

こども家庭庁では，「こども関連業務従事者の性犯罪歴等確認の仕組みの運用開始に向けた各種体制の整備」を進めています．このこども関連業務従事者の性犯罪歴等確認の仕組み（以下，日本版DBSという）は，子どもに接する仕事に就く人に性犯罪歴がないかを，事業者がこども家庭庁を通じて法務省に照会できるようにするものです．不同意性交罪や児童ポルノ禁止法違反などの罪が犯罪歴の確認対象となり「特定性犯罪」とされます．「特定犯罪」については，下着窃盗やストーカー行為などにも範囲を拡大することや，確認対象の期間を延長すること，ベビーシッターや家庭教師といった個人事業主も対象に含めることなどを検討するよう求めています（付帯決議）．今後，この法案は参議院で審議され，可決されれば，法案が通る見通しとなっています．国は，2025（令和7）年度から日本版DBSの具体的な運用を開始するものと想定して整備を急いでいます．

7　障がい児への支援

2012（平成24）年の「児童福祉法」の改正で，障害種別に分かれていた障害児施設が，通所による支援（障害児通所支援）と入所による支援（障害児入所支援）に体系化されました．また，保育所などを訪問し専門的な支援を行うための「保育所等訪問支援」や，学齢期における支援の充実のための「放課後等デイサービス」が創設されました．

2022（令和4）年の児童福祉法改正では，障害児が身近な地域で支援を受けることができる体制整備を促進する観点から，2024（令和6）年4月より児童発達支援における「福祉型」と「医療型」が一元化されるとともに，「福祉型」の3類型（障害児，難聴児，重症心身障害児）についても一元化されました（第10章参照）．

8　非行問題

2014（平成26）年，「少年院法」が全面改正され，「少年鑑別所法」が「少年院法」から独立して制定されました．2022（令和4）年，成人年齢の引き下げに伴って，「少年法等の一部を改正する法律」では，18歳と19歳が「特定少年」として新たな扱いを受けることとなりました．特定少年の事件は厳罰化され，特定少年のうちで2年間の保護観察中に重大な遵守事項違反があった場合は，

少年院への収容が可能になりました（第14章参照）.

9　貧　困

2013（平成25）年に「子どもの貧困対策の推進に関する法律」が制定されました. 2014（平成26）年には,「子供の貧困対策に関する大綱」が策定されました. 子どもが育った環境に左右されないよう生活や教育, 保護者に対する支援, 子どもの貧困に関する調査などを国などが責任をもってすすめていくことを定めました. 2013（平成25）年に制定された「生活困窮者自立支援法」や2015（平成27）年に開始された生活困窮者自立支援制度では, 生活困窮世帯の子どもに対する支援が行われています. また,「子どもの貧困対策の推進に関する法律」は, 2024（令和6）年6月26日に, その法律名が「こどもの貧困の解消に向けた対策の推進に関する法律」に変更され, 公布となりました.

10　母子保健

日本の母子保健施策は, 主に児童福祉法に基づいて行われてきました. そのため, 母子保健に対する総合的・体系的な整備が十分行われていないという経緯がありました. そのようななか, 乳幼児とその母親の健康を守るために1965（昭和40）年に母子保健法が制定され, 保健指導や健康診査, 訪問指導などが定められました. また,「健やか親子21」(2001-2014) が策定され, 思春期の保健対策の強化, 不妊への支援, 小児保健医療水準を維持・向上させるための環境整備, 育児不安の軽減などを課題としました. 2015（平成27）年には課題を見直し, 10年間の計画として「健やか親子21（第2次）」が策定され, 切れ目ない妊産婦・乳幼児への保健対策, 学童期・思春期から成人期に向けた保健対策, 子どもの健やかな成長を見守り育む地域づくりという3つの基盤課題を設定しました. 2016（平成28）年の児童福祉法, 母子保健法の改正により,「母子健康センター」の名称が, 2017（平成29）年度より母子健康包括支援センター（子育て世代包括支援センター）となりました（第7章参照）. また, 2024（令和6）年から子育て世代包括支援センターと子ども家庭総合支援拠点を統合した「こども家庭センター」が市区町村に設置されることになりました（第7章参照）.

11　医療的ケア児と家族への支援

2021（令和3）年,「医療的ケア児及びその家族に対する支援に関する法律」

は医療的ケア児の健やかな成長とその家族の離職を防止することを目的に制定されました．日常生活および社会生活を送るために必要な医療的ケアを受けることが不可欠な子どもを対象とし，保育所や学校等における支援，家族の日常における支援，相談体制の整備，人材確保などの実施をしています．

12　こども基本法，こども家庭庁設置法，改正児童福祉法

「こども基本法」は，「こども家庭庁設置法」と同時に2022（令和4）年6月に成立し，2023（令和5）年4月に施行されました．こども施策を社会全体で総合的かつ強力に推進していくための「こども基本法」とそれらを進めていくための新たな行政組織として「こども家庭庁」が創設されたのです．それに伴い，児童福祉法も改正され，子育て世帯に対する包括的な支援のための体制を強化しています．例えば，要保護児童等への包括的かつ計画的な支援の実施の市町村業務への追加，市町村における児童福祉及び母子保健に関し包括的な支援を行うこども家庭センター設置の努力義務化，子ども家庭福祉分野の認定資格創設（こども家庭ソーシャルワーカー），市区町村における子育て家庭への支援の充実等こどもの権利施策を実施するなどが明記されています．

参考文献

浅井春夫編著『子ども家庭福祉　第3版（シードブック）』建帛社，2017年.

一般社団法人全国保育士養成協議会監，宮島清・山縣文治編『ひと目でわかる　保育者のための子ども家庭福祉データブック2024』中央法規，2023年.

ＮＨＫ「『日本版DBS』法案国会提出　性犯罪歴の照会　最長20年などが柱」2024年3月19日〈https://www3.nhk.or.jp/news/html/20240319/k10014395381000.html〉，2024年6月21日閲覧.

————「性犯罪歴を確認『日本版DBS』法案　衆院本会議 全会一致で可決」2024年5月23日〈https://www3.nhk.or.jp/news/html/20240523/k10014458171000.html〉，2024年6月30日閲覧.

河野淳子「児童福祉の歴史」小崎恭弘・田邉哲雄・中典子編『第4版　子ども家庭福祉論』晃洋書房，2022年.

公益財団法人児童育成協会監，新保幸男・小林理編『第2版　子ども家庭福祉』中央法規，2023年.

こども家庭庁「医療的ケア児等とその家族に対する支援施策」2021年〈https://www.cfa.go.jp/assets/contents/node/basic_page/field_ref_resources/5218c3a3-610e-4925-8596-a9116889756f/03ac0201/20231013-policies-shougaijishien-care-ji-shien-000801674.pdf〉，2024年8月30日閲覧.

————「子どもの貧困対策の推進に関する法律の改正について」2024年6月26日〈https://

www.cfa.go.jp/assets/contents/node/basic_page/field_ref_resources/752df913-
0 c 4 c-48b 1 - 8 b40-62a 7 cb 4 b 5 e67/c 9 d 1 e 6 da/20240705_policies_kodomonohinkon
_02.pdf〉，2024年 9 月19日閲覧.

こども家庭庁支援局障害児支援課「令和 6 年度障害福祉サービス等報酬改定（障害児支援
関係）改定事項の概要」2024年，p. 3 〈https://www.cfa.go.jp/assets/contents/node/
basic_page/field_ref_resources/253aba 4 f- 3 ce 0 - 4 aa 1 -a777- 3 d42440f 1 ca 2
/25400d 3 f/20240412_policies_shougaijishien_shisaku_hoshukaitei_45.pdf〉，2025年 1
月18日閲覧.

社会福祉の動向編集委員会編『社会福祉の動向 2024』中央法規，2023年.

松本園子・堀口美智子・森和子『子どもと家庭の福祉を学ぶ　改訂版』ななみ書房，2017年.

第4章
子ども家庭福祉の法と体系

　公的な福祉制度は「法律」によって規定されています．したがって保育者を目指す人にとって「法律」を学ぶということは，子どもたちやその保護者とかかわり，支援するために必要となります．この章では，わが国の子ども家庭福祉に関する法律や制度について学んでいきます．

第1節　子ども家庭福祉を支える法と制度の基礎

1　日本国憲法

　「日本国憲法」は，子ども家庭福祉のみならず，わが国における法の原点となっています．そして「日本国憲法」を根拠として，「児童福祉法」をはじめとした子ども家庭福祉にかかわる法律が定められています．特に第25条では「すべて国民は，健康で文化的な最低限度の生活を営む権利を有する」「国は，すべての生活部面について，社会福祉，社会保障及び公衆衛生の向上及び増進に努めなければならない」と生存権について規定しており，日本の社会福祉の推進，あり方について示しています．また，社会権の一つであるこの生存権をもとに，「児童福祉法」の第1条から第3条に児童福祉の理念が規定されています．

2　児童の権利に関する条約（子どもの権利条約）

　日本国憲法ともう一つ，日本の子ども家庭福祉の法のもとになるのが「児童の権利に関する条約」（以下，子どもの権利条約）です．この条約には国際的な子ども家庭福祉の理念が示されており，1989（平成元）年の第44回国際連合総会で採択されました．日本は1994（平成6）年に批准し，世界で158番目の条約締結国となっています．

　子どもの権利条約は，すべての子どもたちが持っている「子どもの人権」について規定しています．基本的な考え方として「差別の禁止」「子どもの最善の利益」「生命，生存及び発達に対する権利」「子どもの意見の尊重」の4つの原則があります．これらの原則は，後述する「児童福祉法」や「こども基本法」

にも取り入れられています.

第2節　児童福祉法

1　児童福祉法成立の背景

　第二次世界大戦後の日本は混乱と貧困で苦しむとともに，戦争で家族を亡くし，路頭に迷うような子どもたちも多くいました．戦災孤児や浮浪児といった問題も社会的に取り扱われ，当時の全国一斉孤児調査（1948（昭和23）年）によると，18歳未満の孤児たちは約12万3000人いたと報告されています．そのような状況の中，孤児たちは盗みや窃盗，万引きなど非行を行ったり，物乞いや靴磨きなどを行ったりし，少量の賃金を得ることで生きていくしかなく，子どもが育つ環境としては劣悪なものでした．

　このような日本の状況を背景に，「日本国憲法」の作成が連合国軍最高司令官総司令部（GHQ）の指導のもとに行われ1946（昭和21）年に「日本国憲法」が制定されました．この「日本国憲法」を根拠法（基礎となる法律）として，子どもの健全な育成を図るために「児童福祉法」が1947（昭和22）年に制定されました．

　この「児童福祉法」は，法自体を制定していく中，保護を必要とする子どものみを対象とし，その保護を目的とした案が出されましたが，そこに疑問を投げかけられ，法の適用範囲を「すべての子ども」を対象にしたものとなりました．これは法の対象を限定的な「保護を必要とする子ども」から「すべての子ども」に拡げ，子どもの権利や健全育成，福祉の増進，子どもの養育の公的責任が認められた画期的な法律となりました．「児童福祉法」が制定されることで戦前からもともとあった「少年保護法」（1933（昭和8）年）と「児童虐待防止法」（1933（昭和8）年）は，「児童福祉法」に内容が統合され廃止となりました．しかし，「児童福祉法」の制定当時の日本には，この法の理念に伴うような子どもへの権利意識が定着していませんでした．また当時は，孤児や貧困，非行など保護を要する子どもの問題に対応するのが精一杯であり，「児童福祉法」の施行直後に，この法の理念を生かすことはできませんでした．

　その後，「児童福祉法」はその時代のニーズに応えるように何度も改正が行われています．もちろん日本の子ども家庭福祉に関する法律の中心となっているのが「児童福祉法」です．そして「児童福祉法」の他に「児童扶養手当法」「特

別児童扶養手当等の支給に関する法律」「母子及び父子並びに寡婦福祉法」「母子保健法」「児童手当法」，この6つの法律をまとめて児童福祉六法と呼んでいます．

2 児童福祉法の概要

「児童福祉法」は，先述したように「日本国憲法」の第25条に基づいて1947 (昭和22) 年に制定され，日本における子ども家庭福祉の中心となる法律となりました．

「児童福祉法」は第1章「総則」，第2章「福祉の保障」，第3章「事業，養育里親及び施設」，第4章「費用」，第5章「国民健康保険団体連合会の児童福祉法関係業務」，第6章「審査請求」，第7章「雑則」，第8章「罰則」と附則で構成されています．ここでは「児童福祉法」で規定されている「児童福祉の理念」「国及び地方公共団体の責務」「児童福祉法における定義」について触れていきます．

(1) 児童福祉の理念

まず第1条と第2条では，「子どもの権利条約」に則って，「子どもが権利の主体であること」「子どもの最善の利益が優先されること」を規定しています．これは「子どもの福祉を保障するための原理」であり，児童福祉の理念と児童育成の責任を示しています．そして第3条の1でこの理念が子どもに関する法令の施行に当たって，常に尊重されなければならないことを規定しています．

(2) 国および地方公共団体の責務

第3条の2では国および地方公共団体の責務として，「子どもが家庭において心身ともに健やかに養育されるよう，その保護者を支援すること」「家庭で適切な養育が受けられない場合は，家庭に近い環境での養育を推進すること」を規定しています．これは子どもの成長や発達を健全に促すには家庭が自然な環境であるため，その担い手である保護者を支援することが国および地方公共団体の責務として重要であることを示しています．また保護者から虐待を受けているなどで，家庭で適切な養育を受けることができない場合は，「家庭における養育環境と同等もしくはそれに近い養育環境」で子どもが養育されるように国および地方公共団体は対応しなければならないことを示しています．そして第3条の3では，子どもの福祉を保障するために，市町村，都道府県，国それぞれの役割と責任を明確化し規定しています．

⑶　児童福祉法における定義

「児童福祉法」では，子ども（児童）を「満18歳に満たない者」であると第4条で定義しています．さらに乳児を「満1歳に満たない者」，幼児を「満1歳から，小学校就学の始期に達するまでの者」，少年を「小学校就学の始期から，満18歳に達するまでの者」と分けています．そして障害児を「身体に障害のある児童，知的障害のある児童，精神に障害のある児童（発達障害児を含む）」と規定しています．

第5条では妊産婦を「妊娠中又は出産後一年以内の女子」と規定しており，第6条で保護者を「親権を行う者，未成年後見人その他の者で，児童を現に監護する者」と定めています．

この他に「児童福祉法」では，保育士や児童相談所，子育て支援事業，保育所や児童養護施設などの児童福祉施設，里親に関することなどについても規定されています．

3　児童福祉法の改正

「児童福祉法」は，1947（昭和22）年に制定されてから，その時代時代のニーズに合わせながら改正が行われてきました．ここでは「児童福祉法」制定50年後にあたる1997（平成9）年以降に行われた主な改正について触れていきたいと思います．

⑴　1997（平成9）年の改正

1997（平成9）年は「児童福祉法」が制定されて50年の節目にあたる年であり，この年に「児童福祉法」の抜本的な改正が行われました．改正の特徴としては，① 保育施策，② 要保護児童施策，③ 母子家庭施策から見ることができます．

① 保育施策では，保育所へ入所する仕組みが市町村による「措置」（行政処分として入所先を市町村が決める）から保護者が保育所を自ら選択して利用するという「選択利用方式」となりました．そのため市町村は保護者が保育所を選択できるよう情報提供を行うことになりました．保育料の負担方式についても改正され，従来は各自の収入等で支払い能力に応じて負担する応能負担方式から年齢等に応じて利用した保育サービスの費用に応じて負担する応益負担方式となりました．また保育所が地域住民からの相談に対応できるよう，保育所における子育て相談の実施が努力義務として規定されました．そして，放課後児童健全育成事業（放課後児童クラブ・学童保育）を社会福祉事業として位置づけ法定

化されました.

② 要保護児童施策では，児童福祉施設の名称変更と機能の見直しが行われました．養護施設が児童養護施設に，母子寮が母子生活支援施設に，教護院が児童自立支援施設に名称が改められ，それぞれの施設の目的に「自立支援」が明記され，これまでの「保護」という視点から「自立支援」という視点が導入されました．また児童虐待などの困難な事例に対応するために，地域の子どもや家庭の相談支援機能を強化するために「児童家庭支援センター」が創設され，児童養護施設などに設置されました．児童相談所に関しては，施設入所の際に子どもの意向を聴くこと，子どもや保護者の意向と異なる時は，都道府県児童福祉審議会への意見聴取を行うことが盛り込まれ，機能強化が図られました.

③ 母子家庭施策では，母子寮の名称を母子生活支援施設へ変更するとともに母子の保護だけではなく，自立の促進のための生活支援の目的が加えられ，母子家庭の自立支援の促進が図られました.

(2) 2001 (平成13) 年の改正

保育士資格が法定化され，国家資格となりました．それに伴い子どもの保護者に対して保育の指導を行うことを保育士の責務として明記されました.

(3) 2003 (平成15) 年の改正

「放課後児童育成事業」「子育て短期支援事業」を市町村が行う子育て支援事業として規定されました．また保育の需要が増大している都道府県および市町村に対し，その地域の子育て支援の強化を図る目的として保育計画の策定を義務づけました.

(4) 2004 (平成16) 年の改正

子ども虐待等の問題が増加，深刻化するなかで，子どもの福祉に関する相談体制の強化を図るため，市町村が子ども相談の第一義機関とされました．また専門性の高い相談に関しては，児童相談所が対応することが明記されました.

地域における児童虐待防止のネットワークを構築し情報交換等を行うことができる「要保護児童対策地域協議会」を地方公共団体に設置できることが規定されました.

(5) 2005 (平成17) 年の改正

「障害者自立支援法」（現在の障害者総合支援法）が制定され，それに関連し「障害児」の定義が「児童福祉法」に明記されました.

⑹ 2008（平成20）年の改正

　里親制度に関して改正され，「養子縁組を前提とした里親」と「養育里親」
を区別し，養育里親の要件については一定の研修が課せられました．都道府県
の業務として，里親に対する相談等の支援を行うこと，その業務をNPOなど
に委託できることが明記されました．また「小規模住居型児童養育事業（ファ
ミリホーム）」の規定がなされました．

　あわせて，「乳児家庭全戸家庭事業」「養育支援訪問事業」「地域子育て支援
拠点事業」「一時預かり事業」の４つの子育て支援事業が規定されました．

　従来からあった家庭的保育事業（保育ママや家庭福祉員など）は，保育に欠ける
子どもに対して家庭的保育者の居宅，その他の場所において，保育を行う事業
として「児童福祉法」に規定されました．

　被措置児童，すなわち施設や里親などのもとで生活する子どもたちへの虐待
防止について規定がなされました．

⑺ 2012（平成24）年の改正

　障がい児の定義の改正が行われ，「精神に障害のある児童」が追加されました．
また障害児関連施設体系についても見直しが行われました．従来はそれぞれの
障害別等で分かれていましたが，重複障がいに対応するとともに，身近な地域
で支援を受けられるよう，利用形態に合わせて「障害児入所支援（障害児入所施
設)」「障害児通所支援（児童発達支援センター)」となりました．

　また，学齢期の障害児の支援充実のために「放課後等デイサービス」を創設
しました．

⑻ 2016（平成28）年の改正

　この改正では，「児童福祉法の理念の明確化」「児童虐待の発生予防」「児童
虐待発生時の迅速・的確な対応」「被虐待児童への自立支援」をポイントに改
正され，健やかにすべての子どもたちが育つことができるよう，児童虐待の発
生予防から自立支援までの対応強化が図られました．

　特に，これまでの「児童福祉法」の理念では「子どもが権利の主体であるこ
と」「子どもの最善の利益が優先されること」が明確ではありませんでした．
このため，この改正では子どもの権利条約に則って，子どもは適切に育てられ
ることで，その健やかな成長や発達，自立が図られることが保障されることを
理念として明記しました．子どもたちが健やかに成長・発達できるよう「家庭
と同様の環境における養育の推進」について規定されました．これは，子ども

が家庭において心身ともに健やかに育てられるよう，保護者支援の重要性が示されています．また虐待等で家庭での養育が難しい場合は，できる限り家庭に近い環境での養育を実現するため，養子縁組や里親への委託の推進を明記しました．ただし，中には専門的な支援が必要な子どももおり，そのような場合は里親等への委託が難しくなり，子どもは施設に入所し生活することになります．子どもが施設に入所する場合は，できる限り小規模で家庭に近い環境（小規模グループケアや地域小規模児童養護施設等）の施設で養育されるように対応しなければならないことが明記されました．

　他には，子どもの虐待発生予防を観点に，妊娠期から子育て期にわたるまでの切れ目のない支援を行う「母子健康包括支援センター」が法定化されました（2022年の児童福祉法改正で子ども家庭総合支援拠点とともに見直され，こども家庭センターとなる）．また子ども虐待発生時に的確で迅速な対応が行えるよう「要保護児童対策地域協議会の機能強化」「児童相談所の体制強化」が図られました．里親への支援や委託推進に関しては，里親の開拓から子どもの自立支援までの一貫した里親支援を児童相談所の業務として位置づけられました．児童自立生活援助事業（自立援助ホーム）について，その対象者は20歳未満から22歳の年度末までの間にある大学等就学中の者となりました．さらに重度の障害等の状態により外出が困難な障がいのある子どもに対し，居宅を訪問して発達支援を行う「居宅訪問型児童発達支援」（2018（平成30）年施行）も規定されました．

　(9)　2019（令和元）年の改正

　東京都目黒区の5歳女児の虐待死事件や千葉県野田市で起きた10歳女児の虐待死事件は印象深く残る虐待死事件となり，「児童福祉法」や後述する「児童虐待の防止等に関する法律」の改正に至る要因となりました．この改正では，「子ども虐待防止対策の強化」がポイントとなります．改正内容の概要としては，「子どものしつけに際して児童福祉施設の長等による体罰の禁止」「児童相談所の体制強化（児童福祉司の増員等）」「児童相談所の設置促進」「関係機関間の連携強化」があげられます．

　(10)　2022（令和4）年の改正（2024（令和6）年4月施行）

　この改正では，前述した通り「子ども家庭総合支援拠点」と「母子健康包括支援センター」が見直され，全ての妊産婦，子育て世帯，子どもに対して一体的に相談支援を行う「こども家庭センター」の設置が市区町村の努力義務として規定されました．他には，「児童発達支援の類型の一元化」「児童自立生活援

助の年齢による一律の利用制限を弾力化」「障害児入所施設の入所児童に対する自立支援の強化（22歳までの入所継続が可能）」「子どもの意見聴取等の仕組みの整備」「子ども家庭福祉の実務者の専門性の向上（こども家庭ソーシャルワーカー資格の創設）」「里親支援センターの児童福祉施設としての位置づけ」「子どもをわいせつ行為から守る環境整備」が概要として挙げられます．

第3節　子ども家庭福祉にかかわる法律

1　こども基本法

　常に子どもの最善の利益を第一に考え，子どもに関する取組や政策となる「こども施策」を社会の真ん中に据えて，社会全体で総合的に推進することを目的に，こども基本法は2022（令和4）年6月に制定されました（2023（令和5）年4月より施行）．第3条では，基本理念（表4-1参照）が規定されており，子どもの権利条約で触れた「差別の禁止」「子どもの最善の利益」「生命，生存及び発達に対する権利」「子どもの意見の尊重」の4つの原則が反映されています．第2条では，「こども」について「心身の発達の過程にある者」と定義されています．児童福祉法などは「18歳未満」など年齢で子どもを定義していますが，こども基本法では年齢で定義づけせず，年齢によって支援が途切れないようにしています．そして，第9条では，政府がこども施策を総合的に進めるために「こども大綱」を作成することが規定されています．

　また，こども基本法施行と同時に「こども家庭庁」が発足されました．この

表4-1　こども基本法の基本理念

① すべてのこどもが大切にされ，基本的な人権が守られ，差別されないこと
② すべてのこどもが大事に育てられ，生活が守られ，愛され，保護される権利が守られ，平等に教育を受けられること
③ すべてのこどもが，年齢や成長の程度に合わせて，自分に直接関係することに意見を言えたりさまざまな活動に参加できること
④ すべてのこどもの意見が年齢や成長の程度に合わせて，大事にされ，こどもの今とこれからにとって最もよいことが優先して考えられること
⑤ 子育てをしている家庭のサポートが十分に行われること，家庭で育つのが難しいこどもに家庭と同じような環境が用意されること
⑥ 家庭や子育てに夢を持ち，喜びを感じられる社会をつくること

（出典）こども家庭庁HP「こども基本法とは？」〈https://www.cfa.go.jp/policies/kodomo-kihon〉，2024年8月23日閲覧．

こども家庭庁は，「こどもがまんなかの社会」を実現するために，子どもの最善の利益を第一に考え，こども政策を進める指令塔となる機関になります．

2 児童扶養手当法

第1条で「父又は母と生計を同じくしていない児童が育成される家庭の生活の安定と自立の促進に寄与するため，当該児童について児童扶養手当を支給し，もつて児童の福祉の増進を図ること」を目的とし，1961（昭和36）年に制定されました．ひとり親家庭（母子家庭や父子家庭）等に対して，経済的に支援を行うため手当の支給要件や支給額，支給手続き，支給期間，不服申し立て，費用の負担などについて規定しています．

児童扶養手当の支給額は，監護・養護する子どもの数や支給対象家庭の所得などによって決定されます．また，物価の上がり下がりを表した「全国消費者物価指数」に合わせて毎年改定される物価スライド制を導入しています．

児童扶養手当が受給できる子どもは，「18歳に達する日以後の最初の3月31日までの間にある者又は20歳未満で政令で定める程度の障害の状態にある者」となります．所得に応じて制限があります．

3 特別児童扶養手当等の支給に関する法律

第1条で「精神又は身体に障害を有する児童について特別児童扶養手当を支給し，精神又は身体に重度の障害を有する児童に障害児福祉手当を支給するとともに，精神又は身体に著しく重度の障害を有する者に特別障害者手当を支給することにより，これらの者の福祉の増進を図ること」を目的とし，1964（昭和39）年に制定されました．この法律では「特別児童扶養手当」「障害児福祉手当」「特別障害者手当」について，各手当の支給要件や支給額，支給手続き，支給期間，不服申し立て，費用の負担などについて規定しています．

「特別児童扶養手当」は「20歳未満で精神又は身体に障害を有する子どもを家庭で監護，養育している父母等」に対して障害の程度（1級：重度，2級：中程度）に応じて支給されます．

「障害児福祉手当」は「精神又は身体に重度の障害を有するため，日常生活において常時の介護を必要とする状態にある在宅20歳未満の者」に支給されます．ただし，「児童福祉法に規定する障害児入所施設その他これに類する施設で厚生労働省令で定めるものに収容されているとき」は支給されません．

「特別障害者手当」は「精神又は身体に著しく重度の障害を有するため，日常生活において常時特別の介護を必要とする状態にある在宅20歳以上の者」に支給されます．ただし，「障害者の日常生活及び社会生活を総合的に支援するための法律に規定する障害者支援施設に入所しているとき」「障害者支援施設に類する施設で厚生労働省令で定めるものに入所しているとき」「病院又は診療所に継続して3月を超えて入院するに至つたとき」は支給されません．

いずれの手当も所得制限があります．

4　母子及び父子並びに寡婦福祉法

この法の目的は，第1条で「母子家庭等及び寡婦の福祉に関する原理を明らかにするとともに，母子家庭等及び寡婦に対し，その生活の安定と向上のために必要な措置を講じ，もつて母子家庭等及び寡婦の福祉を図ること」と規定されています．理念は第2条で「全て母子家庭等には，児童が，その置かれている環境にかかわらず，心身ともに健やかに育成されるために必要な諸条件と，その母子家庭の母及び父子家庭の父の健康で文化的な生活とが保障されるものとする」「寡婦には，母子家庭の母及び父子家庭の父に準じて健康で文化的な生活が保障されるものとする」と示されています．

もともとは，1964（昭和39）年に母子家庭を対象とした「母子福祉法」として制定されました．1981（昭和56）年に母子家庭に加え，かつて母子家庭であった母も含めて「母子及び寡婦福祉法」となりました．離婚率の増加からひとり親家庭も増加し，その支援の必要性から2002（平成14）年の改正で，父子家庭も対象となりました．そして2014（平成26）年に「母子及び父子並びに寡婦福祉法」となりました．

5　母子保健法

法の目的は，第1条で「母性並びに乳児及び幼児の健康の保持及び増進を図るため，母子保健に関する原理を明らかにするとともに，母性並びに乳児及び幼児に対する保健指導，健康診査，医務その他の措置を講じ，もつて国民保健の向上に寄与すること」と明記され，母や乳児，幼児の健康の保持や増進を図るため1965（昭和40）年に制定されました．具体的には母子健康手帳の交付や乳幼児健康診査に関すること，母子保健に関する知識の普及，妊産婦等への保健指導，訪問指導，養育医療の給付などについて定められています．

6 児童手当法

この法は，1971（昭和46）年に制定されました．第1条で目的を「児童を養育している者に児童手当を支給することにより，家庭等における生活の安定に寄与するとともに，次代の社会を担う児童の健やかな成長に資すること」として規定しており，児童手当に関して定めた法律です．

2024（令和6）年10月より，支給対象が変更となり，高校生年代（18歳に達する日以後の最初の3月31日まで）まで支給されます．3歳児未満は1万5000円（月額：第3子以降は3万円），3歳以上〜高校生年代までは1万円（月額：第3子以降は3万円）となっています．また子どもの出生順位については，22歳到達後最初の3月31日までの子から第1子と数えます．

7 児童虐待の防止等に関する法律

子どもの虐待問題に関して，戦前までは1933（昭和8）年に制定された「児童虐待防止法」，戦後は1947（昭和22）年に制定された「児童福祉法」で対応してきました．しかし，子ども虐待問題の深刻化，児童相談所への子ども虐待相談件数の増加を受けて，2000（平成12）年に「児童虐待の防止等に関する法律」が制定されました．

この法律では，第1条で法の目的を規定するとともに，子ども虐待が「子どもの人権侵害」であることを明記しています．第2条では，子ども虐待を「身体的虐待」「性的虐待」「ネグレクト」「心理的虐待」として定義しており，他には，子ども虐待を発見した際の通告の義務や虐待対応における国や地方公共団体の責務等が規定されています．2019（令和元）年の改正の際に，「子どもをしつける際に親権者は体罰を加えてはならない」ことが明記され，法的に子どもへの体罰が禁止されました．

8 配偶者からの暴力及び被害者の保護等に関する法律（DV防止法）

この法律は2001（平成13）年に制定されました[2]．配偶者からの暴力についての定義やその暴力の禁止，国及び地公共団体の責務，配偶者からの暴力を受けた被害者の保護，裁判所による保護命令などについて規定しています．この法律における配偶者とは，「婚姻の届出をしていないが事実上婚姻関係と同様の事情にある者を含み，離婚には，婚姻の届出をしていないが事実上婚姻関係と同様の事情にあった者が，事実上離婚したと同様の事情に入ることを含むもの」

第4章　子ども家庭福祉の法と体系　　*57*

とされています．なお，2013（平成25）年の改正で「生活の本拠を共にする交際をする関係にある相手からの暴力及び当該暴力を受けた者について準用する」とされ，同居中または以前に同居していた交際相手からの暴力についても対象となりました．また2023（令和5）年の改正では，今まで保護命令の対象が身体的な暴力のみでしたが，精神的な暴力も含まれるようになりました（2024（令和6）年施行）．

9　次世代育成支援対策推進法

　この法律は少子化の進行を抑え，次代の社会を担う子どもが健やかに生まれ，育成される環境の整備を図るために2003（平成15）年に制定されました．第1条で，この法の目的として，次世代育成支援対策に関する「基本理念」「国，地方公共団体，事業主，国民の責務」「行動計画の策定」を定めること，そして次代の社会を担う子どもが健やかに生まれ，かつ，育成される社会の形成を図ることが規定されています．第3条では，基本理念として，子育ての第一義的な責任は保護者であることを基本的認識とし，その保護者が家庭などの場で，子育ての意義を理解し，子育てに喜びが感じられるよう配慮を行う必要があることを規定しています．また法の特徴として，国が次世代育成支援のための具体的な行動内容を示した行動計画策定指針を定め，都道府県，市町村，101人以上の企業に行動計画の策定を義務付けています（100人以下の企業は努力義務）．この法律は2005（平成17）年4月〜2014（平成26）年3月までの10年間の時限立法でしたが，2014（平成26）年の改正で10年間延長され，さらに2024（令和6）年の改正の際に，新たに2035（令和17）年まで，この法律の有効期限が延長されました．

10　少子化社会対策基本法

　この法律は，少子化に的確に対応するための施策を総合的に推進するため2003（平成15）年に制定されました．第1条で目的を「少子化に対処するための施策を総合的に推進し，もって国民が豊かで安心して暮らすことのできる社会の実現に寄与すること」と規定しています．また第2条では，「少子化社会において講じられる施策の基本理念」，第3条から第6条では「国，地方公共団体，事業主，国民の責務」が規定されています．そして，第10から第17条では，少子化対策の基本的施策として「雇用環境の整備」「保育サービス等の充実」

「地域社会における子育て支援体制の整備」「母子保健医療体制の充実等」「ゆとりのある教育の推進等」「生活環境の整備」「経済的負担の軽減」「教育及び啓発」の8つの施策の方向性を示しています.

11 子ども子育て関連3法

　子ども子育て関連3法とは，「子ども・子育て支援法」「就学前の子どもに関する教育，保育等の総合的な提供の推進に関する法律の一部を改正する法律」「子ども・子育て支援法及び就学前の子どもに関する教育，保育等の総合的な提供の推進に関する法律の一部を改正する法律の施行に伴う関係法律の整備等に関する法律」を指し，2012（平成24）年8月に公布されました．幼児期の学校教育・保育，地域の子ども・子育て支援を総合的に推進するために「認定こども園，幼稚園，保育所を通じた共通の給付である施設型給付及び小規模保育，家庭的保育等への給付である地域型保育給付の創設」「認定こども園制度の改善」「地域の子ども・子育て支援の充実」が主なポイントとされています．そして，これらの法律にもとづき，2015（平成27）年4月より新しい子ども・子育て支援制度が実施されています.

12 こどもの貧困の解消に向けた対策の推進に関する法律

　2012（平成24）年に発表された日本の子どもの貧困率は16.3％，相対的貧困率が16.1％となります．これは，はじめて子どもの貧困率が相対的貧困率を上回り，「子どもの貧困」が深刻な社会問題と認知されました．そして，子どもの貧困問題に対応するために「子どもの貧困対策の推進に関する法律」が2013（平成25）年に成立しました．そして，この法律は2024（令和6）年6月に「こどもの貧困の解消に向けた対策の推進に関する法律」に名称が変更されました．名称変更とともに，第1条の目的において「貧困により，こどもが適切な養育及び教育並びに医療を受けられないこと，こどもが多様な体験の機会を得られないことその他のこどもがその権利利益を害され及び社会から孤立することのないようにするため」と解消すべき「こどもの貧困」が明確化されました．また第3条の理念では「こどもの現在の貧困を解消するとともにこどもの将来の貧困を防ぐこと」「貧困の状況にある者の妊娠から出産まで及びそのこどもがおとなになるまでの過程の各段階における支援が切れ目なく行われるよう，推進すること」が追加され，理念の充実が図られました.

注
⑴ 「家庭」とは，実父母や親族等を養育者とする環境を示します．「家庭における養育環境と同様の養育環境」とは，養子縁組による家庭，里親家庭，ファミリーホーム（小規模住居型児童養育事業）を示します．また第3条の2で明記されている「良好な家庭的環境」とは，施設のうち小規模で家庭に近い環境（小規模グループケアや地域小規模児童養護施設等）を指します．
⑵ 2001（平成13）年の制定時は「配偶者からの暴力の防止及び被害者の保護に関する法律」でしたが，2013（平成25）年の改正で「配偶者からの暴力の防止及び被害者の保護等に関する法律」に名称も改正されました．

参考文献
厚生労働省「特別児童扶養手当・特別障害者手当等」〈https://www.mhlw.go.jp/stf/seisakunitsuite/bunya/hukushi_kaigo/shougaishahukushi/jidou/index.html〉，2024年8月23日閲覧．
こども家庭庁「こども基本法とは？」〈https://www.kodomo.cfa.go.jp/kodomo-kihon/〉，2024年8月23日閲覧．
―――「子どもの貧困対策の推進に関する法律の改正について」〈https://www.cfa.go.jp/assets/contents/node/basic_page/field_ref_resources/752df913-0c4c-48b1-8b40-62a7cb4b5e67/c9d1e6da/20240705_policies_kodomonohinkon_02.pdf〉，2024年10月13日閲覧．
―――「児童手当制度の概要」〈https://www.cfa.go.jp/policies/kokoseido/jidouteate/gaiyou/〉，2024年8月23日閲覧．
―――「次世代育成支援対策」〈https://www.cfa.go.jp/policies/shoushika/jisedaishien〉，2025年1月17日閲覧．
櫻井奈津子編『保育と児童家庭福祉　第2版』みらい，2024年．
立花直樹・波田埜英治編『新・はじめて学ぶ社会福祉② 児童家庭福祉論』ミネルヴァ書房，2015年．
千葉茂明編『新エッセンシャル児童・家庭福祉論』みらい，2016年．
福田公教・山縣文治編『新・プリマーズ／保育／福祉 児童家庭福祉』ミネルヴァ書房，2015年．

第5章
子ども家庭福祉の実施機関と財源

　子どもや子育て家庭の生活をより豊かなものとするために，その本人や家族の努力のほか，公的・民間のさまざまな方法が支えとなっています．その一つとして公的な福祉サービスがあります．子どもや子育て家庭を対象とした福祉サービスは，児童福祉法などの法律によって国や地方公共団体など行政機関により行われる援助から，地域活動やボランティアなど地域住民が中心となって進める民間の支援活動など，幅広く実施されています．そうして，これらの支援活動は行政（国・都道府県・市町村）などの関係機関や関係団体が協力し，確実に子どもや子育てする保護者に届けることができるように，サービスを組み合わせて行うことが必要です．

　ここでは，「児童福祉法」など関連法令により実施されている公的サービスとしての子どもの福祉に関する体制について学びます．特に「児童福祉法」の理念にある子どもの生活が保障されるための国および地方公共団体の責任と体制とはどのようなものか，関係する福祉サービスの果たすべき役割について整理し，子どもの最善の利益の保障を進めるための支援活動に結び付ける仕組みについて理解しましょう．

第1節　国の機関

1　こども家庭庁

　子どもの生活保障を図るため，児童福祉法第2条第3項では「国及び地方公共団体は，児童の保護者とともに，児童を心身ともに健やかに育成する責任を負う」と示しており，このなかで国や地方公共団体の責務を定めています．このことから，国はこどもに関する事務を担当する省庁として，こども家庭庁を設置しています．こども家庭庁は2023（令和5）年に新設された省庁です．それより前は厚生労働省が子どもをはじめとした国民の福祉・医療・保健をはじめとした社会保障，労働などについての国の制度・政策づくりを所管してきました．また当時は子どもに関する国の政策は，厚生労働省だけでなく文部科学

省や内閣府など複数の省庁にまたがっていました．その中で少子化や児童虐待の増加，こどもの貧困など子どもに関する多様な社会課題への対応をはじめとした国・社会全体でのこども政策を包括的に実施するための推進を図るために設置されました．

こども家庭庁が対象とするこどもとは，こども基本法と同様に「心身の発達の過程にある者」とし，年齢上では区分されていません．その上で，こども家庭庁ではこどもや子どものいる家庭の福祉の増進，保健の向上，健やかな成長，子育てに対する支援，こどもの権利利益の擁護に関する事務を行っています．それらの施策を進める際には子育てにおける家庭の役割の重要性を踏まえるとともに，こどもの年齢や発達の程度に応じてその意見を尊重し，その最善の利益を優先して考慮することを基本とするとされています．なお，こども家庭庁は内閣府外局の省庁であり，こども家庭庁長官のもとに，内部機関として長官官房（企画立案・総合調整部門），成育局，支援局によって構成されています．児童虐待問題への対策，子育ての不安や孤立を予防するための施策，子どもや子育て問題の早期発見・早期対応のための子どもの保護や支援システムの確立，子育て支援に関する施策，乳児院や児童養護施設などの児童福祉施設や，里親などの社会的養護に関する施策，保育所における保育・子育て支援に関する施策，子どもや保護者，妊産婦の健康づくりを目的とした施策など多岐にわたる領域を担当しています．また自治体や民間組織等との連携も進められています．

2　こども家庭審議会

こども家庭審議会は，こども家庭庁設置法第6条に基づき設置される機関です．その同法において，内閣総理大臣，関係各大臣または長官の諮問に応じて，こどもが自立した個人としてひとしく健やかに成長することのできる社会の実現に向けた基本的な政策に関する重要事項を調査審議すること，重要事項について意見を述べることなどを行っています．こども家庭審議会の委員は内閣総理大臣により任命されます．そうしてこどもや当事者からの意見を尊重する観点から，審議会の委員にはこどもや社会的養護での生活経験者なども任命され審議会が構成されています．なお，こども家庭審議会の領域ごとの政策検討のため，分科会や部会等が設置されています．

3　関係省庁間の連携

子どもに関する国の政策は，こども家庭庁以外にも，文部科学省（幼稚園・学校教育に関するものなど）や厚生労働省（障害児・者施策，生活困窮者自立支援施策，住まいや労働に関する施策など）ほか，国の省庁を超えて実施されています．これらの各省庁で実施されている施策について関係省庁が連携して全体像を掌握するとともに，子どもに必要な政策が各省庁の間で抜け落ちることがないように必要な取り組みを進めていくことが求められます．

4　家庭裁判所

家庭裁判所は，裁判所法により設置されている司法機関（法律による判断を行う機関）です．家庭裁判所では，家事事件（家庭内の紛争などの家庭に関する事件）と，少年事件（少年法に規定される20歳未満の少年が関与した犯罪や非行などの事件）を扱っています．

家事事件の具体的内容としては，夫婦関係の事件（離婚問題などの夫婦間の調整など），親子関係に関する事件，家庭に関する事件などがあります．

また少年事件の主なものとしては，少年法によって**表5-1**の4種類の少年に関する事件の審判を取り扱っています．

家庭裁判所ではこれらの家事事件や少年事件についての調査および審判を行い，処分を決定する手続きを扱っています．このほか，養子縁組の許可を行っているなど，家庭裁判所は子どもやその保護者の福祉や生活に密接な関係を有しています．

表5-1　少年事件の対象の種類

犯罪少年	法律に定められる罪を犯した14歳以上20歳未満の少年．
触法少年	実際には法律に定められる罪を犯しているもののうち，その行為が14歳未満であったために刑法上で罪を犯したこととはならない少年．
ぐ犯少年	保護者の正当な監督に従わないなどの不良の行為があるなどから，その性格や環境によって将来的に罪を犯す可能性があるなどの20歳未満の少年．
特定少年	18・19歳の者が罪を犯した場合には，その立場に応じた取扱いとするため，「特定少年」として，17歳以下の少年とは異なる特例を定めている．

（出典）筆者作成.

第5章　子ども家庭福祉の実施機関と財源　*63*

第2節　都道府県による機関

1　都道府県の役割と業務

都道府県は，その区域内にある市町村をまとめる役割を担っている地方公共団体です．実施する業務として，その区域内の広域にわたるものや，市町村に関する連絡調整に関する事務などを処理しています．都道府県が行う子どもの福祉領域の業務は，子どもや妊産婦の福祉に関する市町村の業務の実施に関する連絡調整，市町村に対する情報の提供，市町村職員の研修や必要な援助，これらに関係する業務などとされています．また子どもおよび妊産婦の福祉に関して，業務の適切な実施を確保するため必要があると認めるときは，市町村に対して必要な助言を行うことができるとされています．このように都道府県では，市町村が行う子どもや妊産婦の福祉に関して，専門的な知識や技術を必要とする相談に対する対応や，市町村の区域を超えた広域的な見地による実情の把握など，市町村で対応することが困難な対応について実施しています．

なお，都道府県の行う事務及び政令指定都市（人口50万人以上の市のうちから政令（国（内閣）の定める命令）で指定）はほぼ同様の事務機能を有しています．

2　都道府県児童福祉審議会

国の社会福祉審議会と同様の機能を持つ機関として，都道府県には児童福祉法のなかで児童福祉審議会の設置が義務づけられています．なお，地方社会福祉審議会において児童福祉に関する事項を調査・審議させる場合（地方社会福祉審議会児童部会の設置など）はこの限りではありません．また，政令指定都市も都道府県と同様の機関の設置が義務づけられています．

児童福祉審議会では，子どもの福祉や母子保健に関する基本的事項等に関する調査や審議，児童相談所の措置（行政による援助の実施），里親の認定，虐待を受けて施設や里親に保護された子どもの状況についての都道府県への報告などが行われています．

3　児童相談所

児童相談所は「児童福祉法」第12条に基づいて設置される行政機関です．児童相談所は都道府県および政令指定都市に設置が義務づけられています．この

ほか，2004（平成16）年の「児童福祉法」の改正により，中核市（人口30万人以上で政令で指定された市）など児童相談所を設置する市として政令で定める市のほか，2016（平成28）年の同法改正により，特別区（東京都の23区）にも児童相談所が設置できることとなりました．

児童相談所は，2024（令和6）年4月1日現在で全国に234箇所設置されています．また自治体によっては，児童相談所の名称を「子ども相談センター」（岐阜県・香川県），「子ども家庭センター」（大阪府）などそれぞれ独自の名称で呼称しているところもあります．

児童相談所では市町村と適切な役割分担・連携を図りながら，子どもやその家庭等からの相談に応じています．このなかで，子どもが有する問題や子どものニーズ，子どもの置かれた環境の状況等を的確に捉えながら，一人一人の子どもや家庭に最も効果的な援助を行うなどにより，子どもの福祉を高め子どもの権利を守る援助を行っています（図5-1，表5-2）．

児童相談所が有する基本的機能は，次の①から④のとおりです．

① 市町村援助機能は，市町村による子どもや家庭からの相談の対応について，市町村相互間の連絡調整，市町村に対する情報の提供その他必要な援助を行う機能です．

② 相談機能は，子どもに関する家庭その他の相談のうち，専門的な知識及び技術を必要とするものについての相談を受け，必要に応じて子どもの家庭，地域状況，生活歴や発達，性格，行動等について専門的な角度から総合的に調査，診断，判定し，援助指針を定めることです．

③ 一時保護機能は，虐待や必要な保護が期待できない場合に，必要に応じて子どもを家庭から離して一時保護することです．

④ 措置機能は，子どもまたはその保護者を児童福祉司，児童委員（主任児童委員を含む），児童家庭支援センター等に指導させ，子どもを児童福祉施設，指定医療機関への入所，または里親に委託することです．

このほかの児童相談所の機能として，里親登録の相談，受付，助言，研修を行うこととされています．また，児童相談所長に与えられた親権（民法で定められる親が持つ権利と義務）に関する権限は，親権の停止や親権の喪失宣告（親権を失うの宣告）の請求，未成年後見人（未成年者の法定上の代理人）の選任及び解任の請求を，家庭裁判所に対して行うことです．

なお，児童相談所は児童虐待の専門的援助を行う役割を担う機関でもあるこ

第5章 子ども家庭福祉の実施機関と財源

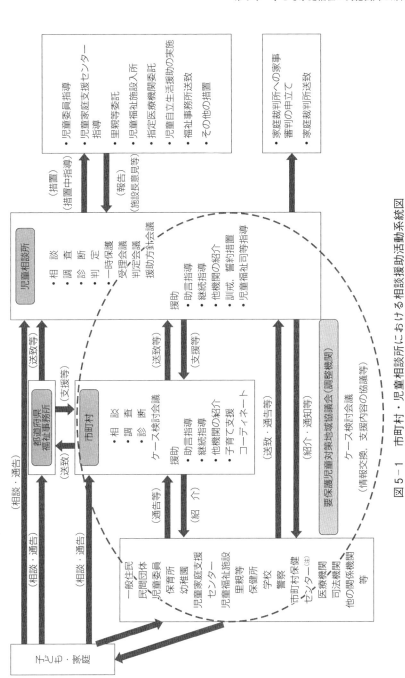

図5-1 市町村・児童相談所における相談援助活動系統図

(注)市町村保健センターについては、市町村の児童家庭相談の窓口として、一般住民等からの通告等を受け、相談対応業務を実施する場合も想定される。
(出典)こども家庭庁支援局長「児童相談所運営指針の全部改正について」2024年、p.238〈https://www.cfa.go.jp/assets/contents/node/basic_page/field_ref_resources/a7fb548-4e9c-46b9-aa56-3534df4fb315/8c8b28aa/20240402_policies_jidougyakutai_Revised-Child-Welfare-Act_72.pdf〉2024年10月19日閲覧。

表5-2　受け付ける相談の種類及び主な内容

養護相談	1．児童虐待相談	児童虐待の防止等に関する法律の第2条に規定する次の行為に関する相談. （1）身体的虐待　生命・健康に危険のある身体的な暴行 （2）性的虐待　性交，性的暴行，性的行為の強要 （3）心理的虐待　暴言や差別など心理的外傷を与える行為，児童が同居する家庭における配偶者，家族に対する暴力 （4）保護の怠慢，拒否（ネグレクト）　保護の怠慢や拒否により健康状態や安全を損なう行為及び棄児
	2．その他の相談	父又は母等保護者の家出，失踪，死亡，離婚，入院，稼働及び服役等による養育困難児，迷子，親権を喪失・停止した親の子，後見人を持たぬ児童等環境的問題を有する子ども，養子縁組に関する相談.
保健相談	3．保健相談	未熟児，虚弱児，ツベルクリン反応陽転児，内部機能障害，小児喘息，その他の疾患（精神疾患を含む）等を有する子どもに関する相談.
障害相談	4．肢体不自由相談	肢体不自由児，運動発達の遅れに関する相談.
	5．視聴覚障害相談	盲（弱視を含む），ろう（難聴を含む）等視聴覚障害児に関する相談.
	6．言語発達障害等相談	構音障害，吃音，失語等音声や言語の機能障害をもつ子ども，言語発達遅滞を有する子ども等に関する相談. ことばの遅れの原因が知的障害，自閉症，しつけ上の問題等他の相談種別に分類される場合は該当の種別として取り扱う.
	7．重症心身障害相談	重症心身障害児（者）に関する相談.
	8．知的障害相談	知的障害児に関する相談.
	9．発達障害相談	自閉症，アスペルガー症候群，その他広汎性発達障害，学習障害，注意欠陥多動性障害等の子どもに関する相談.
非行相談	10．ぐ犯等相談	虚言癖，浪費癖，家出，浮浪，乱暴，性的逸脱等のぐ犯行為若しくは飲酒，喫煙等の問題行動のある子ども，警察署からぐ犯少年として通告のあった子ども，又は触法行為があったと思料されても警察署から法第25条による通告のない子どもに関する相談.
	11．触法行為等相談	触法行為があったとして警察署から法第25条による通告のあった子ども，犯罪少年に関して家庭裁判所から送致のあった子どもに関する相談．受け付けた時には通告がなくとも調査の結果，通告が予定されている子どもに関する相談についてもこれに該当する.
育成相談	12．性格行動相談	子どもの人格の発達上問題となる反抗，友達と遊べない，落ち着きがない，内気，緘黙，不活発，家庭内暴力，生活習慣の著しい逸脱等性格もしくは行動上の問題を有する子どもに関する相談.
	13．不登校相談	学校及び幼稚園並びに保育所に在籍中で，登校（園）していない状態にある子どもに関する相談．非行や精神疾患，養護問題が主である場合等には該当の種別として取り扱う.
	14．適性相談	進学適性，職業適性，学業不振等に関する相談.
	15．育児・しつけ相談	家庭内における幼児の育児・しつけ，子どもの性教育，遊び等に関する相談.
	16．その他の相談	1～15のいずれにも該当しない相談.

（出典）図5-1と同じ．p.247-248.

とから，電話による全国共通の「児童相談所虐待対応ダイヤル（189）」を設け
ています．この番号にダイヤルすると最寄りの児童相談所に繋がり，電話によ
る虐待相談や通告などを受け付けています．

4　保健所

　保健所は地域保健法に基づき地域住民の健康の保持や増進を図るため設置さ
れた機関で，都道府県と指定都市，中核市，その他政令で定める市および特別
区に設置が義務づけられています．子どもの福祉領域に関することは児童福祉
法第12条の6で定められており，正しい衛生知識の普及や，健康相談，健康診
査，保健指導などを実施しています．具体的には衛生知識の普及などに関する
指導，妊婦届出の受付と母子健康手帳の交付，子どもや妊産婦の健康相談・健
康診査の実施，保健師による訪問指導，身体に障がいのある子どもや疾病など
により療養が必要な子どもに対する療育指導などが行われています．
　都道府県の保健所のほか，市町村では健康相談，健康診査，保健指導その他
の地域保健事業を実施することを目的に，市町村保健センターを設置できると
されています．

第3節　市町村による機関

1　市町村の役割と業務

　市町村は地域住民に最も身近な行政事務を行う機関です．また2003（平成15）
年の児童福祉法改正により，2003（平成15）年より市町村において子育て支援
事業が法定化され，2004（平成16）年には児童と家庭に関する相談の第一義的
な窓口として位置づけられました．
　市町村の業務として，① 子ども及び妊産婦の福祉に関し，必要な実情の把握
に努めること，② 子ども及び妊産婦の福祉に関し，必要な情報の提供を行う
こと，③ 子ども及び妊産婦の福祉に関し，家庭その他からの相談に応じ，必
要な調査及び指導を行うこと並びにこれらに付随する業務を行うこととなって
います．
　また市町村長は，市町村の行う業務のうち専門的な知識及び技術を必要とす
るものについて，児童相談所の技術的援助及び助言を求めなければならないと
されています．また子どもや妊産婦に関する必要な調査・指導を行うに当たっ

て，医学的，心理学的，教育学的，社会学的及び精神保健上の判定を必要とする場合には，児童相談所の判定を求めなければならないと定められています．

このほか市町村は母子保健法にある，新生児訪問指導および健康診査（1歳6か月児検診・3歳児検診）の実施を行うこととされており，これらの訪問指導および健康診査はこども家庭センターや市町村保健センターが担当しているところが多いです．市町村における子どもや子育て家庭に関する福祉に関する相談窓口として，こども家庭センターと家庭児童相談室があげられます．

2　福祉事務所

福祉事務所は，「社会福祉法」第14条で「福祉に関する事務所」とされ，都道府県，市および特別区（東京都の23区）に設置が義務づけられています（町村での設置は任意です）．

福祉事務所は子どもや子育て家庭の福祉に限らず，高齢者福祉や障がい者福祉など，社会福祉六法に関する福祉全般の相談に応じる総合的な社会福祉行政機関としての役割を担っています．

市町村の福祉事務所における子どもや子育て家庭の福祉に関する業務としては，①子どもに関する相談全般の受付および必要な調査・指導の実施，②児童虐待に関する地域住民や関係機関からの通告受理，③助産施設や母子生活支援施設の入所相談を受けた場合の保護の実施，④母子及び父子並びに寡婦福祉法に規定される母子父子寡婦福祉資金貸付に関する事務の実施，⑤施設入所等を要する事例等の専門的判定・対応に関して児童相談所への連絡・送致の実施，⑥地域における子ども・子育て支援サービスに関する業務などを行っています．特に児童虐待問題について，市町村（福祉事務所）が児童相談所とともに虐待相談・通告窓口となっており，児童相談所と連携して問題対応および早期発見・早期対応の重要な役割を担っています．

3　家庭児童相談室

福祉事務所には，子どもの福祉に関する相談機能を充実させるために家庭児童相談室を任意で設置することができます．家庭児童相談室は福祉事務所が担う子どもや子育て家庭の福祉に関する相談・対応などの業務のうち，専門的技術を必要とするものについて対応しています．

なお，家庭児童相談室の職員として，社会福祉主事と家庭相談員が置かれて

います．また，家庭児童相談室の運営にあたり，児童相談所や保健所，学校，警察署，地域の児童委員などと連絡調整を緊密にすることが求められています．

4　こども家庭センター

こども家庭センターは，すべての妊産婦，子育て世帯，こどもに対し，母子保健・児童福祉の両機能が一体的に相談支援を行う機関です．児童福祉法の改正により，2024（令和6年）から市町村にこども家庭センターの設置が努力義務化されました（第10条の2）．こども家庭センターでは子育て家庭に対する相談支援を実施することにより，母子保健・こども家庭福祉の両機能の連携や協働を進めて予防的な対応から困難を抱える家庭まで切れ目なく，漏れなく対応することを目的としています．

5　要保護児童対策地域協議会

要保護児童対策地域協議会（以下「要対協」とします）は，要保護児童の適切な保護への適切な支援を図るため，関係機関や関係団体などの関係者により構成される機関であり，2004（平成16）年の児童福祉法改正により地方公共団体（市町村・都道府県）に設置の努力義務が課せられました．

要対協を設置した地方公共団体の長は，要対協を構成する関係機関などから要保護児童対策調整機関を指定し，この調整機関が要対協の運営の中核となり，要保護児童等に対する支援の把握や関係機関等との連絡調整を行うこととされています．

要対協では主に身近な区域である市町村内において，子どもや家庭，地域などからの相談に応じ，虐待を受けた子どもや非行の疑いのある子ども，障がいのある子ども，不登校の子どもなどの保護を必要とする子どもを早期発見して必要な援助を行うこと，地域の関係機関（市町村・児童相談所・児童委員・学校・保育所・幼稚園・病院・警察等）が必要な情報交換と適切な連携を行うことにより支援内容の協議を行うことが想定されています．

第4節　地域での実施機関

1　児童委員

児童委員は，「児童福祉法」第16条に定められた役割で，都道府県知事の推

薦により厚生労働大臣から指名・委嘱された機関です．なお児童委員は「民生委員法」に基づいて実施される民生委員を兼務しています．任期は3年間で，再任も可能です．児童委員や民生委員は非常勤地方公務員ですが，給与は支給されず，活動に必要な経費は活動費として支給されています．

児童委員の活動として，市町村の担当区域における ① 子どもや妊産婦の生活及び取り巻く環境の状況を適切に把握すること，② 子どもや妊産婦の保護，保健その他福祉に関してサービスを適切に利用するために必要な情報の提供その他の援助及び指導を行うこと，③ 社会福祉関係施設や子どもの育成に関する活動を行う者と連携し活動等を支援すること，④ 児童福祉司または福祉事務所の社会福祉主事の行う職務に協力すること，⑤ 子どもの健やかな育成に関する気運の醸成（雰囲気をつくること）に努めること，⑥ 必要に応じて，子ども及び妊産婦の福祉の増進を図るための活動を行うことなどとされています．

なお，「児童虐待の防止等に関する法律」において，児童虐待の一つの通告方法として児童委員を介することとされています．

2　主任児童委員

主任児童委員は児童委員の中から選ばれた，区域を担当せずに子どもに関する事項を専門的に担当する役割です．現在，地域では少子化や深刻化する児童虐待問題などにより，子どもや子育てに関する相談や対応が必要な事例が増加しています．これらの背景からも，主任児童委員は子どもの福祉に関する機関や児童委員との連絡調整を行うことや，児童委員の活動に対する援助や協力を行っています．

第5節　子ども家庭福祉の財源

本章で取り上げた国や地方公共団体（都道府県・市町村）で行われる公的施策については，国が定める法律や省令などにより行われています．このため，これらに必要な経費については，公費またはこれに準ずる公的資金により実施されています．そして「児童福祉法」において，実施する事業に必要な費用負担について，それぞれの施策の内容により国，都道府県，市町村の経費の負担割合を定めています．

国による支出の財源は，地方交付税交付金と国庫補助金等に分けられます．

地方交付税とは国が地方に代わって税金を徴収し地方団体に再配分される税金（地方税）です.

　子ども家庭福祉領域の地方交付税としては，児童相談所の運営に要する費用などが該当します．また国庫補助金とは，国が指定する特定の事業を進めるために，国から地方自治体などに援助される補助金です．なお，これらの子ども家庭福祉領域の国庫補助金の交付等に関する業務については，厚生労働省の出先機関である地方厚生局に委任されています.

　なお，都道府県および市町村が支出すべき財源については，地方税（都道府県や市町村が徴収する税金）の収入や，地方債（都道府県や市町村の借金）によってまかなわれています.

参考文献
こども家庭庁『こども白書　令和6年版』日経印刷，2024年.
――――「令和6年度　全国児童福祉主管課長・児童相談所長会議資料」2024年9月〈https://www.cfa.go.jp/councils/jisou-kaigi/r06/〉，2024年10月20日閲覧.
『最新保育士養成講座』総括編纂委員会編『第3巻　子ども家庭福祉　改訂2版』全国社会福祉協議会，2024年.
立花直樹・渡邊慶一・中村明美・鈴木晴子編『最新・はじめて学ぶ社会福祉16　児童家庭福祉』ミネルヴァ書房，2022年.

第6章 子ども家庭福祉の専門職

　子どもの家庭福祉にかかわる仕事は，子どもの最善の利益の実現を護ること
であり，一人一人の専門職としての価値・倫理を踏まえ，目の前にいる子ども
の状況に応じて柔軟に対応していくことが求められます．近年，子ども家庭福
祉に携わる専門職は複雑な問題に対応するようになっており，さまざまな専門
機関・専門職との連携が求められています．本章では保育士を中心に，子ども
の福祉に携わる専門職について理解を深めていきます．

第1節　専門職としての福祉の仕事

1　専門性とは何か

　保育の仕事は，子どもとその保護者と共にある職業です．同じ子ども，同じ
親もいません．刻々と変化する保育場面において，保育者は，常に柔軟な対応
をしなければなりません．さらに，子どもの生活に深くかかわっていく仕事で
もあります．保育では，「一人一人の子どもの状況や家庭環境及び地域社会で
の生活の実態を把握するとともに，子どもが安心感と信頼感をもって活動でき
るよう，子どもの主体性としての思いや願いを受け止めること[(1)]」が重要です．
そこには，子ども家庭福祉の専門性が不可欠となってきます．

　その基本となるのが，第2章で学んだ「子どもの権利」を基盤に，その最善
の利益を考えることです．子どもは大人とは異なる独立した人格をもっており，
一人一人の子どもにあった適切な支援があれば，自らの権利を行使できる存在
です．憲法で規定されている「基本的人権」の尊重に基づき，個人の尊厳，最
善の利益，権利擁護といった人権思想や肯定的人間観は，福祉の仕事の原点で
あり，「価値」の拠り所です．

　さらに，保育では子どもの健やかな成長・発達を支援するには，5領域と呼
ばれる「健康」「人間関係」「環境」「言葉」「表現」に関する知識と技術は不可
欠であり，近年では保護者支援での対応も多様化しています．それぞれの場面
で求められるのは，子ども家庭福祉の専門的な知識に裏づけられた対応です．

このような，福祉に関する「価値」を基盤に実践のなかで用いられる「知識」
や「技術」を総合して「専門性」と呼びます．

2 価値と職業倫理

　保育や福祉の仕事は，ロボットなどの人工的な機械によって行われるもので
なく，人によって担われる支援の行為です．支援に従事している職員には，そ
れぞれの価値観や人間観があり，それらが自然に支援のなかで反映されます．
つまり，保育であればすべてが保育者の「価値」というフィルターを通して行
われるため，保育における「知識」「技術」はそれに左右されます．特に，子
どもはその生活の大部分を大人に委ねざるを得ない存在であるため，保育者の
対応によって生活や支援の内容が大きく変わります．

　保育や子ども家庭福祉を担う専門職には，子どもへの共感的な眼差しのなか
で支援を考えることが基本です．つまり，子どもに価値観のチャンネルをあわ
せ，同じ世界を見るという姿勢が大切です．子どもは，さまざまな形でかかわ
りを求めてきます．声の調子や表情を微妙に変化させながら，周囲からの働き
かけを引き出そうとします．さらに発達するにつれて，子ども自身の世界観で
表現をするようにもなります．こうした子どものメッセージを受け止めるには，
子どもへの確かな価値と豊かな認識，子どもが示す言動への肯定的理解とそれ
を具体化できる態度や技術が求められます．子どもに価値観のチャンネルをあ
わせて支援を考えることが子どもの福祉に携わる専門職の基本姿勢です．

　次に，専門職としての倫理が必要です．一般社団法人全国保育士養成協議会
は，専門職倫理は，「専門職の持つ信念であり，職務遂行における判断の基準
となるもの」であり，「専門職としての価値を実現するための行動規範であり，
専門職としての正しい・望ましい行動の指針」であるとしています．$^{(2)}$　つまり，
倫理とは「支援を行ううえでの根底にある物事の指向」「拠り所となる大切な
考え」であり，「物事の考え方の指針・判断基準」であると言えます．価値を
根底に，各専門職が具体的にどう行動すべきかの行動規範が職業倫理であり，
それを規定したのが倫理綱領です．

　全国保育士会から示されている倫理綱領は，次の通りです．これは，保育士
が自らの職務を遂行するうえで，守るべき行動の指針（約束すべき課題）を明記
して公表されています．

　保育士は，児童福祉法で定められた国家資格です．児童福祉法において，保

全国保育士会倫理綱領

　すべての子どもは，豊かな愛情のなかで心身ともに健やかに育てられ，自ら伸びていく無限の可能性を持っています．

　私たちは，子どもが現在（いま）を幸せに生活し，未来（あす）を生きる力を育てる保育の仕事に誇りと責任をもって，自らの人間性と専門性の向上に努め，一人ひとりの子どもを心から尊重し，次のことを行います．

　私たちは，子どもの育ちを支えます．
　私たちは，保護者の子育てを支えます．
　私たちは，子どもと子育てにやさしい社会をつくります．

（子どもの最善の利益の尊重）
1．私たちは，一人ひとりの子どもの最善の利益を第一に考え，保育を通してその福祉を積極的に増進するよう努めます．

（子どもの発達保障）
2．私たちは，養護と教育が一体となった保育を通して，一人ひとりの子どもが心身ともに健康，安全で情緒の安定した生活ができる環境を用意し，生きる喜びと力を育むことを基本として，その健やかな育ちを支えます．

（保護者との協力）
3．私たちは，子どもと保護者のおかれた状況や意向を受けとめ，保護者とより良い協力関係を築きながら，子どもの育ちや子育てを支えます．

（プライバシーの保護）
4．私たちは，一人ひとりのプライバシーを保護するため，保育を通して知り得た個人の情報や秘密を守ります．

（チームワークと自己評価）
5．私たちは，職場におけるチームワークや，関係する他の専門機関との連携を大切にします．
　また，自らの行う保育について，常に子どもの視点に立って自己評価を行い，保育の質の向上を図ります．

（利用者の代弁）
6．私たちは，日々の保育や子育て支援の活動を通して子どものニーズを受けとめ，子どもの立場に立ってそれを代弁します．
　また，子育てをしているすべての保護者のニーズを受けとめ，それを代弁していくことも重要な役割と考え，行動します．

（地域の子育て支援）
7．私たちは，地域の人々や関係機関とともに子育てを支援し，そのネットワークにより，地域で子どもを育てる環境づくりに努めます．

（専門職としての責務）
8．私たちは，研修や自己研鑽を通して，常に自らの人間性と専門性の向上に努め，専門職としての責務を果たします．

社会福祉法人　全国社会福祉協議会
全国保育協議会
全国保育士会

育士が規定されている箇所も見てみましょう（表6-1）．保育士の名称を用いた保育の対象・業務内容と，禁止行為について明記されています．法律に規定されているということは，保育士の専門性が広く社会のなかに認められているということです．一方，これらの法律に反した場合には罰則規定が設けられているため，国家資格である専門職として厳しい自覚と行動が求められています．

価値は専門職としての信念や考えのなかにあり，職業倫理は福祉専門職の具体的な行動のなかにあるとされています[3]．価値と倫理は一体として専門性が発揮されるのであり，法律・倫理綱領によってそれらが示されています．

3　専門性の構成要素

それでは，ここまで述べてきた「価値・倫理」と「知識」「技術」の関係についてもう少し整理してみましょう．

保育や福祉の「価値・倫理」は，建物にたとえれば，土台であるといえます．建物の土台がしっかりしていなければ，すぐに倒壊してしまいます．一方，土台がしっかりしていれば，少々のことが起きてもびくともしません．しっかりとした建物を作るには土台作りが大切なように，専門職としての働きの土台となる「価値・倫理」をしっかりと身につけることが必要です[4]．「価値・倫理」を土台に，専門職の「知識」「技術」が付加され，保育や福祉の専門性が成り立っているのです（図6-1）．

「知識」は，専門職としての実践を行う上で体系だったものです．子ども家庭福祉の分野では，① 社会福祉に関して固有の視点や考え方，② 子どもの発達に関して発達段階ごとの特徴と課題，③ 保育に関して乳幼児期の保育内容（5領域），④ 保護者支援に関してソーシャルワークや虐待対応，⑤ 制度や福祉

表6-1　児童福祉法

第18条の4	保育士は，第18条の18第1項の登録を受け，保育士の名称を用いて，専門的知識及び技術をもって，児童の保育及び児童の保護者に対する指導を行うことを業とする者をいう．
第18条の21	保育士は，保育士の信用を傷つけるような行為をしてはならない．
第18条の22	保育士は，正当な理由がなく，その業務に関して知り得た人の秘密を漏らしてはならない．保育士でなくなった後においても，同様とする．
第18条の23	保育士でない者は，保育士又はこれらに紛らわしい名称を使用してはならない．

（出典）筆者作成．

サービスに関して法律をはじめ連携する専門機関や制度，⑥地域に関して施設や機関の周辺の特性や求められるニーズなどがあります．

「技術」は具体的な実践で用いられるスキルです．①支援関係を構築するコミュニケーションスキル，②子どもを理解するスキル，③保育を展開するスキル，④環境に働きかけるスキル，⑤専門職としての活動を支えるスキルなどがあります．

このように，「価値・倫理」を土台に，「知識」「技術」が一体となって保育や支援が展開されます．ただし，すべての専門職が全く同じ考えで，同じように行動するという意味ではありません．そこには，一人一人の持ち味も大切です．価値や倫理とそれぞれの職員が積み重ねてきた人生観や価値観が相まって，その人らしい保育・支援となります．価値や倫理を踏まえ，それぞれの専門職が考えた保育・支援を実践していくからこそ，心が通った温かい実践につながっていくのです．

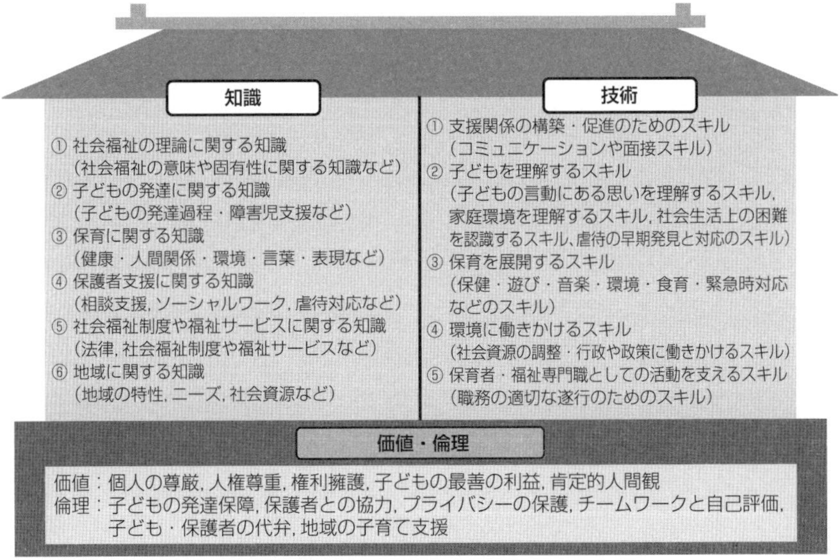

知識
① 社会福祉の理論に関する知識
　（社会福祉の意味や固有性に関する知識など）
② 子どもの発達に関する知識
　（子どもの発達過程・障害児支援など）
③ 保育に関する知識
　（健康・人間関係・環境・言葉・表現など）
④ 保護者支援に関する知識
　（相談支援，ソーシャルワーク，虐待対応など）
⑤ 社会福祉制度や福祉サービスに関する知識
　（法律，社会福祉制度や福祉サービスなど）
⑥ 地域に関する知識
　（地域の特性，ニーズ，社会資源など）

技術
① 支援関係の構築・促進のためのスキル
　（コミュニケーションや面接スキル）
② 子どもを理解するスキル
　（子どもの言動にある思いを理解するスキル，家庭環境を理解するスキル，社会生活上の困難を認識するスキル，虐待の早期発見と対応のスキル）
③ 保育を展開するスキル
　（保健・遊び・音楽・環境・食育・緊急時対応などのスキル）
④ 環境に働きかけるスキル
　（社会資源の調整・行政や政策に働きかけるスキル）
⑤ 保育者・福祉専門職としての活動を支えるスキル
　（職務の適切な遂行のためのスキル）

価値・倫理
価値：個人の尊厳，人権尊重，権利擁護，子どもの最善の利益，肯定的人間観
倫理：子どもの発達保障，保護者との協力，プライバシーの保護，チームワークと自己評価，子ども・保護者の代弁，地域の子育て支援

図6-1　児童福祉の専門性の構成要素

（出典）津田耕一『福祉職員研修ハンドブック――職場の組織力・職員の実践力の向上を目指して――』ミネルヴァ書房，2011年，p.10を基に一部改変．

第6章　子ども家庭福祉の専門職　　*77*

第2節　子ども家庭福祉の専門職

1　社会福祉領域に関わる資格の分類

　子ども家庭福祉は，さまざまな専門機関・専門職との連携によって成り立っています．支援に応じて専門的な機関につなぎ，チームによって支援を分担することで1つの機関だけでは対応することができなかった側面への介入が可能となり，同時に単独で過重な負担と責任を保育者が背負い込むことなく，それぞれの専門性を発揮することにもつながります．また，子どもの支援の多くは，ライフ・ステージの変化によって，他の専門機関・専門職に受け継がれるため，支援の継続性という意味でも連携は重要です．

　社会福祉領域において活躍する専門職が有する資格には大きく分けて，国家資格，任用資格，民間資格の3つに分かれています（表6-2）．さらに，国家資格は，業務独占資格，名称独占資格に分類されます（表6-3）．本節では，子ども家庭福祉分野の専門職を中心に説明していきます．

表6-2　国家資格，任用資格，民間資格

資格	概要	例
国家資格	国の法律に基づいて，各種分野における個人の能力，知識が判定され，特定の職業に従事すると証明される資格である．国家資格を取得するためには，国家試験に合格することや，養成施設にて特定の課程を修了することが必要である．	保育士，社会福祉士，精神保健福祉士，介護福祉士，医師，看護師，保健師
任用資格	国が定めた一定の条件を満たすことによって与えられ，主に行政機関などの特定の職業ないし職位について任用される資格である．	社会福祉主事，児童福祉司，女性相談支援員，児童指導員，児童自立支援専門員，児童生活支援員，母子支援員，母子自立支援員
民間資格	法的な根拠はなく，民間の企業や任意団体などが独自の審査基準を設けて任意で与える資格である．	スクールソーシャルワーク教育課程修了，臨床心理士，こども家庭ソーシャルワーカー

（出典）筆者作成．

表6-3　業務独占資格，名称独占資格，設置義務資格

資格	概要	例
業務独占資格	有資格者以外が携わることを禁じられている業務を独占的に行うことができる資格	医師，看護師，保健師，弁護士
名称独占資格	有資格者以外はその名称を名乗ることを認められていない資格	保育士，社会福祉士，精神保健福祉士，介護福祉士，管理栄養士

(出典) 文部科学省「国家資格の概要について」〈https://www.mext.go.jp/b_menu/shingi/chousa/shougai/014/shiryo/07012608/003.htm〉，2024年8月11日閲覧，をもとに筆者作成.

2　国家資格として定めている専門職

(1)　保育士

　児童福祉法において，「保育士とは，保育士の名称を用いて，専門的知識及び技術をもって，児童の保育及び児童の保護者に対する保育に関する指導を行うことを業とする者」（第18条の4）と規定されている専門職です.

　乳幼児の保育や保護者に対する保育指導，障害児の療育，要保護児童の養護などの日常生活ケア，生活・学習指導などを行っています. 近年では，保育所等は地域の子育て支援の拠点として多様な対応が求められるようになり，保護者支援においても重要な役割を担っています.

(2)　社会福祉士

　社会福祉士及び介護福祉士法において，「社会福祉士の名称を用いて，専門的知識及び技術をもって，身体上若しくは精神上の障害があること又は環境上の理由により日常生活を営むのに支障がある者の福祉に関する相談に応じ，助言，指導，福祉サービスを提供する者又は医師その他の保健医療サービスを提供する者その他の関係者との連絡及び調整その他の援助を行うことを業とする者」（第2条第1項）と規定されている専門職です.

　いわゆるソーシャルワーカーとして，利用者からの相談に応じ日常生活がスムーズに営めるように支援を行っています. また，他分野の専門職などと連携して包括的に支援を進めたり，社会資源などを開発したりする役割を担っています.

(3)　精神保健福祉士

　精神保健福祉士法において，「精神保健福祉士の名称を用いて，精神障害者の保健及び福祉に関する専門的知識及び技術をもって，精神科病院その他の医療施設において精神障害の医療を受け，又は精神障害者の社会復帰の促進を図

ることを目的とする施設を利用している者の地域相談支援の利用に関する相談その他の社会復帰に関する相談に応じ，助言，指導，日常生活への適応のために必要な訓練その他の援助を行うことを業とする者」（第2条）と規定されている専門職です。

精神科医療機関や障害福祉サービス事業所，保健所をはじめとする行政機関が主な勤務先となっています。

(4) 介護福祉士

社会福祉士及び介護福祉士法において，「介護福祉士の名称を用いて，専門的知識及び技術をもつて，身体上又は精神上の障害があることにより日常生活を営むのに支障がある者につき心身の状況に応じた介護を行い，並びにその者及びその介護者に対して介護に関する指導を行うことを業とする者」（第2条第2項）と規定されている専門職です。

食事や入浴，車いすでの移動補助などの身体介護や，利用者への相談・助言などを行い，介護サービスの中心的な役割を担っています。

(5) 看護師

保健師助産師看護師法において，「厚生労働大臣の免許を受けて，傷病者若しくはじよく婦に対する療養上の世話又は診療の補助を行うことを業とする者」（第5条）と規定されている専門職です。

児童福祉施設をはじめとした福祉関連の施設に配置されており，健康管理や応急対応，健康相談などに応じています。

3　行政機関等における専門職

(1) 社会福祉主事

社会福祉法において，「都道府県，市及び福祉に関する事務所を設置する町村に，社会福祉主事を置く」（第18条第1項他）と規定されています。

市町村の社会福祉主事は，市及び同項に規定する町村に設置する福祉に関する事務所において，生活保護法，児童福祉法，母子及び父子並びに寡婦福祉法，老人福祉法，身体障害者福祉法及び知的障害者福祉法に定める援護，育成又は更生の措置に関する事務を行うことを職務としている専門職です。

(2) 児童福祉司

児童福祉法において，「都道府県は，その設置する児童相談所に，児童福祉司を置かなければならない」（第13条第1項）と規定されています。児童の保護

その他児童の福祉に関する事項について，相談に応じ，専門的技術に基づいて必要な指導を行う等児童の福祉増進に努める」(第13条第3項) 専門職です.

(3) 身体障害者福祉司

身体障害者福祉法に，「都道府県は，身体障害者の更生援護の利便のため，及び市町村の援護の適切な実施の支援のため，必要の地に身体障害者更生相談所を設けなければならない」(第11条第1項) と規定されています．その設置する身体障害者更生相談所に，「身体障害者福祉司を置かなければならない」(第11条の2) と規定されており，「身体障害者更生相談所の長の命を受けて，専門的な知識及び技術を必要とするものを行う」(第11条の2第1項) 専門職です．

(4) 知的障害者福祉司

知的障害者福祉法に，「都道府県は，知的障害者更生相談所を設けなければならない」(第12条第1項) と定めている．その設置する知的障害者更生相談所に，「知的障害者福祉司を置かなければならない」(第13条第1項) と規定されています．「知的障害者更生相談所の長の命を受けて，専門的な知識及び技術を必要とするものを行う」(第13条第3項) 専門職です．

(5) 女性相談支援員

困難な問題を抱える女性への支援に関する法律に，「困難な問題を抱える女性について，その発見に努め，その立場に立って相談に応じ，及び専門的技術に基づいて必要な援助を行う職務に従事する職員 (以下「女性相談支援員」という.) を置くものとする」(第11条第1項) と規定されています．

これまで売春防止法に規定されていた婦人相談員の役割を引き継ぎ，配偶者等からの暴力の被害者への支援にあわせて，その他の困難を抱える女性に対し，電話や面談による相談を行い，問題解決に向けた助言や情報提供，その他自立支援に係る業務を行うことが目指されています．

4 児童福祉施設等の専門職

(1) 児童指導員

児童福祉施設の設備及び運営に関する基準 (以下，設備運営基準) に，児童養護施設，児童発達支援センター，障害児入所施設などにおかなければならないと規定されています (設備運営基準第42条他)．児童指導員は，施設において，子どもの生活指導や日常的なケアにあたっている専門職です．

（2）児童自立支援専門員・児童生活支援員

　不良行為や家庭環境等の理由によって生活指導や自立支援が必要な子どもが入所する児童自立支援施設におかなければならないと規定されています（設備運営基準第80条）．児童自立支援専門員は入所している子どもの自立支援を行い，児童生活支援員は同じく入所している子どもの生活支援を行う専門職です．

（3）家庭支援専門相談員（ファミリーソーシャルワーカー）

　乳児院，児童養護施設，児童心理治療施設，児童自立支援施設におかなければならないと規定されています（設備運営基準第42条他）．虐待等の理由で入所している児童の保護者等に対し，児童相談所と連携しながら，家庭復帰，里親委託等に向けた相談支援を行い，早期の退所を促進し，親子関係の再構築を図る役割を担う専門職です．

（4）里親支援専門相談員（里親支援ソーシャルワーカー）

　里親支援を行う児童養護施設および乳児院に配置される．入所児童の里親委託の推進，里親のアフターケアなどの役割を担う専門職です．

（5）母子支援員・少年指導員

　母子支援員は母子の支援を行う者，少年指導員は少年を指導する職員であり，いずれも母子生活支援施設におかなければならないと規定されています（設備運営基準第27条他）．

5　その他の子ども家庭福祉領域における専門職

（1）スクールソーシャルワーカー

　日本では独自のスクールソーシャルワーカーの資格要件はありませんが，児童・生徒が抱える課題に対して環境面から支援を行うスクールソーシャルワーカーを配置する学校が増えてきました．山野らによると「スクールソーシャルワークとは，人権と正義を価値基盤に置き，状況を人と環境との関係性から捉えて支援を展開するソーシャルワークを学校ベースで行うもの」[6]とされています．

（2）こども家庭ソーシャルワーカー

　こども家庭福祉の現場にソーシャルワークの専門性を十分に身につけた人材を早期に輩出することを目的に，一定の実務経験のある有資格者や現任者が，国の基準を満たす認定機関が認定した研修等を経て取得する認定資格として2024（令和6）年4月1日から新たに創設された資格です．児童相談所児童福

祉司の任用要件の一つに位置づけられており，市区町村の虐待相談対応部門，民間の社会的養護施設や児童家庭支援センター，保育所などの幅広い現場で活躍が期待されています．

その他，表6-4は，子ども家庭福祉分野における専門機関・専門職の一例です．

表6-4　子ども家庭福祉における専門機関・専門職

分　野	機関・施設の例	主な専門職
保　育	保育所，認定こども園，幼稚園	保育士，幼稚園教諭，保育教諭，栄養士，看護師　他
教　育	学校，幼稚園，教育委員会，特別支援学校（特別支援学級），教育相談センター	教諭，特別支援教育コーディネーター，特別支援教育担当教員，養護教諭，スクールカウンセラー，言語聴覚士，社会教育指導主事，心理士，教育関係者　他
保　健	保健所，保健福祉センター，精神保健センター	医師，保健師，栄養士，歯科衛生士，心理士，言語聴覚士　他
医　療	嘱託医，学校医，園医，病院，医療機関	小児科医，小児神経科医，児童精神科医，看護師，心理士　他
療　育	児童発達支援センター，児童発達支援事業	小児科医，小児神経科医，児童精神科医，看護師，保育士，心理士，社会福祉士，言語聴覚士，精神保健福祉士　他
行　政	市区町村担当課，福祉事務所，協議会（要保護児童対策地域協議会）	行政職員，保育士，保健師，栄養士，社会福祉士　他
	児童相談所（子ども家庭センター，こども相談センター）	児童福祉司，児童心理司，社会福祉士，心理士，保育士，保健師，行政職員　他
児童福祉施設（保育所を除く）	乳児院，児童養護施設，母子生活支援施設，障害児入所施設	保育士，児童厚生員，児童指導員，看護師，栄養士，心理士，社会福祉士，医師，言語聴覚士，作業療法士，理学療法士他
司　法	家庭裁判所，司法関係の各種事務所	弁護士，公認会計士，税理士，司法書士・認定司法書士　他

（出典）種村理太郎・玉田典代「保育士が子ども・保護者を支えるためのしかけ」小口将典・得津慎子・土田美世子編『子どもと家庭を支える保育——ソーシャルワークの視点から——』ミネルヴァ書房，2019年，p.139.

第6章　子ども家庭福祉の専門職　　*83*

第3節　子ども家庭福祉の専門性の向上

1　専門職としての自己研鑽

　子ども家庭福祉に携わる専門職は，子どもの未来にかかわる仕事を担います．この仕事を続ける限り，自分自身の専門性を磨き，高めていく必要があります．また，守秘義務など専門職でなくなった後も厳守しなければならない義務もあります．

　たとえば，保育士においては，保育所保育指針の第5章に「職員の資質の向上」について明記されています．

保育所保育指針　第5章

　保育所は，質の高い保育を展開するため，絶えず，一人一人の職員についての資質向上及び職員全体の専門性の向上を図るよう努めなければならない．
1　職員の資質向上に関する基本的事項
(1)　保育所職員に求められる専門性
　子どもの最善の利益を考慮し，人権に配慮した保育を行うためには，職員一人一人の倫理観，人間並びに保育所職員としての職務及び責任の理解と自覚が基盤となる．　各職員は，自己評価に基づく課題等を踏まえ，保育所内外の研修等を通じて，保育士・看護師・調理員・栄養士等，それぞれの職務内容に応じた専門性を高めるため，必要な知識及び技術の　修得，維持及び向上に努めなければならない．
(2)　保育の質の向上に向けた組織的な取組
　保育所においては，保育の内容等に関する自己評価等を通じて把握した，保育の質の向上に向けた課題に組織的に対応するため，保育内容の改善や保育士等の役割分担の見直し等に取り組むとともに，それぞれの職位や職務内容等に応じて，各職員が必要な知識及び技能を身につけられるよう努めなければならない．

　このように，自らの専門性を自覚した研鑽と，保育所全体の組織的な取り組みの必要性が求められています．まずは，専門職になることへの自信と誇りをもつことが大切です．さらに，専門性とは，資格を有したからといって得られるものではありません．絶えず自己研鑽を重ねて専門性を磨いていかなくてはなりません．そのために，時折，日々の保育を振り返り，保育者としての専門性を再認識しながら日々の業務を行うことが大切です．この繰り返しを通して，徐々に保育の価値や職業倫理は自分自身の仕事の信念や考えのなかに浸透していくのです．

　そして，保育者一人一人の持ち味も大切です．保育の価値や職業倫理を踏まえつつも，子どもへの思いや，情熱，これまでの経験から培われた人生観や価

値観が相まって，その人らしい保育が生まれていきます．専門性に基づいた，その人らしい子どもとの触れ合いのなかで心を通わせ，小さな成長，変化，人がもつ力を実感することができた瞬間に，子ども家庭福祉の仕事の面白さとやりがいがあります．

2 変わらない大切なものを守り続けるために「変わり続ける」

「三つ子の魂百まで」という言葉があります．これは3歳頃までに人格や性格は形成され，100歳までそれは変わらないという意味で使われることわざです．子どもが大きくなった時に，幼い時の記憶は残っていないかもしれません．しかし，人間としての基盤を作る時期に，周りの大人が遊びを通して教えてくれたこと，悲しい時に受け止めてくれたこと，生活におけるマナーを身につけたこと，その一つ一つが子どものなかに培われていくのです．

近年，子どもを取り巻く環境の変化は，子どもの育ちの基盤である家庭にさまざまな形で波及しています．その背景には，産業構造の変化に伴う働き方の変化，核家族化による家族形態の変化，地域の希薄化によるコミュニティの変化などの要因が影響しているといわれています．子ども家庭福祉に携わる専門職は複雑な問題に対応するようになってきました．そのために，時代にあわせたニーズに応じることができるように変化していくことが求められます．しかし，その基本となるのは愛情に育まれて健やかで幸せに成長できる社会を実現するという遥か昔から変わらない子どもの幸せを願う想いです．変わらない子どもへの眼差しを守るために，子ども家庭福祉に携わる専門職は変わり続けることが求められているのです．

注
(1) 厚生労働省「保育所保育指針」フレーベル館，2017年，p.5．
(2) 一般財団法人全国保育士養成協議会『保育士養成倫理綱領ハンドブック』2021年，p.6〈https://www.hoyokyo.or.jp/CodeofEthicsHandbook20210630.pdf〉，2024年9月13日閲覧．
(3) 北島英治「ソーシャルワークの実践モデル」北島英治・副田あけみ・高橋重宏・渡部律子編『ソーシャルワーク実践の基礎理論』有斐閣，2002年，p.277．
(4) 津田耕一『福祉現場で必ず役立つ利用者支援の考え方』電気書院，2017年，p.23．
(5) 同上，p.27．
(6) 山野則子・野田正人・半羽利美佳編『よくわかるスクールソーシャルワーク』ミネルヴァ書房，2012年，p.24．

参考文献

小口将典・得津愼子・土田美世子編『子どもと家庭を支える保育――ソーシャルワークの視点から――』ミネルヴァ書房，2019年.

木村淳也・小口将典編『最新・初めて学ぶ社会福祉　ソーシャルワークの基盤と専門職Ⅱ（専門）』ミネルヴァ書房，2024年.

厚生労働省編『保育所保育指針解説書』フレーベル館，2018年.

津田耕一『福祉現場OJTハンドブック――職員の意欲を引き出し高める人材養成――』ミネルヴァ書房，2014年.

西尾祐吾監修，小崎恭弘・藤井薫編『第3版　子ども家庭福祉論』晃洋書房，2017年.

第7章
子育て支援

　本章では，少子化社会に対する子育て支援施策の現状と課題について把握し，今後の子育て支援において求められる「支援者の役割」を学んでいきます．その学びにもとづいて，保護者に対する子育て支援は，子どもの最善の利益を尊重することにつながるということを理解していきます．

第1節　少子化と子育て支援の動向

1　少子化の現状と対策の必要性

⑴　少子化の現状

　日本の合計特殊出生率は，第1章図1-1のとおり1971（昭和46）年から1974（昭和49）年の第2次ベビーブーム以降，減少傾向にあります．政府は，1995（平成7）年度の「エンゼルプラン」，2000（平成12）年度の「新エンゼルプラン」より，子育て支援対策として保育サービスの充実に努めました．また，1990（平成2）年の「1.57ショック」をきっかけに，仕事と子育ての両立支援をもたらす対策を検討し始めました（第1章参照）．

　2001（平成13）年7月には，待機児童ゼロ作戦として「仕事と子育ての両立支援等の方針」が閣議決定されました．また，2002（平成14）年9月に，厚生労働省が，「少子化対策プラスワン」をまとめました．「少子化対策プラスワン」は，「男性を含めた働き方の見直し」「地域における子育て支援」「社会保障における次世代育成支援」「子どもの社会性の向上や自立の促進」が必要と示しています．

　2005（平成17）年には，わが国の合計特殊出生率が1.26となりました．その後，わずかな増減を繰り返していましたが，2023（令和5）年は1.20となりました．なお，同年の年間出生数は，72万7277人であり，統計開始時の1899（明治32）年以降で最低の数字になりました．少子化が加速化すると人口減少が生じ，それにより，日本の経済・社会システムの維持が難しくなります．

(2) 少子化対策としての子育て支援の必要性

政府は，2006（平成18）年6月に「新しい少子化対策について」，2008（平成20）年2月に「新待機児童ゼロ作戦」をとりまとめ，保育サービスの充実を目指しました．また，同年5月に「次世代育成支援のための新たな制度体系の設計に向けた基本的考え方」で，すべての子育て家庭がサービスを受けるための費用を支える制度を設計しました．同年度の国会には，「家庭的保育事業（保育ママ）や子育て支援事業等を児童福祉法に位置づける改正案」を提出しました．少子化は，若い世代の所得が伸びない，出産後の女性の就労継続が難しい，などの要因で生じます．わが国の女性の出産前後における就業継続の割合は上がってきましたが，今なお，女性が望む生き方が難しいという課題があるということです．政府は，女性が妊娠期から仕事に復帰した後の子育て支援体制を整える必要があります．

2 次世代育成支援対策推進法と少子化社会対策

(1) 次世代育成支援対策推進法

2003（平成15）年制定の「次世代育成支援対策推進法」により，国や地方公共団体，事業主が次世代育成支援のために行動計画の策定・実施をすることになりました．それにより，「仕事と子育ての両立支援」が進められることになりました．また，2015（平成27）年までの時限立法でしたが，その後の10年間のために内容の充実が図られ，2025（令和7）年3月31日までの延長となりました．また，2024（令和6）年5月に同法は改正され，2035（令和17）年3月31日までの延長となりました．

(2) 少子化社会対策基本法と少子化社会対策大綱

「少子化社会対策基本法」は，2003（平成15）年9月1日に施行されました．それにもとづき，「少子化社会対策大綱」が2004（平成16）年6月4日に閣議決定されました．同年12月24日には，その大綱にある施策推進のため，「少子化社会対策大綱に基づく具体的実施計画について（子ども・子育て応援プラン）」が少子化社会対策会議で決定されました．そこでは，2005（平成17）年度から2009（平成21）年度までの5年間の国が地方公共団体や企業等と協働で計画的に取り組む必要がある事項が示されました．

その後，子ども・子育て分野は，「社会保障と税の一体改革」による消費税率の引上げに伴う社会保障の充実がなされました．2017（平成29）年には「新

しい経済政策パッケージ」より,「人づくり革命」の一環としての財源があてられました. 待機児童対策, 幼児教育・保育の無償化, 高等教育の無償化などの取組が進められました. 結果, 保育所等の待機児童は2017（平成29）年が約2万6000人であったのに対し, 2023（令和5）年には約2700人まで減少しました.

これまでに累次策定されてきている「少子化社会対策大綱」は, 2023（令和5）年4月に施行された「こども基本法」に基づいて, こども施策に関する基本的な方針や重要事項等（主として「少子化社会対策大綱」「子供・若者育成支援推進大綱」「子供の貧困対策に関する大綱」）を一元化した「こども大綱」に引き継がれました.

3 子育て支援施策の動向

(1) これまでの子育て支援施策

子育て支援の充実に向けて, 2010（平成22）年1月29日に「子ども・子育てビジョン」が閣議決定されました. それにあわせて, 少子化社会対策会議における「子ども・子育て新システム検討会議」が,「子ども・子育て新システムに関する基本制度」を決定しました. これにもとづき, 子ども・子育て関連3法が2012（平成24）年8月22日に公布となりました. また, 待機児童解消のための取り組みとして, 2008（平成20）年2月の「待機児童ゼロ作戦」の後に, 2013（平成25）年4月に「待機児童解消加速化プラン」が策定されました.

2013（平成25）年6月7日には,「少子化対策危機突破のための緊急対策」が少子化社会対策会議で決定されました. 同対策は,「仕事と子育ての両立」支援の強化,「結婚・妊娠・出産支援」の充実を目指しました.

2014（平成26）年7月には,「放課後子ども総合プラン」が策定されました. これは, 保育所を利用する共働き家庭等で, 子どもの小学校就学後の放課後の居場所確保が必要なためです. 2019（令和元）年度末に, 放課後児童クラブを約30万人分整備し, 全小学校区で放課後子供教室と一体・連携によって実施すること目指したものです. 同年9月3日に, 政府は, 人口急減と超高齢化という課題に対して, 地方創生が必要であると「まち・ひと・しごと創生本部」を発足させました.

2015（平成27）年3月20日には, 第3次「少子化社会対策大綱」が閣議決定されました. これにより, 結婚支援, 子育て支援の充実, 若い年齢での結婚・出産希望の実現, 多子世帯への配慮, 男女の働き方改革, 地域の実情に即した取り組み強化という重点課題を設けました.

⑵　子ども・子育て支援制度

　2015（平成27）年 4 月 1 日には，2012（平成24）年 8 月10日に成立した子ども・子育て関連 3 法における子ども・子育て支援新制度が施行されました．それにより，子ども・子育て本部が設置されました．同年10月には，「一億総活躍国民会議」が開催され，子育て支援の充実についても審議されることとなりました．同年11月には，同会議で，「一億総活躍社会の実現に向けて緊急に実施すべき対策——成長と分配の好循環の形成に向けて——」がとりまとめられました．また，「『希望出生率1.8』の実現に向けた『夢をつむぐ子育て支援』」を示しました．

　そして，通常国会で子育て支援の提供体制充実のため，「子ども・子育て支援法」の改正がなされました．地域型保育事業の設置者への助成・援助を行う事業の創設，仕事と子育ての両立支援を入れる等して改正した後，2016（平成28）年 4 月 1 日から施行となりました．子育て支援に関しては，「子ども・子育て支援法」の他に「就学前の子どもに関する教育，保育等の総合的な提供の推進に関する法律の一部を改正する法律」「子ども・子育て支援法及び就学前の子どもに関する教育，保育等の総合的な提供の推進に関する法律の一部を改正する法律の施行に伴う関係法律の整備等に関する法律」があります．

　2017（平成29）年からは，「子育て安心プラン」の公表，2018（平成30）年と2019（令和元）年には「子ども・子育て支援法」の改正等により子育て支援の充実を図りました．

　2020（令和 2 ）年には第 4 次「少子化社会対策大綱」として，「結婚・子育て世代が将来にわたる展望を描ける環境をつくる」「多様化する子育て家庭の様々なニーズに応える」「地域の実情に応じたきめ細かな取組を進める」「結婚，妊娠・出産，子供・子育てに温かい社会をつくる」「科学技術の成果など新たなリソースを積極的に活用する」にもとづき，当事者目線の少子化対策を進めています．

　2020（令和 2 ）年12月15日に「全世代型社会保障改革の方針」が閣議決定されました．方針では，不妊治療への保険適用の実現，待機児童の解消に向けた計画の策定，男性の育児休業の取得促進の対策が示されました．また，同年12月21日には，厚生労働省が「新子育て安心プラン」を公表しました．同プランでは，2021（令和 3 ）年度から2024（令和 6 ）年度末までで約14万人分の保育の受け皿の整備，地域の特性に応じた支援，魅力向上を通じた保育士の確保，地

域のあらゆる子育て資源の活用を柱としました．2021（令和 3）年 2 月には，子ども・子育て支援法及び児童手当法の一部を改正する法律案が国会に提出されました．2022（令和 4）年 6 月には，「こども家庭庁設置法」「こども基本法」が制定され，2023（令和 5）年 4 月に施行となりました．

第 2 節　子ども・子育て支援制度

1　子ども・子育て支援新制度の概要

子ども・子育て支援新制度は，子ども・子育て支援関連 3 法に基づいて2015（平成27）年度に施行されました．その特徴は，認定こども園の明確な位置付け，消費税による財源の確保，内閣府の子ども・子育て会議等による取り組みの一体化，自治体における子ども・子育て計画の実施などでした．この子ども・子育て支援新制度の概要としてまず 1 つ目に挙げられるのは，子どものための教育・保育給付が「施設型給付」と「地域型保育給付」であることです．これは，認定こども園・幼稚園・保育所・小規模保育等にかかわる財政を支援するためのものです．学校と児童福祉施設の両方に法的に位置づけられた認可施設となった幼保連携型認定こども園，幼稚園，保育所への給付を「施設型給付」とし，財政支援の一本化をもたらしました．そして，都市部における待機児童問題解消を目的とした小規模保育，家庭的保育，居宅訪問型保育，事業所内保育の拡充を図るための「地域型保育給付」があります．新たな給付制度にあわせて保育所の認可制度も改善されました．2 つ目に，子育てのための「施設等利用給付」があります．これは，制度の対象とならない幼稚園，認可外保育施設，預かり保育等の利用にかかわる費用を支援するためのものです．3 つ目に，地域の事情に応じた子育て支援として「地域子ども・子育て支援事業」があります．これらは，いずれも市町村主体の事業です．そして，政府主体で行う「仕事・子育て支援両立支援事業」があります．その他，「児童手当法等に基づく児童手当，特例給付の給付」があります．2024（令和 6）年 3 月31日現在の子ども・子育て支援制度の概要は，図 7 - 1 のとおりです．

2　地域子ども・子育て支援事業

市町村は，2024（令和 6）年 4 月 1 日より地域の子ども・子育て支援の充実を図るため，市町村子ども・子育て支援事業計画に基づいてこれまでの13の事

第7章 子育て支援

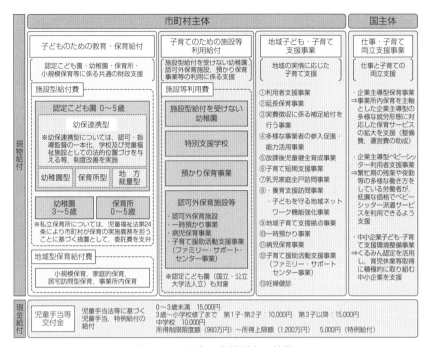

図7-1 子育て支援制度の特徴

(出典) こども家庭庁「子ども・子育て支援制度」2023年〈https://www.cfa.go.jp/policies/kokoseido〉, 2024年8月11日閲覧.

業に3つの事業が加わり，16の「地域子ども・子育て支援事業」を実施しています．

第1に，子ども・子どもの保護者からの相談に応じて必要な情報の提供や助言等を行う利用者支援事業です．主に行政窓口以外で親子が継続的に利用できる施設を活用して利用者支援・地域連携を実施する「基本型」，主に行政機関の窓口等を活用して利用者支援を実施する「特定型（保育コンシェルジュ）」，これまでの子育て世代包括支援センターと市区町村子ども家庭総合支援拠点が統合されたこども家庭センターで保健師等の専門職が全ての乳幼児や妊産婦等を対象に健康の保持増進支援や虐待予防支援までを行う「こども家庭センター型」の3類型があります．

第2に，保育認定を受けた子どもの通常の利用日及び利用時間以外の日及び時間に，認定こども園，保育所等で保育を実施する延長保育事業です．「一般型」「訪問型」の2類型があります．

第3に，世帯所得状況等にもとづいて市町村が定める基準に該当する支給認定保護者が支払うべき教育・保育にかかわる必要な物品の購入に要する費用等の全部または一部を助成する事業です．実費徴収に係る補足給付を行う事業のことです．

第4に，多様な民間事業者の能力を活用した特定教育・保育施設等の設置または運営を促進するための事業です．「新規参入施設等への巡回支援」「認定こども園特別支援教育・保育経費」で多様な事業者の参入促進・能力活用事業のことです．

第5に，放課後児童健全育成事業で，一般的に放課後児童クラブや学童保育とも呼ばれている事業です．保護者の労働等により昼間に家庭で養育することが難しい小学生の放課後に対して健全な育成を図ります．

第6に，子育て短期支援事業で，短期入所生活援助（ショートステイ）事業，夜間養護等（トワイライト）事業があります．保護者の疾病等により家庭養育が一時的に難しい状態の子どもを児童養護施設等に入所，里親委託により，保護や支援を行います．

第7に，原則生後4か月までの乳児を育てている全家庭を訪問し，子育て支援関連の情報提供や養育環境等の把握を行う乳児家庭全戸訪問事業です．一般的にはこんにちは赤ちゃん事業と呼ばれています．

第8に，子どもを守る地域ネットワーク強化事業を含む養育支援訪問事業があります．子どもを守る地域ネットワーク強化事業は，要保護児童対策地域協議会（子どもを守る地域ネットワーク）の機能強化を図るために調整機関職員やネットワーク構成員（関係機関）の専門性強化とネットワーク機関間の連携強化を図ります．養育支援訪問事業は，養育支援が特に必要な家庭に対してその居宅を訪問し，養育に関する指導・助言等を行うことで，当該家庭の適切な養育の実施を確保します．

第9に，地域子育て支援拠点事業で，「一般型」と「連携型」があります．「一般型」は，基本事業を実施するための地域公共施設，空き店舗，保育所等，子育て親子の交流の場を指します．加算事業として，「地域の子育て拠点として地域の子育て支援活動の展開を図るための取組」「出張ひろば」「地域支援の取組」があります．「連携型」は，基本事業と加算事業として，「地域の子育て力を高める取組」があります．

第10に，家庭保育が一時的に困難となった乳幼児の認定こども園・幼稚園・

保育所等での一時預かり事業があります．「一般型」「基幹型加算」「余裕活用型」「幼稚園型」「訪問型」があります．

　第11に，病児保育事業で，「病児対応型」「病後児対応型」「体調不良児対応型」「非施設型（訪問型）」があります．病院や保育所等の専用スペース等で看護師等が病児に一時的に保育等を行うことです．

　第12に，子育て援助活動支援事業があります．これは，乳幼児や小学生等を育てている保護者等を会員とし，子ども預かり支援を希望する者と支援を行うことを希望する者との相互援助活動の連絡調整を行います．一般的にはファミリー・サポート・センター事業と呼ばれています．

　第13に，妊婦の健康の保持及び増進を図るための妊婦健康診査があります．① 健康状態の把握，② 検査計測，③ 保健指導の実施と妊娠期間中の状況に応じた医学的検査を実施します．

　2024（令和6）年4月から新たに3事業が位置づけられました．

　第14に，子育て世帯訪問支援事業があります．本事業は，要支援児童の保護者等に対して，その居宅で，子育て関連の情報提供，家事・養育関連援助等の支援を行います．第15に，児童育成支援拠点事業があります．養育環境等に関する課題のある子どもに，生活の場を与えるための場所を開設，情報提供，相談，関係機関との連絡調整を行います．また，必要な場合は，当該児童の保護者に対して情報提供，相談，助言等の支援を行います．第16に，親子関係形成支援事業があります．親子間の適切な関係性の構築を目的に，子どもとその保護者に対して子どもの心身の発達の状況等に応じた情報提供，相談，助言等の支援を行います．

　また，2025（令和7）年度には，乳児等通園支援事業（こども誰でも通園制度）が位置づけられます（第8章参照）．

3　仕事・子育て両立支援事業

　「仕事と子育ての両立支援事業」は，具体的には「企業主導型保育事業」「企業主導型ベビーシッター利用者支援事業」と「中小企業子ども・子育て支援環境整備事業」です．「企業主導型保育事業」の目的は，事業所内保育事業として，就労形態に応じた保育サービスの拡大をして，仕事と子育ての両立ができるようにすることです．「企業主導型ベビーシッター利用者支援事業」の目的は，働き方に応じ，その利用を求める時は，利用料金を助成し，仕事と子育ての両

立ができるように支援することです.「中小企業子ども・子育て支援環境整備事業」の目的は,育児休業等の取得,子ども・子育て支援に取り組んでいる事業主にする助成金の支給等により企業の子ども・子育て支援環境を整備し,仕事と子育ての両立ができるようにすることです.

第3節　次元の異なる少子化対策の実現に向けた「こども未来戦略」

「『こども未来戦略』～次元の異なる少子化対策の実現に向けて～」が,2023（令和5）年12月22日に閣議決定されました.「こども未来戦略MAP」は,図7-2のとおりです.

また,同戦略の中の「加速化プラン」（今後3年間の集中的な取組）は,次のとおりです（以下,要約して示します）.

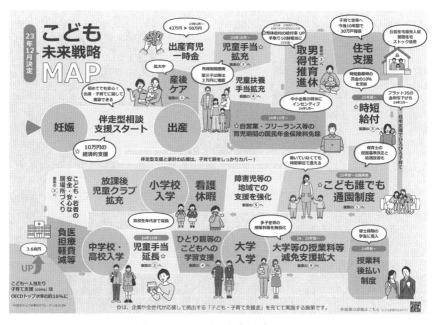

図7-2　こども未来戦略MAP

（出典）こども家庭庁「こども未来戦略MAP」2023年〈https://www.cfa.go.jp/resources/kodomo-mirai〉,2024年8月11日閲覧.

第7章 子育て支援 95

1 ライフステージを通じた子育てに係る経済的支援の強化や若い世代の所得向上に向けた取組

　具体的には，① 全ての子どもの育ちを支える制度として児童手当の抜本的拡充がなされました．児童手当の所得制限が撤廃されるとともに支給期間が高校生の年代まで延長されました．また，第3子以降は3万円の加算がなされました．そして，② 妊娠期からの切れ目ない支援を目的に，出産費用の見える化と保険適用により，出産等の経済的負担の軽減がなされました．③ 地方自治体の取組への支援として医療費等の負担軽減がなされました．④ 奨学金制度の充実と「授業料後払い制度」の創設をして高等教育費の負担軽減がなされました．⑤ 個人の主体的なリ・スキリングへの直接支援がなされつつあります．政府は，「リ・スキリングに取り組むことができるよう，2025（令和7）年度中に訓練期間中の生活を支えるための新たな給付や融資制度を創設するため，所要の法案を次期通常国会に提出する」予定です．⑥ 年収の壁（106万円／130万円）を意識せずに働くことが可能になるよう，短時間労働者への被用者保険の適用拡大，最低賃金の引上げに引き続き取り組みました．⑦ 子育てにやさしい住まいの拡充のために子育て世帯に対する住宅支援の強化がなされました．

2 全てのこども・子育て世帯を対象とする支援の拡充

　具体的には，① 伴走型支援と産前・産後ケアの拡充として妊娠期からの切れ目ない支援の拡充がなされました．②75年ぶりの配置基準改善（30対1から25対1への改善）と更なる処遇改善等により幼児教育・保育の質の向上がなされました．③「こども誰でも通園制度（仮称）」の創設により，全ての子育て家庭を対象とした保育の拡充がなされます．④「小1の壁」打破に向けた量・質の拡充としての新・放課後子ども総合プランの着実な実施がなされました．

　⑤ 子どもの貧困対策・ひとり親家庭の自立支援と社会的養護，障害児・医療的ケア児等の支援基盤の充実を目指して多様なニーズへの対応がなされました．「こどもの貧困対策・ひとり親家庭の自立促進」として「貧困を解消し，貧困の連鎖を断ち切るためのこどもへの支援」「ひとり親の就労支援等を通じた自立促進や経済的支援等」がなされています．「児童虐待防止・社会的養護・ヤングケアラー等支援」として，「虐待の未然防止」「こども・若者視点からの新たなニーズへの対応」「児童虐待への支援現場の体制強化」「虐待等を受けたこどもの生活環境等の整備」がなされました．特に，「児童虐待に迅速かつ的

確に対応するため，児童相談所の職員の採用・人材育成・定着支援や業務軽減に向けたICT化等を行うとともに，こども家庭ソーシャルワーカーの資格取得」の促進がなされました．「障害児支援，医療的ケア児支援等」として，「早期発見・早期支援等の強化」「地域における支援体制強化とインクルージョンの推進」「専門的な支援の強化等」がなされました．

3　共働き・共育ての推進

具体的には①「男性育休は当たり前」になる社会を目指して男性育休の取得促進がなされました．②利用しやすい柔軟な制度にするために育児期を通じた柔軟な働き方の推進がなされました．③多様な選択肢の確保のために多様な働き方と子育ての両立支援がなされました．

4　子ども・子育てにやさしい社会づくりのための意識改革

こども家庭庁発足により，これまで以上に「公共交通機関等において，妊産婦や乳幼児連れの方を含め，配慮が必要な方に対する利用者の理解・協力を啓発する取組」の推進がなされました．また，「こどもまんなか宣言」の趣旨に賛同した企業・個人・地方自治体などに「こどもまんなか応援サポーター」となってもらうようにしました．あたりまえに子どもや子育ての支援ができる社会の輪が全国に広がっていくような取組がなされました．

第4節　今後の子ども・子育て支援

「『こども未来戦略』〜次元の異なる少子化対策の実現に向けて〜」では，「こどもと向き合う喜びを最大限に感じるための4原則」が示されています．第1に，「こどもを生み，育てることを経済的理由であきらめない社会の実現」です．第2に，「身近な場所でサポートを受けながらこどもを育てることができる社会の実現」です．第3に，「どのような状況でもこどもが健やかに育つという安心がある社会の実現」です．第4に，「こどもを育てながら，キャリアや趣味など人生の幅を狭めることなく，夢を追いかけられる社会の実現」です．これらの実現のためには，「加速化プラン」における「共働き・共育ての推進」に基づいて実施する施策を着実に進め，状況や効果等を検証するとともに見直しを行うことが必要です．

第7章　子育て支援　*97*

第5節　母子保健と健全育成

1　母子保健
⑴　妊娠・出産支援の強化

妊婦健康診査は，2013（平成25）年度以降，地方財源を確保して実施しています．政府は，2015（平成27）年度より，妊娠期から子育て期までのニーズに対応するための子育て世代包括支援センター（2024（令和6）年4月より子ども家庭総合支援拠点と一元化され「こども家庭センター」）を立ち上げました．また，保健師等の専門職がすべての妊産婦等の状況を継続的に把握して支援プランの作成・関係機関と連携により，妊産婦等に対して切れ目ない支援をする体制を整えています．

2019（令和元）年12月成立の「母子保健法の一部を改正する法律」で，出産後の母子への「産後ケア事業」が法定化されました．そこで，少子化社会対策大綱等で，2024年（令和6）年度末までの同事業の全国展開が目標とされました．産前・産後の時期における子育て経験者等による「産前・産後サポート事業」，母体の身体的機能や精神状態の把握等を行って支援へつなげる「産婦健康診査事業」，身体的・精神的な悩みを有する女性に対する相談指導等・特定妊婦と疑われる者に対する産科受診等の支援を行う「女性健康支援センター事業」を推進しました．

⑵　不妊に悩む夫婦への支援

2019（平成31）年4月より，男性の不妊治療にかかる初回助成額を15万円から30万円に拡充しました．また，不妊に関する医学的な相談・不妊による心の悩みの相談などを行う「不妊専門相談センター事業」を実施しています．

⑶　子どもの心の健康支援

子どもの心の問題等に対応するため，「子どもの心の診療ネットワーク事業」を実施しています．新生児スクリーニングとして，先天性代謝異常等の早期発見・早期治療を図るための都道府県および指定都市における先天性代謝異常等検査を行っています．その他，市区町村における新生児聴覚検査は，2020（令和2）年4月から都道府県における新生児聴覚検査結果の情報集約等の検査体制整備の支援を拡充するなどしています．

⑷ 「健やか親子21」の推進

第2次「健やか親子21」(2015(平成27)～2024(令和6)年度)は，21世紀の母子保健の方向性と目標を示し，関係者，関係機関・団体が一体となって推進する国民運動です．そこでは，日本全国どこで生まれても，一定の質の母子保健サービスが受けられ，生命が守られるよう地域間での健康格差を解消すること，また，疾病や障害，経済状態等の個人や家庭環境の違いなどの多様性を認識した母子保健サービスを展開することが重要であるとしています．

⑸ 現状における妊娠・出産と産後支援の体制

2024(令和6)年6月26日には，こども家庭庁成育局母子保健課の「第1回妊娠・出産・産後における妊産婦等の支援策等に関する検討会」がありました．その中の「母子保健における妊産婦等の支援の現状について」は，図7-3のとおりです．

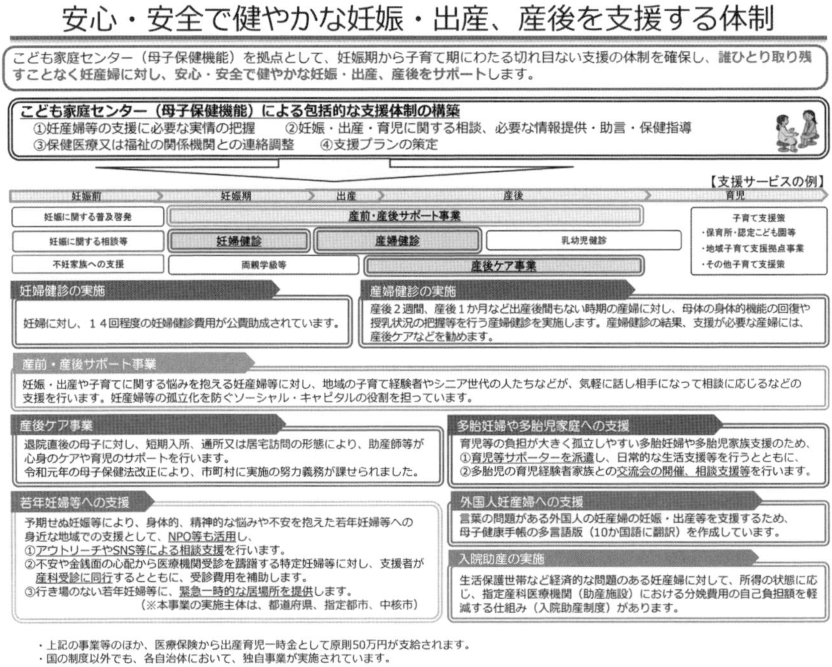

図7-3　安心・安全で健やかな妊娠・出産，産後を支援する体制

(出典)こども家庭庁成育局母子保健課「母子保健における妊産婦等の支援の現状について」2024年, p.2〈https://www.mhlw.go.jp/content/12401000/001267930.pdf〉, 2024年8月11日閲覧.

2 健全育成

⑴ 新・放課後子ども総合プラン

「放課後子ども総合プラン」は，「小1の壁」の打破とともに，次世代育成支援として，すべての小学生が放課後を安全・安心に過ごしながらさまざまな体験ができるように策定されたプランです．しかし，放課後児童クラブと放課後子供教室の小学校内での「一体型」の実施は，増加傾向ではあるが目標到達はしていません．そのために，「新・放課後子ども総合プラン」が示されました．これは，2023（令和5）年度末までに，放課後児童クラブを約30万人分整備し，約152万人分の確保と全小学校区で放課後児童クラブと放課後子供教室を一体または連携して実施し，そのうち1万カ所以上を一体型で実施することを目指しました．両事業を新たに整備等する場合は学校施設活用，放課後児童クラブの80％を小学校内で実施することを目指しました．同プランにより，子どもの主体性尊重，自主性・社会性等の向上を図りました．

⑵ 放課後児童クラブ

「放課後児童クラブ」については，その事業の設備や運営のために，職員の資格，職員数や設備を定めた「放課後児童健全育成事業の設備及び運営に関する基準」「放課後児童クラブ運営指針」があります．2015（平成27）年度予算で，「放課後子ども総合プラン」の目標達成に向け，「量的拡充」と「質の向上」への必要経費を計上しました．市町村の子ども・子育て支援事業計画にもとづく取り組みを支援しました．放課後児童クラブを学校敷地内等に整備する場合の施設整備費補助基準額の引上げや10人未満の放課後児童クラブをも補助対象としました．消費税財源を活用し，放課後児童支援員等の処遇改善に取り組みました．18時30分以降も事業を行う放課後児童クラブに対し，賃金改善もしくは常勤職員の配置促進に必要な経費の補助を行いました．保育所との開所時間の乖離の解消を図る放課後児童支援員等処遇改善等事業，障害児を5人以上受け入れている場合の職員の加配等，放課後児童クラブの質の向上を図りました．「新・放課後子ども総合プラン」では，2023（令和5）年度末までに，放課後児童クラブを約30万人分整備し，約152万人分の確保が目指されました．「令和5年度放課後児童健全育成事業の実施状況」をみると，2023（令和5）年度現在の放課後児童クラブ登録者数は過去最高で，待機児童数は1万6276人で前年度（1万5180人）より1096人増加していました．

⑶　放課後子供教室

　文部科学省は，地域全体で未来を担う子どもたちの成長を支え，地域を創生する地域学校協働活動を全国的に推進しており，その一環として，保護者や地域住民等の協力を得て，放課後などに子どもたちに学習やさまざまな体験・交流活動等の機会を提供するため放課後子供教室を推進しています．「新・放課後子ども総合プラン」の目標達成に向け，放課後児童クラブと一体型または連携型の放課後子供教室の計画的な整備，プログラムの充実を図っています．

参考文献

公益財団法人児童育成協会監修，新保幸男・小林理編『新基本保育シリーズ3　子ども家庭福祉　第2版』中央法規，2023年.

小﨑恭弘・田邉哲雄・中典子編『第4版　子ども家庭福祉論』晃洋書房，2022年.

厚生労働省「令和5年（2023）人口動態統計月報年計（概数）の概況」p.4〈https://www.mhlw.go.jp/toukei/saikin/hw/jinkou/geppo/nengai23/dl/gaikyouR5.pdf〉，2024年8月10日閲覧.

こども家庭庁「第1部第2章　こども施策の総合的な推進」「令和5年度　我が国におけるこどもをめぐる状況及び政府が講じたこども施策の実施状況（令和6年版こども白書　）」2024年6月21日〈https://www.cfa.go.jp/assets/contents/node/basic_page/field_ref_resources/0ccb3a83-155c-4c5e-888e-8b5cbc9210fe/41dad614/20240620_resources_white-paper_04.pdf〉，2024年8月11日閲覧.

―――――「『こども未来戦略』～次元の異なる少子化対策の実現に向けて～」2023年〈https://www.cfa.go.jp/assets/contents/node/basic_page/field_ref_resources/fb115de8-988b-40d4-8f67-b82321a39daf/b6cc7c9e/20231222_resources_kodomo-mirai_02.pdf〉，2024年8月11日閲覧.

―――――「新・放課後子ども総合プラン」2018年9月14日〈https://www.cfa.go.jp/assets/contents/node/basic_page/field_ref_resources/69799c33-85cb-44f6-8c70-08ed3a292ab5/bd783d12/20230401_policies_kosodateshien_houkago-jidou_07.pdf〉，2024年8月10日閲覧.

―――――「令和5年度　放課後児童健全育成事業の実施状況」2023年5月1日〈https://www.cfa.go.jp/assets/contents/node/basic_page/field_ref_resources/69799c33-85cb-44f6-8c70-08ed3a292ab5/dcb39315/20230401_policies_kosodateshien_houkago-jidou_30.pdf〉，2024年8月11日閲覧.

―――――「子ども・子育て支援法等の一部を改正する法律（令和6年法律第47号）～こども誰でも通園制度の概要～」2024年7月5日〈https://www.cfa.go.jp/assets/contents/node/basic_page/field_ref_resources/71c2c6c6-efb3-452e-8d82-8273b281bac4/95f7f74a/20240705_councils_kodomo_seisaku_kyougi_71c2c6c_03.pdf〉，2024年10月20日閲覧.

―――――「次世代育成支援対策」〈https://www.cfa.go.jp/policies/shoushika/jisedaishien〉，

2025年1月17日閲覧.

こども家庭庁成育局成育環境課「利用者支援事業」〈https://www.cfa.go.jp/assets/contents/node/basic_page/field_ref_resources/8cc21a43-5649-465d-8ee6-e1474a77d031/f7b51b6b/20240529_policies_kosodateshien_riyousya-shien_15.pdf〉,2024年10月20日閲覧.

内閣府編『令和4年版 少子化社会対策白書』2022年.

内閣府・文部科学省・厚生労働省「子ども・子育て支援新制度ハンドブック（平成27年7月改訂版） 施設・事業者向け」〈https://www.cfa.go.jp/assets/contents/node/basic_page/field_ref_resources/c47709ef-8880-42e6-bb7e-9818b6b728c5/56a679cc/20230929_policies_kokoseido_jigyousha_35.pdf〉,2024年7月26日閲覧.

福祉・保育小六法編集委員会編『福祉・保育小六法 2024年版』みらい,2024年.

第8章

保　育　所

　本章では，子どもの最善の利益を保障するための児童福祉施設である保育所について，法的な位置づけや社会的な役割について学んでいきます．また，多様な保育ニーズに対応するためのさまざまな取り組みにも焦点をあて，保育所や保育の捉え方を広げていきます．

　「保育とは人間を育てること．この世に生をうけた子どもを，かけがえのない人格をもったひとりの人間として育てることであり，自立するためのさまざまな手段を教えてやることだと思います」[(1)]
　「保育園は，たとえそれが社会的必需としてはじめられたとしても，保育という行為のもとはよろこびから出ていてほしいものですね．子どもとともにあるよろこび，子どもの成長に手をかすよろこび，そうすることによって自分もまた成長するよろこびを感じながら」[(2)]

　子どもの最善の利益を保障し，かけがえのない人格をもった一人の人間を育てる場である保育所には，喜びがあふれています．1890（明治23）年，赤沢鍾美により開設された新潟静修学校附属施設をその起源とする保育所は，現在，社会的な役割をもった施設としてどのように法的に位置付けられ，どのような役割を担っているのか，ともに考えていきましょう．

第1節　保育所とは

1　保育所の法的位置づけ

　保育所は，「保育を必要とする乳児・幼児を日々保護者の下から通わせて保育を行うことを目的とする施設（利用定員が20人以上であるものに限り，幼保連携型認定こども園を除く．）とする．保育所は，前項の規定にかかわらず，特に必要があるときは，保育を必要とするその他の児童を日々保護者の下から通わせて保育することができる」（児童福祉法第39条の1）と規定される児童福祉施設です．この条文に示されている，保育所入所の要件となる「保育を必要とする」状態

とは，乳幼児の保護者が次のような状態にあることをいいます（子ども・子育て支援法施行規則第1条の5）．

① 1月において，48時間から64時間までの範囲内で月を単位に市町村が定める時間以上労働することを常態とすること．
② 妊娠中であるか又は出産後間がないこと．
③ 疾病にかかり，若しくは負傷し，又は精神若しくは身体に障害を有していること．
④ 同居の親族（長期間入院等をしている親族を含む．）を常時介護又は看護していること．
⑤ 震災，風水害，火災その他の災害の復旧に当たっていること．
⑥ 求職活動（起業の準備を含む．）を継続的に行っていること．

その他にも，就学中や，児童虐待を行っている場合や配偶者からの暴力により子どもの保育を行うことが困難である場合なども該当します．

保育所の利用を希望する場合，市町村から保育の必要性の認定を受ける必要があります．子どもの年齢と保育を必要とする状態かどうかによって，1号認定（教育標準時間認定：満3歳以上児で保育を必要とする状態にない），2号認定（保育認定：満3歳以上児で保育を必要とする状態），3号認定（保育認定：満3歳未満児で保育を必要とする状態）の3区分に分かれ，保育所の利用は2号認定か3号認定となります（表8-1参照）．さらに保育の必要量について，保護者のフルタイム勤務を想定した保育標準時間利用（1日最長11時間）か，パートタイム勤務を想定し

表8-1　保育の必要性の認定区分

認定区分	対象	利用できる施設			
		保育所	認定こども園	幼稚園	地域型保育
1号認定 （教育標準 時間認定）	満3歳以上児で保育を 必要とする状態にない		○	○	
2号認定 （保育認定）	満3歳以上児で保育を 必要とする状態にある	○	○		
3号認定 （保育認定）	満3歳未満児で保育を 必要とする状態にある	○	○		○

（出典）こども家庭庁HP「よくわかる『子ども・子育て支援新制度』」〈https://www.cfa.go.jp/policies/kokoseido/sukusuku#condition〉，2024年8月30日閲覧，をもとに筆者作成．

た保育短時間利用（1日最長8時間）の2区分に分かれ，それぞれの認定に基づき利用時間が決まることになります．

2　保育所の設備・運営の基準

　保育所は1で述べたように，法律に規定されている児童福祉施設です．子どもの最善の利益を保障するための施設として，その設備や運営に関して基準が設けられています（表8-2参照）．この基準を満たすことによって，国の「認可」保育所として運営することができます．

　近年の特筆すべき内容として，保育士の配置基準の改正があげられます（2024（令和6）年4月1日施行）．それまでは，満3歳以上満4歳に満たない幼児20人につき保育士1人の配置となっていましたが，15人につき1人に改正されまし

表8-2　保育所の設備・運営の基準

◎設備の基準
1　乳児又は満2歳に満たない幼児を入所させる保育所には，乳児室又はほふく室，医務室，調理室及び便所を設けること．
2　乳児室の面積は，乳児又は前号の幼児1人につき1.65平方メートル以上であること．
3　ほふく室の面積は，乳児又は第1号の幼児1人につき3.3平方メートル以上であること．
4　乳児室又はほふく室には，保育に必要な用具を備えること．
5　満2歳以上の幼児を入所させる保育所には，保育室又は遊戯室，屋外遊戯場（保育所の付近にある屋外遊戯場に代わるべき場所を含む．次号において同じ．），調理室及び便所を設けること．
6　保育室又は遊戯室の面積は，前号の幼児1人につき1.98平方メートル以上，屋外遊戯場の面積は，前号の幼児1人につき3.3平方メートル以上であること．
7　保育室又は遊戯室には，保育に必要な用具を備えること．
8　乳児室，ほふく室，保育室又は遊戯室（以下「保育室等」という．）を2階に設ける建物は，次のイ，ロ及びへの要件に，保育室等を3階以上に設ける建物は，次のロからチまでの要件に該当するものであること．（以下略）

◎職員
1　保育所には，保育士，嘱託医及び調理員を置かなければならない．ただし，調理業務の全部を委託する施設にあっては，調理員を置かないことができる．
2　保育士の数は，乳児おおむね3人につき1人以上，満1歳以上満3歳に満たない幼児おおむね6人につき1人以上，満3歳以上満4歳に満たない幼児おおむね15人につき1人以上，満4歳以上の幼児おおむね25人につき1人以上とする．ただし，保育所1につき2人を下ることはできない．

◎保育時間
保育所における保育時間は，1日につき8時間を原則とし，その地方における乳幼児の保護者の労働時間その他家庭の状況等を考慮して，保育所の長がこれを定める．

◎保育の内容
保育所における保育は，養護及び教育を一体的に行うことをその特性とし，その内容については，内閣総理大臣が定める指針に従う．

◎保護者との連絡
保育所の長は，常に入所している乳幼児の保護者と密接な連携をとり，保育の内容等につき，その保護者の理解及び協力を得るように努めなければならない．

◎業務の質の評価等
1　保育所は，自らその行う法第39条に規定する業務の質の評価を行い，常にその改善を図らなければならない．
2　保育所は，定期的に外部の者による評価を受けて，それらの結果を公表し，常にその改善を図るよう努めなければならない．

（出典）「児童福祉施設の設備及び運営に関する基準」をもとに筆者作成．

た．また満４歳以上の幼児30人につき保育士１人の配置だったのが，25人につき１人に改正されました．満４歳以上児の配置基準の改正は，基準が制定された1948（昭和23）年以来初めてのことです．しかし，改正された配置基準でも十分ではありません．日本の保育士配置基準は諸外国に比べて低いことが指摘されています．法律に規定されている基準はあくまで「最低」基準であり，満たさなければならないものです．保育士配置基準に限らず，他の基準についても国がさらなる改善を図ることと合わせて，保育所の設置者や各保育所が絶えず努力し，「最低」基準以上のよりよい保育環境を構成していくことが重要です．

3　保育所の施設数・利用児童数の推移

2024（令和６）年４月１日現在，全国には２万3561の保育所があり，約187万人の子どもが利用しています．保育所のみの施設数・利用児童数を見ると2014（平成26）年をピークに施設数は横ばい，利用児童数は減少していますが，これは2015（平成27）年以降，新たな幼保連携型認定こども園に移行した保育所があることや地域型保育事業が普及したことによります（地域型保育事業については次項を参照のこと）．保育所，幼保連携型認定こども園，地域型保育事業を合わせた保育ニーズ（利用児童数）として考えると，依然高水準で推移していますが，ここ数年は保育ニーズも徐々に減少傾向にあります（図８-１参照）．その背景には急速な少子化の進行があげられます．そのため，一時期大きな課題となっていた「待機児童」は，大幅に減少してきています（待機児童については本章第２節を参照のこと）．

4　さまざまな保育の実施形態

現在，認可保育所を中心としながらも，さまざまな保育の実施形態があります．ここでは特に「地域型保育事業」「企業主導型保育事業」「認可外保育施設」についてふれます．

(1)　地域型保育事業

地域型保育事業は，2015（平成27）年４月に施行された子ども・子育て支援新制度において，市町村による認可事業として制度化され，児童福祉法上に位置付けられています．地域型保育事業は，原則保育を必要とする３歳未満児を対象とし，４つの事業からなります．６～19人を利用定員とする「小規模保育事業」，１～５人を利用定員とし家庭的保育者の居宅などで保育する「家庭的

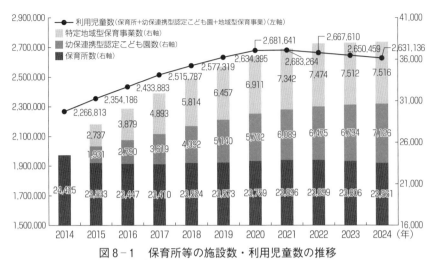

図8-1 保育所等の施設数・利用児童数の推移

(出典) 保育所等関連状況取りまとめ(令和6年4月1日)をもとに筆者作成.

保育事業」,事業主がその雇用する従業員の子どものほか地域の子どもにも保育を提供する「事業所内保育事業」,保育を必要とする乳幼児の居宅において家庭的保育者が保育する「居宅訪問型保育事業」の4つです.いずれも認可保育所に比べて小規模で,低年齢児に特化した保育に特徴があります.

2022 (令和4) 年10月1日現在の地域型保育事業の認可件数は7392件 (小規模保育事業5895件,家庭的保育事業826件,事業所内保育事業657件,居宅訪問型保育事業14件) であり,2016 (平成28) 年4月1日現在と比べて3673件の増加となっています[5].

(2) 企業主導型保育事業

企業主導型保育事業は,2016 (平成28) 年に子ども・子育て支援新制度に追加された「仕事・子育て両立支援事業」の一つであり,事業所内保育を軸として,従業員の多様な働き方に応じた保育の提供を行っています.複数の企業が共同で設置することが可能で,地域の子どもの受け入れ枠を設けることもできます (地域枠の設置は任意).本事業は市町村の認可を必要としない保育事業であり,職員の資格要件が認可施設よりも緩やかな基準となっています.2024 (令和6) 年1月1日現在の施設数は4439か所,入所児童数は8万4861人となっています[6].

(3) 認可外保育施設

認可外保育施設は,児童福祉法に基づく認可を受けていない保育施設のこと

をさします．上記(2)の企業主導型保育事業もここに含まれます．認可外保育施設は設置にあたり届け出が義務付けられており，2023（令和5）年3月31日現在の施設数は1万9955か所，入所児童数は22万6985人となっています[7]．このうち，国の認可基準は満たしていないものの，市町村が独自の基準を設け公費助成をしている認可外保育施設（東京都の認証保育所や横浜市の横浜保育室など）もあります．

　認可外保育施設は，特に都市部では待機児童の受け皿や，多様な働き方を支える施設として，一定の役割を担っています．

第2節　保育所を取り巻く現状

1　待機児童問題と定員割れ問題

　「保育を必要とする」状態にあるにもかかわらず，保育所に入所できない「待機児童」は，2024（令和6）年4月1日現在，全国で2567人います[8]．このうち0～2歳児で91.1％，なかでも特に1～2歳児で84.8％を占めており，1～2歳児の保育の受け皿の確保が求められます．

　「児童福祉法」第24条には市町村の「保育の実施義務」が規定されており，待機児童の解消は子どもの最善の利益を保障する上で喫緊の課題といえます．国や市町村はさまざまな対策を講じ，保育所等の入所定員数を増やしてきました．そのことと少子化の進行等が相まって，近年の待機児童数は急減傾向にあります（2018年：1万9895人，2020年：1万2439人，2022年：2944人，2024年：2567人）[9]．しかし「隠れ（潜在的）待機児童」（企業主導型保育事業や地方単独事業などの認可外保育施設を利用しており，待機児童にカウントされていない児童など）が2023（令和5）年4月1日現在，8万4663人いるという指摘もあり[10]，保育ニーズの把握と保育の提供体制の整備は今後も引き続き注力する必要があります．

　その一方で，急速な少子化の進行のため，都市部でも郡部でも地域によっては定員数に満たない保育所が生じ，統廃合が進められています．今後地域によっては子どもの生活圏から保育所が消滅してしまう恐れもあり，持続可能な保育所のあり方について検討していく必要があります．

2　保育者の現状

　保育の急速な量的拡大に伴い，実際に保育に従事する保育者の不足が顕著と

なっています．国はその対策として，2015（平成27）年1月に「保育士確保プラン」を策定し，保育士の処遇改善や潜在保育士の復帰支援などの策を講じています．また，2017（平成29）年4月に創設された「保育士等キャリアアップ研修」では，研修の受講と処遇の改善がセットで運用されています．しかし，保育士の平均賃金は資格専門職であるにもかかわらず依然低水準であり，急激な改善は望めないことが予想されることから，今後も保育者の不足は継続するものと思われます．保育者が不足することで，最低基準ぎりぎりの人員配置となり，保育の質の低下が懸念されます．さらに，定員に余裕があるにもかかわらず保育者を確保できなかったために入所を断るというケースも生じています．

　また，現在の保育所ではさまざまな雇用形態の保育者が働いています．正規職員だけでなく，非正規・非常勤職員，パート・アルバイト職員など，保育者不足に伴う規制緩和策の影響もあり，専門性の担保された保育者ばかりの職場とは言い難い状況にあります．不安定な雇用状況下では保育の質を確保するのにも限界があります．子どもの福祉を増進するためには，保育の担い手である保育者の生活の安定が必要不可欠です．保育者のさらなる処遇改善が大いに期待されます．

3　量的拡大と質の確保

　ここまで述べてきたように，現在の保育所は子どもやその家族の最善の利益を保障する生活の場として，安泰とは言い難い状況にあります．認可保育所の新設や定員の弾力化，認定こども園の普及促進，地域型保育事業の拡充など，さまざまな対策が講じられ，保育の量的拡大が進められてきました．一方で，急速な量的拡大に質の確保が追い付いていない現状もあります．その一因として，先述した保育者を取り巻く状況があげられます．「保育の質は保育者の質」と言われるように，保育者が安定した生活を送れるように雇用環境を改善し，保育の質を確保できるかが重要な課題です．

4　幼児教育・保育の無償化

　2019（令和1）年10月より，幼児教育・保育の無償化が開始されました．これは保育所・認定こども園・幼稚園などについて，3歳以上のすべての子どもと0〜2歳の住民税非課税世帯の子どもであって保育の必要性がある子どもの利用料を無償にするものです．同時期に10％にアップされた消費税の増税分を

主な財源としています．すべての子どもに質の高い幼児教育・保育を保障する上で重要な施策であり，だからこそ保育現場のさらなる質の向上が社会的責務として課されているといえます．

5　乳児等通園支援事業（こども誰でも通園制度）の創設

本章の第1節で述べたように，保育所に入所するためには「保育を必要とする」要件を満たす必要があります．今般制度設計が進められている「乳児等通園支援事業（こども誰でも通園制度）」は，0歳6か月～満3歳に満たない子どもを対象に，入所の要件を問わず，保育所や認定こども園，幼稚園等に月一定時間まで通うことができるようにするものです．制度設計のスケジュールとしては，2024（令和6）年度に制度の本格実施を見据えた試行的事業を希望する自治体（2024年4月26日時点で115自治体）で実施し，2025（令和7）年度に地域子ども・子育て支援事業の一つとして法律上位置づけた上で実施自治体を拡充し，2026（令和8）年度に子ども・子育て支援法に基づく新たな給付制度として，全自治体で本格実施することとされています[11]．

制度の詳細な内容については今後の議論を待つことになりますが，これまで「保育を必要としない」0～2歳児とその保護者については，子育ち・子育て環境の不安定さが指摘されてきました．乳児等通園支援事業（こども誰でも通園制度）を通して，子どもや保護者が保育の専門機関である保育所等と接点をもつことで，よりよい育ちが保障されることが期待されます．

第3節　保育所保育の特性

「児童福祉施設の設備及び運営に関する基準」第35条に，「保育所における保育は，養護及び教育を一体的に行うことをその特性とし，その内容については，内閣総理大臣が定める指針に従う」と規定されており，内閣総理大臣が定める指針として，保育所保育指針が告示されています（現行の指針は法律改正前の規定に則り，厚生労働大臣名で告示されています）．

保育指針には，保育所の役割として，次の4つがあげられています[12]．

① 保育所は，児童福祉法第39条の規定に基づき，保育を必要とする子どもの保育を行い，その健全な心身の発達を図ることを目的とする児童

福祉施設であり，入所する子どもの最善の利益を考慮し，その福祉を積極的に増進することに最もふさわしい生活の場でなければならない．

② 保育所は，その目的を達成するために，保育に関する専門性を有する職員が，家庭との緊密な連携の下に，子どもの状況や発達過程を踏まえ，保育所における環境を通して，養護及び教育を一体的に行うことを特性としている．

③ 保育所は，入所する子どもを保育するとともに，家庭や地域の様々な社会資源との連携を図りながら，入所する子どもの保護者に対する支援及び地域の子育て家庭に対する支援等を行う役割を担うものである．

④ 保育所における保育士は，児童福祉法第18条の4の規定を踏まえ，保育所の役割及び機能が適切に発揮されるように，倫理観に裏付けられた専門的知識，技術及び判断をもって，子どもを保育するとともに，子どもの保護者に対する保育に関する指導を行うものであり，その職責を遂行するための専門性の向上に絶えず努めなければならない．

　保育所の役割は，入所する子どもの保育だけでなく，入所する子どもの保護者に対する支援や地域の子育て家庭に対する支援も含んだ非常に幅広いものです．その役割は，保育に関する専門性を有する保育士が家庭や地域のさまざまな社会資源との連携を図りながら，保育所における環境を通して，養護および教育を一体的に行うことで果たすとされています．この養護と教育は，「『養護』とは，子どもの生命の保持及び情緒の安定を図るために保育士等が行う援助や関わり」とされ，「『教育』とは，子どもが健やかに成長し，その活動がより豊かに展開されるための発達の援助」と説明されています．

　また，保育指針には保育所の社会的責任として，次の3つがあげられています．

① 保育所は，子どもの人権に十分配慮するとともに，子ども一人一人の人格を尊重して保育を行わなければならない．

② 保育所は，地域社会との交流や連携を図り，保護者や地域社会に，当該保育所が行う保育の内容を適切に説明するよう努めなければならない．

③ 保育所は，入所する子ども等の個人情報を適切に取り扱うとともに，保護者の苦情などに対し，その解決を図るよう努めなければならない．

保育所がその役割を果たす上で，特に遵守すべき事項として「子どもの人権の尊重」「地域との交流と説明責任」「個人情報の保護と苦情解決」が規定されています．近年，保育所に対する社会的期待はますます高まっています．だからこそ，保育所の社会的責任をしっかりと理解した上で，その役割を果たしていくことが重要です．

第4節　多様な保育ニーズへの対応

1　多様な保育サービスの提供

核家族の一般化や就労形態の多様化といった社会的背景により，子どもとその家族を取り巻く環境が大きく変化している中で，保育についても多様なニーズに対応したサービスが求められています．保育所でも通常の保育と合わせて多様な保育サービスが提供されています．子育てと仕事の両立支援をその役割とする保育所では，それぞれの保育サービスを通して，安心して子育てができる環境を整備し，子どもとその家族の福祉の向上に寄与しています．ここでは子ども・子育て支援法において地域子ども・子育て支援事業として示されている16事業のうち，保育所での実施が見込まれる「地域子育て支援拠点事業」「一時預かり事業」「病児保育事業」についてふれます．

(1)　地域子育て支援拠点事業

地域子育て支援拠点事業とは，「乳児又は幼児及びその保護者が相互の交流を行う場所を開設し，子育てについての相談，情報の提供，助言その他の援助を行う事業」（児童福祉法第6条の3第6項）とされています．地域の子育て支援機能の充実を図り，子育ての不安やストレスを緩和し，子どもとその家族の健やかな育ちを保障することを目的としています．

(2)　一時預かり事業

一時預かり事業とは，「次に掲げる者について，内閣府令で定めるところにより，主として昼間において，保育所，認定こども園その他の場所において，一時的に預かり，必要な保護を行う事業」（児童福祉法第6条の3第7項）とされ，次に掲げる者として「家庭において保育を受けることが一時的に困難となった乳児又は幼児」「子育てに係る保護者の負担を軽減するため，保育所等において一時的に預かることが望ましいと認められる乳児又は幼児」（児童福祉法第6条の3第7項）とされています．原則として保護者の就労の有無や利用理由を問

わないという特徴があり，子どもの福祉の向上を図るとともに，保護者の心身
の負担軽減を目的としています．

(3) 病児保育事業

病児保育事業とは，「保育を必要とする乳児・幼児又は保護者の労働若しく
は疾病その他の事由により家庭において保育を受けることが困難となった小学
校に就学している児童であって，疾病にかかっているものについて，保育所，
認定こども園，病院，診療所その他内閣府令で定める施設において，保育を行
う事業」（児童福祉法第6条の3第13項）とされています．保育所等において病児
のケアを行うことで，保護者が安心して子育てと就労の両立ができるように支
援することを目的としています．

2　特別なニーズのある子どもと家庭への支援

家族の機能や形態の変化，子どもの貧困や児童虐待といった子どもの育ちを
脅かす事象の広がり，障がい児保育や多文化共生保育の必要性など，そのいず
れもが保育所保育のあり方に影響を及ぼします．ひとり親世帯や貧困世帯，不
適切な養育環境が疑われる世帯など，保育所が対応すべきケースは多岐にわた
ります．これらのケースでは子どもと家庭を一体的に支える視点がより重要と
なります．

保育所は日々子どもが通う施設であり，日常的に子どもとその保護者と接点
があり，継続的・長期的にかかわりをもつことができます．特別なニーズのあ
る子どもと家庭は困難に直面するリスクが高く，脆弱な立場にあると言えます．
だからこそ，日常的なつながりのなかで関係構築を図り，子どもや保護者の少
しの変化に気づき，必要な支援を行うことが求められます．これは保育所に大
きな役割が期待されています．たとえば児童虐待の問題においては，早期発見
と合わせて，日常の保育を通して保護者と信頼関係を構築し虐待を未然に防ぐ
予防的支援が今後一層必要とされます．早期発見であれ，予防的支援であれ，
日常的に子ども・その保護者と接点のある保育所だからこそ，強みを発揮した
支援が可能となります．また，貧困家庭では生活の乱れや生活経験の乏しさ，
安心できる場がないことなどが指摘されています．これらに対しても，日々保
育所に通うことが生活リズムを整えることにつながったり，保育士の受容的・
応答的な働きかけによって，子どもにも保護者にも保育所が安心できる場に
なったりすることが期待されます．

セーフティネットとしての保育所の役割は，今後一層重要性が増すものと思われます．一人ひとりの子どもやその保護者に丁寧にかかわり，より高度な専門性を発揮した支援が保育所には求められます．

第5節　地域の関係機関・施設とのつながり

子どもの最善の利益を保障し，家庭や地域への支援を積極的に行っていく上で，地域の関係機関とネットワークを構築し，連携・協働を図ることは欠かせません．よりよい保育を行うためには，保育士の専門性の範囲を自覚し，保育所の有している資源には限界があることを理解することが大切です．その上で，地域の関係機関と情報を共有したり，必要な助言を受けたり，ときには対応を委ねたりすることも必要です．そのためには地域の関係機関の専門性を整理し，必要に応じてつながることのできる体制づくりが求められます．

1　保育所の連携・協働先

保育所の連携・協働先のなかで特に密な関係が求められるのは，市町村（保健センター等の母子保健部門・子育て支援部門等），要保護児童対策地域協議会，児童相談所，福祉事務所（家庭児童相談室），児童発達支援センター，児童発達支援事業所，民生委員，児童委員（主任児童委員），教育委員会，小学校，中学校，高等学校，地域子育て支援拠点，地域型保育（家庭的保育，小規模保育，居宅訪問型保育，事業所内保育），市区町村子ども家庭総合支援拠点と子育て世代包括支援センターの機能を統合したこども家庭センター，ファミリー・サポート・センター事業（子育て援助活動支援事業），関連NPO法人等です．[16]

2　連携・協働を進めるためのポイント

保育所における関係機関との連携・協働には，大きく2つのケースが想定されます．一つは「子どもの保育や家庭支援・地域支援の充実のための支援」においてです．たとえば地域のボランティア団体に保育所で絵本の読み聞かせをしてもらったり，嘱託医に保護者向け講演会で感染症の講話をしてもらったりが該当します．緊急性は高くないものの，よりよい保育，支援のためには重要な連携・協働です．もう一つは「特別なニーズのある子どもと家庭への支援」においてです．前節で述べた，児童虐待の対応や子どもの貧困に対する対応な

どです．こちらは緊急性が高く，突発的に連携・協働が必要になる場合もあります．

いずれにおいても重要なのは，① 日常からの継続的なかかわり，② 顔の見える関係の構築，③ 園全体での共通理解です．特に虐待対応等の緊急性が高い支援においてはより重要であり，支援の成否を握っているといえます．連携・協働の必要な事態が生じたときにスムーズに支援を展開できるように事前の関係構築が重要であり，また特定の保育士だけが対応するのではなく全職員が当事者意識をもって連携・協働することが必要です．

また，子どもの保育や家庭支援・地域支援の充実のための連携・協働においては，保育所側にとってのよさだけでなく，社会資源を活用することによって地域を活性化させるという視点も重要となってきます．地域の子育て機能の縮小化に，保育所を介して広がっていく人間関係を通して歯止めをかけ，地域が子ども・子育てにやさしい社会となっていくことが望まれます．保育所が関係機関とともに子育て支援ネットワークを形成し，地域全体で子ども・子育てを支える基盤をつくることが求められているのです．

3　就学前の教育・保育施設のつながり，小学校とのつながり

就学前の教育・保育施設は法的根拠の異なる3つの施設（保育所，幼稚園，認定こども園）が並立しています．それぞれの設置の目的などを理解することは大切ですが，3つの施設の機能には重なる部分も多くあります．一人ひとりの子どもの最善の利益を考慮し，子どもとその家族の福祉の向上をめざす姿勢は共通しており，家庭や地域との連携もいずれの施設でも行われています．また3歳以上児の保育内容については，保育所保育指針，幼稚園教育要領，幼保連携型認定こども園教育・保育要領で整合性が図られています．これからはそれぞれの違いを認めつつも就学前の教育・保育施設全体としての役割を認識し，質の向上を果たしていくことが求められます．

さらに，就学前の教育・保育施設を卒園した後に進学する小学校とのつながりも大切です．文部科学省は，2022（令和4）年度から「幼保小の架け橋プログラム」を推進しています．一人ひとりの子どもの育ちを就学前から小学校に丁寧につないでいくことで，子どもの福祉の向上をより一層果たしていくことが期待されます．

第8章 保育所 *115*

注

⑴ 吉村真理子著，森上史朗ほか編『吉村真理子の保育手帳①保育実践の創造──保育とはあなたがつくるもの──』ミネルヴァ書房，2014年，p.3．

⑵ 同上，p.8．

⑶ 子どもたちにもう1人保育士を！実行委員会編『日本の保育士配置基準を世界水準に』ひとなる書房，2024．

⑷ こども家庭庁「保育所等関連状況取りまとめ（令和6年4月1日）」〈https://www.cfa.go.jp/assets/contents/node/basic_page/field_ref_resources/4ddf7d00-3f9a-4435-93a4-8e6c204db16c/82ad22fe/20240829_policies_hoiku_torimatome_r6_02.pdf〉，2024年8月30日閲覧.

⑸ 全国保育団体連絡会・保育研究所編『保育白書　2024年版』ひとなる書房，2024年，p.49.

⑹ 公益財団法人児童育成協会「企業主導型保育事業の定員充足状況について（速報版）」〈https://www.kigyounaihoiku.jp/wp-content/uploads/2024/05/20240514-02.pdf〉，2024年8月30日閲覧.

⑺ こども家庭庁「令和4年度認可外保育施設の現況取りまとめ」〈https://www.cfa.go.jp/assets/contents/node/basic_page/field_ref_resources/9e449dd6-28c2-4066-af0e-8b203ea43ca6/28931a4d/20240807_policies_hoiku_ninkagai_tsuuchi_genkyou_09.pdf〉，2024年8月30日閲覧.

⑻ こども家庭庁「保育所等関連状況取りまとめ（令和6年4月1日）」〈https://www.cfa.go.jp/assets/contents/node/basic_page/field_ref_resources/4ddf7d00-3f9a-4435-93a4-8e6c204db16c/82ad22fe/20240829_policies_hoiku_torimatome_r6_02.pdf〉，2024年8月30日閲覧.

⑼ 同上．

⑽ 全国保育団体連絡会・保育研究所編『保育白書2024年版』ひとなる書房，2024年，p.141.

⑾ こども家庭庁成育局保育政策課「こども誰でも通園制度の制度化，本格実施に向けた検討会について（令和6年6月26日）」〈https://www.cfa.go.jp/assets/contents/node/basic_page/field_ref_resources/38a0a6ec-ea7e-4512-83b5-e8a8e769bbd5/bc791801/20240710_councils_newkyuufudaredemotsuuen_38a0a6ec_12.pdf〉，2024年8月30日閲覧.

⑿ 厚生労働省「保育所保育指針　第1章総則　1保育所保育に関する基本原則　（1）保育所の役割」.

⒀ 厚生労働省「保育所保育指針　第2章保育の内容」.

⒁ 同上．

⒂ 厚生労働省「保育所保育指針　第1章総則　1保育所保育に関する基本原則　（5）保育所の社会的責任」.

⒃ 厚生労働省「保育所保育指針解説 平成30年3月」p.330.

参考文献

柏女霊峰『子ども家庭福祉論　第8版』誠信書房，2024年.

倉石哲也・石井章仁・古賀松香・堀科編『人口減少時代に向けた保育所・認定こども園・

幼稚園の子育て支援』中央法規，2023年.
吉田幸恵・山縣文治編『新版　よくわかる子ども家庭福祉　第2版』ミネルヴァ書房，
2023年.

第9章

社会的養護

　本章では，社会的養護について基本的な2つの理念と6つの原理を整理した上で，社会的養護の形態・現状を見ていきます．「子どもの最善の利益」を基盤とした施設のあり方と現状を学んだ上で，保育者の学びに社会的養護の視点を入れていく必要性を理解していきます．

第1節　社会的養護とは何か

1　社会的養護とは

　厚生労働省によると，社会的養護とは「保護者のない児童や，保護者に監護させることが適当でない児童を，公的責任で社会的に養育し保護するとともに，養育に困難な家庭への支援を行うこと」としています．すべての子どもは，一人の尊厳ある人間として大切にされ，愛情深く，温かい雰囲気の中に包まれて，成長する権利を有しています．しかし，現在の社会状況を見てみると，その理想とは大きく引き離されています．大人による不適切なかかわり（マルトリートメント）や虐待，または貧困による生活困窮から，本来住むことが保障されている場所に居続けることを奪われ，生きていく保障を脅かされています．これらの子どもたちは，公的な補助や支援を受ける権利を有していて，そのサービスの一つが社会的養護となります．

　社会的養護において大切にされる点をまとめると，① すべての子どもが心身ともに健全に成長し，発達できるような養育環境を整えられる，② 個々の子どものニーズに応じた養育や支援を提供する，③ 社会に出る際には，社会的養護で育った子どもを，家庭で育った子どもと同様な，公平なスタートが切れるように育成することとなります．

　これらを実現するには，社会的養護の関係者だけではなく，子どもと直接かかわることが多いと思われる地域住民や学校などの教育機関，警察や消防，福祉等の行政機関とも密接に連絡を取りながら，それらの利点を存分に活用しながら社会全体で取り組むことが求められています．

2　社会的養護の基本的な理念・原理

　厚生労働省雇用均等・児童家庭局からの通知として「児童養護施設運営指針」というものが出されています．これには児童養護施設における養育・支援の内容と運営に関する指針が定められていて，社会的養護の基本的な理念として捉えることができます．項目は大きく2つあり，1つは「子どもの最善の利益を護る」であり，もう1つは「すべての子どもたちを社会全体で育む」とされています．

(1)　子どもの最善の利益を護る

　1994（平成6）年に日本が批准した「児童の権利に関する条約」いわゆる，子どもの権利条約において掲げられた基本原則の一つが「子どもの最善の利益」です．条約第3条には，子どもの最善の利益が最優先されることを示しています．この点については，「児童の権利に関するジュネーブ条約」(1924（大正13）年)や「児童の権利に関する宣言（児童権利宣言）前文」(1959（昭和34）年)においても示されています．私たちは，国の内外を問わず，常に子どもの最善の利益を第一に考えなければなりません．

(2)　すべての子どもたちを社会全体で育む

　私たちの社会全体で子どもを育む上での基盤となるものとして，最初に「児童の権利に関する条約」を挙げることができます．同条約第20条に「一時的若しくは恒久的にその家庭環境を奪われた児童又は児童自身の最善の利益に鑑み，その家庭環境にとどまることが認められない児童は，国が与える特別の保護及び援助を受ける権利を有する」が規定されています．

　2つ目には，「児童福祉法」を挙げることができます．第1条には理念として「全て児童は，児童の権利に関する条約の精神にのつとり，適切に養育されること，その生活を保障されること，愛され，保護されること，その心身の健やかな成長及び発達並びにその自立が図られることその他の福祉を等しく保障される権利を有する」と，子どもの持つ権利について述べられています．続いて，第2条では具体的な取り組みとして「全て国民は，児童が良好な環境において生まれ，かつ，社会のあらゆる分野において，児童の年齢及び発達の程度に応じて，その意見が尊重され，その最善の利益が優先して考慮され，心身ともに健やかに育成されるよう努めなければならない」と，私たち国民の在り方が規定されています．また，同条第2項では「児童の保護者は，児童を心身ともに健やかに育成することについて第一義的責任を負う」と，保護者の責任が

規定され，同条第3項には「国及び地方公共団体は，児童の保護者とともに，児童を心身ともに健やかに育成する責任を負う」と，国や地方公共団体の責任が規定されています．

　このように，子どもは一人の権利主体（みずから自分の思いや願いを発信し，かなえようとする行い）として社会全体からの養護を受ける権利を有していると捉えることができ，その養護は社会全体が担う，というのが「社会的養護」の基本理念と言えます．ですから，私たちは施設職員であるなしではなく，すべての人びとが地域で連携して，社会的養護を必要としている子どもたちを養い護ることが求められているのです．

(3) 社会的養護の原理

　先の2つの理念（子どもの最善の利益を護る，すべての子どもたちを社会全体で育む）を元に，社会的養護の原理としては，① 家庭的養護，② 発達保障と自立支援，③ 子ども自身の回復，④ 家族との連携，⑤ 継続的支援，⑥ 人の一生を見通した支援，の6つを掲げていますので，順に説明をしたいと思います．

① 家庭的養護

　皆さんにとって，「当たり前の生活」とはどんな生活でしょうか？　住むところがある，食べるものがある，着るものがある，というと何か大げさかも知れません．しかし，私たちが基本的にあると思っている状況が整えられていない子どもがいるのも事実です．布団の上で寝ることも，お風呂に入ることも，暖かい食卓につくこともかなわない状況で，明日どころか今この瞬間の生活が保障されていない子どもたちの心や身体の負担は，想像をはるかにえたものでしょう．自分の居場所がある，心身をゆっくり休ませ，癒せる場所がある，暖かい食事が備えられている，自分の話を聴いてくれる場所がある．この一つ一つの積み重ねが子どもの心身を癒し，育てるのではないでしょうか．私たちが当たり前と思っている生活が，実はさまざまな事柄の積み重ねであるのです．その積み重ねを行う基本的な場所が，私たちが普段何気なく生活している「家庭」と言えるでしょう．

　わが国では，大きな施設での集団生活が主流でしたが，上記の必要を充足させるためには，できるだけ小規模で家庭的な雰囲気で生活することが重要とされ，家庭的な支援が推進されています．現在，少しずつ家庭的な雰囲気の中での養育が展開されていますが，ここで気をつけておくことは，「小規模にすれば問題や課題が解消される」わけではありません．家庭的養護が進められた背

景には，家庭的な雰囲気で生活する権利を奪われた子どもの権利保障の視点があることを忘れてはならないでしょう．養育者はその小さな変化に気づき，一人一人の必要（思いや願い）に配慮しながら，支援の内容を柔軟に変化させていくことが求められます．その積み重ねが子どもの生活を向上させるとともに，養育者自身の養育力を深めることにも役立っていくのです．

　② 発達保障と自立支援

　子どもの発達保障については，児童の権利に関する条約第6条に「児童の生存及び発達を可能な最大限の範囲において確保する」，また同条約第29条には「児童の人格，才能並びに精神的及び身体的な能力をその可能な最大限度まで発達させること」と規定されています．養育者は，それぞれの子どもの状況や準備性（次の発達段階に向かおうとする意欲や態度）を踏まえて，子どもがみずから発達段階における課題を乗り越えていくことができるように支援（内面の力を引き出す）していくことが求められます．

　その中でも，生後18か月ぐらいまでの乳児期は，愛着形成（アタッチメント）獲得の重要な時期と言えます．子どもは生まれながらにしてその存在を認められ，受容・承認され，癒されたくつろぎを感じる生活を過ごすことにより，自分の存在価値を知り，自分の存在があっていいものであるという自尊感情に結びつきます．その感情が少しずつ育まれ，蓄積されることによって，「自分はやればできる」という自己肯定感に結びついていくのです．

　小学校に就学するまでの幼児期は，運動と言葉の発達が著しい時期であり，それらを獲得していく中で自己調整力や対人関係を結ぶ力量を身につけていきます．児童期においては社会生活において必要な知識や行動を獲得し，同学年の子どもたちと同じ課題に取り組み，その課題を達成することを通じて調整力を自分のものとして取り込んでいきます．思春期以降は，子どもから大人へと変化していく自分自身に戸惑いながらも，自分自身の内面や存在に向き合いながら，心理的な自立に向けて成長していきます．

　これらの発達段階を通じて重要なのは，安定した養育者との関係であり，養育者と共に歩んでいく中で自尊感情を育み，自己肯定感を満たしていくかかわりです．子ども一人一人から，さまざまな試練や課題に対して，苦しみ悩みながらも一緒に乗り越えていく姿勢が求められているのです．

　③ 子ども自身の回復

　2000（平成11）年に，「児童虐待の防止に関する法律」いわゆる児童虐待防止

法が制定されてから現在に至るまで，児童虐待の件数は増加の一歩を辿っています．それに合わせて，虐待を受けた体験によって，身体だけではなく心に重大な傷を受けた子どもも増加しています．このような子どもには傷の癒しや虐待からの回復を踏まえた支援や治療が必要です．

　虐待された子どもには，目に見える身体的な傷だけではなく，場合によっては見えにくい情緒面や認知，性格形成などという，非常に幅広い項目の中で深刻なしんどさ，生きにくさを背負っていることが多いとされています．子どもたちの多くは，自らが虐待されることを通じて自尊感情を奪われ，自己肯定感が急降下し，大切にされることを通じて得るはずだった「安心感」や「自信」を失った状態（基本的信頼感の喪失状態）なのです．

　社会的養護において子どもたちを施設に迎え入れることは，これらの状況から子どもたちを護るためなのですが，子どもたちにとっては，大人からの不適切なかかわりによるしんどさと，それによって自分が慣れ親しんだ家や地域から離されるといった，二重の苦しみや悲しみを子どもたちが担うことにもなるのです．この体験が子どもの心に落とす影となり「生活のし辛さ，生きにくさ」に直結していくのです．

　また，虐待を受けて育った子どもは，感情の不安定さや暴力による解決が主流になることがあります．そのような表現・解決方法に対しては安易に怒ったり，叱ったりするのではなく，当たり前の生活を毎日繰り返し，子ども自身が安全で安心した生活を取り戻せるように，子ども自身の持つ潜在的な回復力を信じて，引き出すことが求められます．

　④家族との連携

　社会的養護に求められているのは，子どもへの支援だけではなく，親への支援，親子への支援，家族への支援も含まれています．親による不適切なかかわりによって今までの生活が分断された子どもにとって必要なのは，一度途切れた家族との絆を紡ぎ直す事です．そのためには，子どもや保護者が抱える問題や課題を捉え，その状況の緩和や解決を目指すことが求められます．保護者を支援しながら，時には保護者に代わって子どもの最善の利益を第一にしながら，養育や発達保障に取り組んでいく事が大切です．どのような状況であっても，子どもの思いや願い，保護者の思いや願いに寄り添っていくこと（伴走型支援）が必要です．

⑤ 継続的支援

社会的養護における子どもの養育支援は，できる限り特定の支援者が携わることが望ましいとされています．これは，子どもの愛着形成を育んでいく上で非常に重要です．多くの子どもが，施設入所に伴う家族との別れを経験しています．それは，本人が望んでいない事柄であり，それによって味わう喪失感は，子どもの成長・発達にとってあまり好ましいものではありません．そのような体験をしてきた（強いられてきた）子どもに必要な支援は，特定の信頼できる大人からの，継続した，一貫した支援なのです．

とはいえ，施設の入所期間が長期化すればするほど，特定の職員が継続して子どもを担当することは困難な場合があります．または，家庭環境や本人の変化により，施設を移ることも考えられます．そのような場合，各施設の職員，児童相談所，福祉事務所等の職員は，それぞれの専門性を基盤にしながら，きめ細かく情報交換を行い，子どもへの支援を継続していくことが求められます．子どもの最善の利益を第一に考え，一人一人の子どもの自立や親子支援を目標にしていく各機関との連携や協働が重要です．

また，社会的養護を必要とする子どもの多くが「人と人との繋がりを日々感じ取れる営み」を必要としています．何気ない日常でのかかわりや配慮，小さな気づきや取り組みでも，それらが日々積み重なることによって厚み（信頼感）が増し，子ども自身が振り返った時に，他者とのかかわりを体感的に感じることができるでしょう．その日々の積み重ねこそが，子どもが歩んできた過去（足跡）であり，その歩んできた足跡を知っているからこそ現在の立ち位置（なぜ今の生活があるのか）が理解できます．そして，なぜ今この場所に存在するのかが理解できてこそ，これからの未来について描けると考えられます．

社会的養護の過程（子育ての道のり）は，継続した一つの道，と表すことができるでしょう．その道のりを振り返る時に，子どもたちは，自分は愛され，見守られ，大切にされてきたことを知ることができるのです．ここに，継続した支援が必要であるという理由を見ることができるでしょう．

⑥ 人の一生（ライフサイクル）を見通した支援

社会的養護の対象年齢は原則18歳までとなっていますが，子どもへの支援は18歳を超えてからも行われることがあります．世の中では，幼い頃に抱いていた夢や希望を叶えた方や，全く別の世界に飛び込んだ方もいると思います．その時には思いつかなくても，ある程度の時間を経て大きな時間枠で振り返って

みると，私たちの人生は過去・現在・未来が繋がっている（連続性がある）ことに気がつくでしょう．今までの生き方を振り返りたいと思った時に，社会的養護で育った子どもの多くが，過去を知る方法（手段）が限られます．それは，自分の生い立ちを知る身近な人の存在が乏しいからです．

　自分の人生を振り返り，自分の一生を見つめ直す手法として，社会的養護の子どもへの「ライフストーリーワーク」の導入と実践が少しずつ進められています．これは，自分の過去を正しく認識することで現在の立ち位置を理解し，現在を正しく認識することで，自分の将来を考えることができる，という支援方法の一つです．社会的養護を利用する子どもの多くは，自分の生育歴を正確に認識していない（心の中につかんでいない）ことがあります．自分の生い立ちを知らない，また，知りたいと願っても，その当時を知る人が近くに存在しないことが多いのです．たとえば母子手帳が見当たらないであるとか，アルバムや映像も残されておらず，自分の出生やどのように成長したかを客観的に知る手段がほとんど見つからないのです．

　自分の出自（どこで，どのように，誰から生まれたのか）を知る権利は，「児童の権利に関する条約」や「児童憲章」において明記されています．自分の生い立ちが分からないということは，たとえるならば根無し草のように根っこが定まらずに，ふわふわ浮遊している状態と表現できます．自分自身がいつ，どこで，誰から生まれ，どのように育てられたか，という事実を通じて，自分自身が護られ，愛情深く育てられたことを実感できるのです．自分は護られているか，愛されているかを確かめる際に，生育歴と言う客観的事実に出会えないと，自分の認識のなかに「このように育てられたかった」という強い願望が現れ，やがてその願望が自分の生育歴として定着することがあります．これを「カバーストーリー」と呼びます．この「カバーストーリー」は，時として自分の願望だけに偏り，歪んだ自己認識に繋がることがあります．そうなると，思春期以降の自我形成期に今ある自分とのギャップに苦しみ，そのギャップを乗り越えられない場合は自分自身の存在を否定してしまうことになります．そうなると，一番しんどい思いをするのは子ども自身となります．将来自立して社会生活を営む際に，孤立感に陥り，本来であれば対応できる課題も達成することが困難となり，その結果として苦しい結果（本人が望まない結果）になってしまうことが多いでしょう．子どもが気兼ねなく相談できる人を見つけ，その人との繋がりを保っていくことの基本となる帰属性は，自分自身の生育歴を知り，受け入

れることから始まるのです．

　子どもはやがて大人になり，親になっていくでしょう．その際に根っこになるのは自分自身の生育歴です．自分の生育歴と向き合い，受け入れる事は，世代を繋いで受け継がれていく子育てのサイクルとも言えるのです．虐待を受けた子ども，貧困の中で生活を余儀なくされた子ども，不適切な環境で育てられた子どもであっても，自分の生育歴に向き合い，事実を現実として受け入れ，そして，そのような状況を経験しながらも，社会的養護により支援を受けながら，愛情深く養い育てられた体験が，子どものこれからの人生を支えていくものになるのです．私たちには，虐待や貧困の世代間連鎖の鎖を断ち切る支援が求められています．

第2節　社会的養護の形態・現状

1　社会的養護の形態

　今日の社会的養護の形態は，大きく「施設養護」と「家庭養護」に分けることができます（図9-1）．

　わが国における社会的養護はその成り立ちから今日に至るまで，施設養護という，乳児院，児童養護施設，児童自立支援施設，児童心理治療施設などの施

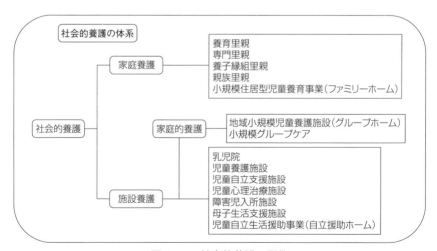

図9-1　社会的養護の形態

(出典) 相澤仁・林浩康編『新基本保育シリーズ⑥　社会的養護Ⅰ』中央法規，2019年，p.78を一部改変．

設において，集団生活による形態が大多数を占めています．もう一つの家庭養護は，里親がその代表的な制度です．以下，順にその全体像を説明していきます．

(1) 施設養護

① 乳児院

「児童福祉法」第37条において，「乳児院は，乳児（保健上，安定した生活環境の確保その他の理由により特に必要のある場合には，幼児を含む．）を入院させて，これを養育し，あわせて退院した者について相談その他の援助を行うことを目的とする施設とする」と規定されています．入院している乳幼児の基本的な生活空間である上に，退院した乳幼児や保護者の支援，または，ショートステイや一時保護も対応しています．

② 児童養護施設

「児童福祉法」第41条において，「児童養護施設は，保護者のない児童（乳児を除く．ただし，安定した生活環境の確保その他の理由により特に必要のある場合には，乳児を含む．以下この条において同じ．），虐待されている児童その他環境上養護を要する児童を入所させて，これを養護し，あわせて退所した者に対する相談その他の自立のための援助を行うことを目的とする施設とする」と規定されています．生活指導・学習指導・家庭環境の調整を行いながら，子ども一人一人の健全な育成と自立の支援を行っています．

③ 児童心理治療施設

「児童福祉法」第43条の2において，「児童心理治療施設は，家庭環境，学校における交友関係その他の環境上の理由により社会生活への適応が困難となった児童を，短期間，入所させ，又は保護者の下から通わせて，社会生活に適応するために必要な心理に関する治療及び生活指導を主として行い，あわせて退所した者について相談その他の援助を行うことを目的とする施設とする」と規定されています．心理的や精神的な課題を抱え，日常生活の全般にわたってきめ細かい支援が必要な子どもに対して，医学的・心理的・生活面からの複合的な支援を行っています．以前は情緒障害児短期治療施設という名称でしたが，子どもを取り巻く環境の変化や支援内容の変化に伴い，名称が変更されています．虐待を受けた子どもの入所理由も増加しています．

④ 児童自立支援施設

「児童福祉法」第44条において，「児童自立支援施設は，不良行為をなし，又

はなすおそれのある児童及び家庭環境その他の環境上の理由により生活指導等を要する児童を入所させ，又は保護者の下から通わせて，個々の児童の状況に応じて必要な指導を行い，その自立を支援し，あわせて退所した者について相談その他の援助を行うことを目的とする施設とする」と規定されています．従来は「教護院」と呼ばれていましたが，1998（平成10）年の児童福祉法改正によって名称が変更され，あわせて，入所対象が不良行為だけではなく，家庭環境やその他の環境に恵まれず，主に生活指導が必要な子どもにも援助の対象が広がりました．児童心理治療施設と同様に，虐待を受けた子どもの入所理由も増加しています．

　⑤ 母子生活支援施設

「児童福祉法」第38条において，「母子生活支援施設は，配偶者のない女子又はこれに準ずる事情にある女子及びその者の監護すべき児童を入所させて，これらの者を保護するとともに，これらの者の自立の促進のためにその生活を支援し，あわせて退所した者について相談その他の援助を行うことを目的とする施設とする」と規定されています．これも従来は「母子寮」と呼ばれていましたが，1998（平成10）年の児童福祉法改正によって名称が変更され，施設を利用している母親の自立を促進する支援も対象として挙げられました．

　⑥ 自立援助ホーム

「児童福祉法」第6条の3において，「児童自立生活援助事業とは，第25条の7第1項第3号に規定する児童自立生活援助の実施に係る義務教育終了児童等（義務教育を終了した児童又は児童以外の満20歳に満たない者であって，第27条第1項第3号に規定する措置のうち政令で定めるものを解除されたものその他政令で定めるものをいう．以下同じ．）につき第33条の6第1項に規定する住居において同項に規定する日常生活上の援助及び生活指導並びに就業の支援を行い，あわせて第25条の7第1項第3号に規定する児童自立生活援助の実施を解除された者につき相談その他の援助を行う事業をいう」と規定されています．義務教育を修了した満20歳までの子どもが，共同生活を共にしながら自立の援助を受けることができます．

　⑦ 障害児支援施設

障害児支援は，2012（平成24）年の児童福祉法改正により，障害児通所支援（児童発達支援・医療型児童発達支援・放課後等デイサービス・保育所等訪問支援）と，障害児入所支援（福祉型障害児入所施設・医療型障害児入所施設）に再編されました．これは，再編することによって，子どもが身近な地域で支援が受けられるように，

また，発達支援・医療支援・その他の支援と，方向性が明確になり，支援を必要とする子どもや家族にとっても支援先を選びやすくなりました．あわせて，2018（平成30）年に外出が困難な障害児支援として「居宅訪問型児童発達支援」が加わりました(4)．また，2024（令和6）年4月から児童発達支援と医療型児童発達支援は児童発達支援に一元化されました．

(2) 家庭養護

① 里親

「児童福祉法」第6条の4において，里親とは，「1　内閣府令で定める人数以下の要保護児童を養育することを希望する者（都道府県知事が内閣府令で定めるところにより行う研修を修了したことその他の内閣府令で定める要件を満たす者に限る.）のうち，第34条の19に規定する養育里親名簿に登録されたもの（以下「養育里親」という.）」「2　前号に規定する内閣府令で定める人数以下の要保護児童を養育すること及び養子縁組によつて養親となることを希望する者（都道府県知事が内閣府令で定めるところにより行う研修を修了した者に限る.）のうち，第34条の19に規定する養子縁組里親名簿に登録されたもの（以下「養子縁組里親」という.）」「3　第1号に規定する内閣府令で定める人数以下の要保護児童を養育することを希望する者（当該要保護児童の父母以外の親族であつて，内閣府令で定めるものに限る.）のうち，都道府県知事が第27条第1項第3号の規定により児童を委託する者として適当と認めるもの」とされています．

里親は，養育里親，専門里親，養子縁組里親，親族里親の4つに分類されており，公益財団法人全国里親会のホームページには，表9-1のように説明されています．

また，近年のショートステイ希望者の増加からショートステイ里親の取り組みも推進されています．ショートステイ里親とは，こども家庭庁が所管する里親制度とは違い，自治体等が実施している事業です．まだ一部の地域でしか実施されていませんが，徐々に全国に広がる勢いを見せています．具体的には，子ども・両親・里親を支えるための仕組みとして実施されており，短期間の預かりを通じて，子どもは親以外に頼れる大人との関係を，親は子どもとの距離を見直す機会を，里親は子ども預かりの機会を得られるので，お互いにとって有益な取り組みとして考えられています．こども家庭庁が里親制度の拡充を推進している中，利用者と里親の「心のハードル」を下げる取り組みとして期待されています．

表 9-1 「里親の分類と内容」

里　　親	「保護者のいない児童や保護者に監護させることが不適当であると認められる児童（＝要保護児童）の養育を希望する者であって，都道府県知事が適当と認める者」のこと．事情があって親元で暮らすことができないこどもを，一時的あるいは継続的に自身の家庭に預かり養育することを里親制度という．
養育里親	保護者のいないこどもや虐待などの理由により保護者が養育することが適当でないこども（要保護児童）を養育する里親（養育里親研修を受ける必要がある）．
専門里親	虐待を受けたこどもや障害のあるこどもなど，専門的な援助を必要とするこどもを養育する里親で，3年以上里親の経験等が必要（専門里親研修を修了し養育に専念できることが必要）．
養子縁組里親	養子縁組によって，こどもの養親になることを希望する里親（養子縁組里親研修を受ける必要がある）．
親族里親	要保護児童の扶養義務者及びその配偶者である親族であって，実親の死亡や入院などにより，こどもを養育することができない場合の里親．

（出所）公益財団法人全国里親会「里親制度を知る」〈https://www.zensato.or.jp/know〉，2024年12月18日閲覧，より筆者作成．

　合わせて，里親養育の質の担保と支援を目的にフォスタリング機関（里親養育包括支援機関）による支援が用意されています．里親のリクルート及びアセスメント，里親登録前後や委託における研修，子どもと里親家庭とのマッチング，里親養育への支援が行われています．

　2022（令和4）年の児童福祉法改正により，里親支援センターが創設されています．ここでは，里親支援事業を行うほか，里親及び小規模住居型児童養育事業（以下「ファミリーホーム」という．）に従事する者（以下「里親等」という．），その養育される児童（以下「里子等」という．）並びに里親になろうとする者について相談その他の援助を行い，家庭養育を推進するとともに，里子等が心身ともに健やかに育成されるよう，その最善の利益を実現することを目的とする施設とされています．2024（令和6）年4月以降，順次設置が進められています．[5]

　② 小規模住居型児童養育事業（ファミリーホーム）

　里親委託を受けた中で，5〜6人の家庭的な雰囲気の中で養育する形態を言います．支援者は養育者2名（夫婦）に補助者1名を入れた3名が基本的な配置となっています．

2 社会的養護の現状

⑴ 自立支援

従来から社会的養護を巣立った子どもに対する自立支援が取り組まれており，その体制をより一層深めるものとして，社会的養護自立支援拠点事業が2024（令和6）年度より実施されています．家庭による支援の脆弱さや，自立に当たっての困難を抱えている子どもに対しての支援が始まっています．支援コーディネーター（管理者），生活相談支援員及び就労相談支援員等が配置された場所を拠点に，対象者の相互交流の場の提供，必要に応じて相談に応じる等の支援，支援計画の策定，相談支援，心理療法支援，法律相談支援，一時避難かつ短期間の居場所の提供等を行なっています．地域との繋がりが希薄な場合，子どもたちにとっては安心安全な拠り所となることが期待されています．

⑵ アドボケイト

2024（令和6）年度より社会的養護で過ごす子どもたちを対象とした「児童の意見聴取等の仕組みの整備」が実施されています．社会的養護の利用を検討する際に，当事者である子どもの意見を聞くことの重要性が体現化されたものであるといえます．アドボケイトとは，子どもの声を上げることについて実践的に取り組む人（アドボカシー）のことを意味します．子どもが安心して本音を語るためには，中立な立ち位置で関わる必要があるので，独立性が求められます．これらの活動については，こども家庭庁が中心となり「意見表明等支援員の養成」が進められています．

第3節　保育者と社会的養護の関連性

現在の保育者のはたらきとしては，専門的知識と技術を基盤にして，子どもへの保育・教育にあわせて，子どもの保護者に対する支援が求められています．保育者の仕事内容は教育・福祉分野の多岐にわたり，機関や施設によって特徴が異なります．「児童の権利に関する条約」と「保育所保育指針」の双方から見えてくる項目は以下の通りになると考えられます．

① 子ども一人一人の最善の利益をまず第一に考えます．
② 子ども一人一人の心身の成長・発達をサポートします．
③ 保護者からのさまざまな相談を受け，保護者とともに子どもの育ちを

支えます.

④ 子ども一人一人や，保護者の立場を理解し，意見を代わりに伝えます.

⑤ 地域の子育て支援を推進し，拠点作りを行います.

これらの項目を見直してみると，保育者も社会的養護に従事する職員も，子ども・子育て支援を大切にしようとする考えは一致します．対象者（子どもや大人）の立場に立ち，最善の利益を守ります．また，子どもが成長していく際に必要なサービスを提供します．また，子どものみならず，その保護者や，地域の関連機関と連携，協力体制を維持，向上させていく姿勢も同様です．

また，2016（平成28）年の児童福祉法改正により，子どもが権利の主体であること，実親による養育が困難であれば里親や特別養子縁組などで養育されるよう，家庭養育優先の理念等が規定されています．この規定を具体化するプランとして「新しい社会的養育ビジョン」が取りまとめられました．里親・養子縁組・施設が協働して家庭での養育が推進される動きが本格化しています．

子どもと保護者に寄り添って日々の保育を提供している保育者と社会的養護の関連性は，今後ますます深まり，必要性・重要性は増加していくでしょう．

第4節　子どもの最善の利益と社会的養護

わが国において1994（平成6）年に批准された「児童の権利に関する条約」は，今まで長きにわたり実施されてきた救済的・保護的な子どもの権利を抜本的に変化させました．子どもを権利行使の主体として据え，受動的権利（保護される）だけではなく，能動的権利（意見表明権などによる主体的な社会参画）を保障しようとする認識が深まりました．

私たちの生活における権利とは，「自分自身を大切に扱いたい」という気持ち，心の持ち方であるといえます．このような感情を「自尊感情（自分を尊いものとして捉えること）」と呼んでいます．自尊感情を育む方法は，「大切にされている」「尊重されている」という実体験からくる，自分自身の有用感（自分が必要とされている）が基盤になっていると言えるでしょう．この自尊感情が，他者を大切にする，他者の権利を尊重する「他尊感情」に結びつくのです．他者を受け入れることが困難である，すなわち，他者の権利を侵害している子どもは，自尊感情の低さから他尊感情が低下していると考えられ，その低さは，その子自

身の自己否定感に結びつくと言えるでしょう．この悪循環とも言える負の連鎖を断ち切ることが，専門職としての保育者に求められる視点とも言えます．

　生育の道筋において，受け入れられる体験が保障されなかった子どもは，時として他者や社会全体に対して恨みや怒りを覚えることがあります．その根底にあるのは恨みつらみではなく，「自分は悪くない，自分の責任ではないのに，なぜこうなったのか？」という，怒りとも混乱とも取れる，言いようのない想いが混在し，渦巻いています．そのような怒りや混乱に対して一番有効なかかわりは，聴いてもらえたという認識であり，一人の人間として大切に扱われたという実感です．その実感を積み重ねるなかで，自分自身の心の奥に渦巻いている怒りが減少し，自分自身を客観視し，自らの生育歴を見つめ直すことができるのです．そのような段階を経てはじめて，自尊感情が芽生え，自己肯定感の向上に結びつくと言えるでしょう．

　社会的養護に求められる視点は，「児童の権利に関する条約」に基づいて，子ども一人一人が生まれながらにして持ち合わせている能動的権利を護り，それらを通じて，受け入れられ，認められ，愛され，護られる，受動的権利を獲得していく，という視点だと表現できます．

注
(1)　「児童に関するすべての措置をとるに当たっては，公的若しくは私的な社会福祉施設，裁判所，行政当局又は立法機関のいずれによって行われるものであっても，児童の最善の利益が主として考慮されるものとする」．
(2)　すべての国の男女は，人類が児童に対して最善のものを与えるべき義務を負うことを認める．
(3)　人類は，児童に対し，最善のものを与える義務を負うものである．
(4)　児童福祉法第6条の2の2⑤．
(5)　こども家庭庁支援局長「里親支援センターの設置運営について」2024（令和6）年．

参考文献
相澤仁・林浩康『社会的養護』中央法規，2015年．
厚生労働省『フォスタリング機関（里親養育包括支援機関）及びその業務に関するガイドラインの概要』，2018年．
厚生労働省子ども家庭局家庭福祉課『社会的養育の推進に向けて』2021年．
厚生労働省雇用均等・児童家庭局長通知『児童養護施設運営指針』2012年．
こども家庭庁『社会的養護自立支援拠点事業等の実施について』，2024年．
伊達悦子・辰巳隆『保育士をめざす人の社会的養護』みらい，2015年．

日本財団ジャーナル『子どもの声を聞き，意見を尊重する「子どもアドボカシー」．身近にできる支援を考える』，2023年．

山縣文治・林浩康『よくわかる社会的養護』ミネルヴァ書房，2013年．

第10章
障害のある子どもの福祉と家族支援

本章では，ICFに基づく障害概念と障害福祉制度の変遷について把握するとともに，障害のある子どもの乳幼児期から成人までのライフステージでかかわる専門機関について学びます．学びを通して，「障害」をどう捉え支援するかといった価値および長期的な視点で支援することの重要性を理解します．

第1節　障害とは何か

1　ICF（国際生活機能分類）における障害の考え方

2001（平成13）年に世界保健機関（WHO）は，「国際生活機能分類（International Classification of Functioning, disability and Health, 以下ICF）」を発表しました．ICFは世界共通の障害モデルと言えます．

ICFでは，「生活機能」を「心身機能・身体構造」「活動」「参加」の3つの次元でとらえており，それらのマイナス面である「機能（構造）障害」「活動制限」「参加制約」を「障害」と考えます．「心身機能・身体構造」の「機能（構造）障害」は心身機能がうまく働かないことや，身体構造が人と違うことを意味します．「心身機能・身体構造」は，食事やトイレ，お風呂などの日常生活における「活動」の支障につながり，さらに教育や就職など社会への「参加」の阻害を生みます．逆に「参加」の障害が「活動」や「心身機能・身体構造」にも影響を与えます．3つの次元はその人を取り巻く「環境因子」や「個人因子」，そしてその時の「健康状態」にも大きく影響を受けます．「環境」はスロープなど物理的環境に加え，家族，友人，同僚などの人的環境，制度が充実しているかなどの社会的環境を含みます．環境因子には，プラスの影響を与え「促進因子」と，マイナスの影響を与える「阻害因子」があります．「個人因子」はその人固有の特徴であり，年齢，性別，民族，生活歴，価値観，ライフスタイル，対処能力を意味するコーピング，適応力などを意味するレジリエンスなどが考えられ非常に多様です[1]．「健康状態」は生活機能の低下を引き起こすもので，「疾患・変調（病気やけが，その他の異常）」や妊娠，高齢，ストレス状態などを含

みます．私たちが一般にイメージする機能（構造）障害や疾患・変調の分類に「国際疾病分類（International Statistical Classification of Diseases and Related Health Problems, 以下ICD）」がありICFとICDは補完関係にあります（図10-1参照）．

障害を人と環境との相互作用の中で生まれる「生活上の困難」「生きづらさ」として捉えるICFにはどのような意義があるでしょうか．たとえば，足の機能だけで「障害」を捉える考え方を「医学モデル」といいますが，このモデルでは，治療やリハビリで「障害」を克服しようとします．一方で，環境との相互作用から生まれる「障害」は車椅子やバリアフリーで活動の制限を克服したり，車椅子で出かけやすい場所の情報収集やヘルパーなどの制度を活用することで参加の制約をなくしたりすることができ「障害」へのアプローチが広がります．この考え方は，「社会モデル」や「生活モデル」といわれています．

国際連合が2006（平成18）年に「障害者の権利に関する条約」（以下，障害者権利条約とします）を採択しました．日本は障害者権利条約に2007（平成19）年に署名し，2014（平成26）年に批准しました．署名から批准までの間に，国内のさまざまな法律の整備を行い準備しました．2022（令和4）年には，国連におかれた障害者権利委員会より，条約の実施状況について審査が行われ，その総括所見が公表されました．総括所見では，日本政府が検討しなければならない重要な課題が指摘されており，今後障害者施策を前進させていくための取り組み

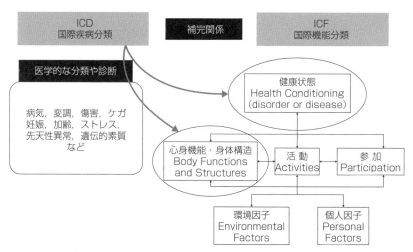

図10-1　WHOのICD（国際疾病分類）とICF（国際生活機能分類）
（出典）筆者作成．

が求められています．障害者権利条約は，権利侵害を改善するためのさまざまな政策の実行を提案することから，「人権モデル」と考えられます⁽²⁾.

2 法律における障害の定義

障害者権利条約でも，ICFの影響を受け「障害者には，長期的な身体的，精神的，知的又は感覚的な機能障害であって，様々な障壁との相互作用により他の者との平等を基礎として社会に完全かつ効果的に参加することを妨げ得るものを有する者を含む」と定義されています．国内で障害者福祉の基本方針となる「障害者基本法」でも，障害者権利条約批准に向けて，障害者の定義を「障害及び社会的障壁により継続的に日常生活又は社会生活に相当な制限を受ける状態にあるもの」と改正しました．

日本の障害福祉は，歴史の流れでみると，1949（昭和24）年に「身体障害者福祉法」，1950（昭和25）年に「精神保健及び精神障害者福祉に関する法律」（以下，「精神保健福祉法」とします．「精神衛生法」から1987（昭和62）年に改称），1960（昭和35）年に「知的障害者福祉法」（精神薄弱福祉法から1998（平成10）年に改称）が成立し，それぞれの障害種別ごとの法律の下，障害福祉が展開されていました．しかし，ノーマライゼーションの浸透やICFの登場などの影響により，障害種別ごとではなく，支援の必要性に応じた福祉サービスの仕組みとして2005（平成17）年に「障害者自立支援法」が成立し，大幅に改革されました（障害者総合支援法制定により廃止となりました）．さらに，障害者権利条約の批准に向け，2012（平成24）年に「障害者の日常生活および社会生活を総合的に支援するための法律」（以下，「障害者総合支援法」とします）が成立しました．障害福祉サービスの対象も拡大しており，発達障害，難病等が対象に加わりました．

では，従来の障害者種別ごとの法律ではその対象をどのように定義しているでしょうか．

「身体障害者福祉法」では，都道府県知事より身体障害者手帳の交付を受けたものを身体障害者と定義されており，「視覚障害」「聴覚または平衡機能の障害」「音声機能，言語機能または咀嚼機能の障害」「肢体不自由」心臓や腎臓などの機能不全である「内部障害」の5つがあります．障害で異なりますが，1～7級の等級があり，1級が重度で6級までに手帳が交付されます．

「知的障害者福祉法」では，「身体障害者福祉法」のように知的障害者についての定義が法律上にはなく，そのために障害者手帳も位置づけられていません．

便宜のため都道府県単位でおおむね「療育手帳」という名称の手帳制度が作られており，障害の重さとしてA，Bなどの判定があります．しかし，法律に定義されていないため，名称も判定も自治体ごとで異なります．例えば引越しなど，都道府県を超えて移動する場合は手帳が変わります．

「精神保健福祉法」では，精神障害を「統合失調症，精神作用物質による急性中毒またはその依存症，知的障害，その他の精神疾患を有する者」と定義されています．2022（令和4）年の改正で，例示の中から「精神病質」の言葉が削除されました．都道府県知事より精神保健福祉手帳が交付され，手帳は1〜3級があり2年の有効期限があります．知的障害は法律の定義に入っていますが療育手帳があるため精神障害者保健福祉手帳の対象外になります．

2004（平成16）年に成立した「発達障害者支援法」で発達障害者は，「自閉症，アスペルガー症候群その他の広汎性発達障害，学習障害，注意欠陥多動性障害などの脳機能の障害で，通常低年齢で発現する障害がある者であって，発達障害及び社会的障壁により日常生活または社会生活に制限を受けるもの」と定義されています．医学的には精神疾患に含まれるため「精神保健福祉法」の対象になりますが，療育手帳か精神障害者保健福祉手帳のどちらを申請及び取得するかについては自治体によって異なる他，知的障害との重複，症状や治療，また診断のついた年齢などを考慮する必要があります．

18歳未満の障害児も上記の各手帳が交付され，その申請窓口は児童相談所になります．

第2節　ライフステージにおける障害児（者）福祉サービス

1　療育について

障害のある子どもへの保育，教育，医療，リハビリなどを総称して「療育」と言います．療育という言葉は，昭和初期において肢体不自由児の福祉に貢献した高木憲次（1889-1963）が当時の医療や教育の現状を憂い提唱した造語であり，いわば理念です．当時の医療は「治らない」障害は対象にならず，教育も同様で，就学免除や就学猶予によって義務教育すら十分に受けることができない障害児もいました．そのような背景の中で「療育」という概念が誕生し[3]，地域で早期に療育を受けられるような体制の構築が進められました．しかし，一歩間違うと療育は「特別な訓練」へ傾倒し，障害のない子どもとの分離を引き

起こします．また，早期療育をあせるあまり，保護者の気持ちに添わない診断
と告知につながります．最近では，施設での保護主義から地域での暮らしをあ
たりまえと考え推進するノーマライゼーションの概念や障害の有無にかかわら
ず共に生きる社会の構築を目指したインクルージョン推進の影響を受け，療育
とは障害のある子どもの障害を理解した上での子育てであり，本質的には障害
のない子どもの子育てと同じであるといった考えに変わりつつあります[4]．

2　障害児・者の福祉サービス

(1)　乳幼児期

　乳幼児期は子どもの障害や発達の遅れへの気づきが重要です．出産時に疾病
等がわかる場合は，医療機関がその診断と保護者へのケアを担います．病院に
は「地域連携室」と呼ばれる部署が設置されており，医療ソーシャルワーカー
が退院後の生活について相談にのります．

　発達の遅れへの気づきの機会として重要なのが母子保健法のもと実施されて
いる乳幼児健康診査（以下，健診）です．1歳6か月児と3歳児は法定検診とい
われ市町村に実施が義務付けられています．義務付けのない4か月児健康診査
もほとんどの市町村で実施されています．健診は市町村保健センターで地域の
保健指導を行う保健師がかかわります．保健師は保護者へフォローアップのた
めの親子教室，さらに詳しい発達検査を行うため児童相談所や療育のための障
害児福祉サービスを紹介したりします．

　児童相談所は虐待対応のイメージが強いですが，1歳半や3歳児検診後の調
査および判定，障害児入所施設への入所，療育手帳の判定，特別児童扶養手当
の判定などの障害相談も実施しています．児童相談所には，心理診断を行う児
童心理司と社会診断を行う児童福祉司がいます．

　障害児福祉サービスは，子育て支援の一貫で提供されるべきという考えに基
づいて児童福祉法の中で位置づけられています．一方で，主に成人の障害者を
中心にした「障害者総合支援法」において障害児も利用できるサービスがあり
ます．

　「児童福祉法」における障害児福祉サービスは「障害児通所支援」と「障害
児入所支援」の2つに分かれています（表10-1参照）．障害児通所支援には，児
童発達支援，居宅型児童発達支援，放課後等デイサービス，保育所等訪問支援
の4種類があります．これらを利用するには市町村に申請し，障害児相談支援

表10-1　児童福祉法に基づく障害児福祉サービス

	事業名	内容
障害児通所支援 （市町村が窓口）	児童発達支援	障害児につき，児童発達支援センター等に通わせ，日常生活における基本的な動作及び知識技能の習得，集団生活への適応のための支援その他の便宜を供与また肢体不自由のある児童に対して治療を行う．
	放課後等デイサービス	学校教育法第1条に規定する学校（幼稚園および大学を除く）に就学している障害児につき，授業の終了後または休業日に児童発達支援センター等に通わせ，生活能力の向上のために必要な支援，社会との交流の促進その他の便宜を供与する．
	保育所等訪問支援	保育所その他の児童が集団生活を営む施設として厚生労働省令で定めるものに通う障害児につき，当該施設を訪問し，当該施設における障害児以外の児童との集団生活への適応のための専門的な支援その他の便宜を供与すること．
	居宅訪問型児童発達支援	重度の障害等の状態にある障害児であって，児童発達支援または放課後等デイサービスを受けるために外出することが著しく困難な場合，居宅を訪問し，日常生活における基本的な動作及び知識技能の習得並びに生活能力の向上のために必要な支援等を行う．
障害児入所支援 （児童相談所が窓口）	福祉型障害児入所施設	保護，日常生活における基本的な動作及び独立自活に必要な知識技能の習得のための支援を行う．
	医療型障害児入所支援	保護，日常生活における基本的な動作及び独立自活に必要な知識技能の習得のための支援と重症心身障害児に対して治療を行う．

（出典）筆者作成.

　事業所が利用するサービスの内容と量に関するサービスの利用計画（障害児支援利用計画）を立てた後に，保護者はサービスを提供する事業所と契約を結び利用になります．事業所は，児童発達管理責任者が個別支援計画を立てた上でサービスを提供します．

　児童発達支援は未就学児を対象としており，具体的には小集団や個別での保育で，着替えや食事，トイレなどの基本的生活習慣を身に付けたり，遊びの中で発達支援を行い，幼稚園や小学校の前段階や保育所や幼稚園と並行して利用することもあります．通所が難しい場合，自宅に訪問して療育を行うのが居宅型です．2016（平成28）年度に「児童福祉法」が改正され，医療的ケアの必要な子どもへの支援が推進されるようになり居宅型サービスが新しく付け加えら

れました.

児童発達支援センターは児童福祉施設の1つであり,専門性が高く地域の中核的役割を担っています.2022（令和4）年の児童福祉法の改正で,これまで障害種別によってわかれていた福祉型児童発達支援と医療型児童発達支援が児童発達支援に一元化されました.

⑵　学齢期

放課後等デイサービスは,幼稚園,大学を除く小学校,中学校,高等学校,特別支援学校などの学校に就学している障害児が対象であり,放課後や夏休みなどの休業日に通い,生活能力の向上のために必要な支援や社会との交流の促進を行います.対象の年齢および発達段階の幅が大きいため,事業所によって活動内容の幅がありますが,宿題をしたり,ゲームをしたり,制作,クッキングや音楽活動など,その年齢で経験する活動を行います.

保育所等訪問支援は,保育所等に児童発達支援センター等の職員が訪問し集団生活への適応のための専門的な支援を行います.保育以外にも幼稚園や小学校,中学校,放課後児童クラブや児童養護施設などの幅広い施設が対象です.これまでも,幼稚園や小学校等で特別な支援が必要な子どもへの配慮について助言や指導を行う仕組みに,教育委員会が行う特別支援教育コーディネーター,発達障害者支援センターや地域療育等支援事業などの専門家による巡回相談等がありましたが,これらは担任の困り感への対応で学校主体です.一方,保育所等訪問支援は利用児と事業所の契約で提供される個別のサービスで,利用者のニーズに起因している点が大きな違いです.

障害児入所支援は,障害児入所施設のことで,保護,日常生活の支援および独立自活に必要な知識技能の習得を目的とする福祉型と,合わせて治療を行う医療型があります.知的障害や治療の必要のない肢体不自由の場合は福祉型に,医療的なケアが必要な場合は病院でもある医療型に入所します.しかし,入所背景にはADL（日常生活動作）,生活習慣の確立や行動上の課題改善といった療育目的のための「契約」による利用は40.8％であり,保護者の養育能力不足や虐待,養育放棄などを理由とした「措置」による入所が59.2％と多く,また特別支援学校への「学校就学・通学」のためといった入所などもあります.[5]

⑶　成人期

「障害者総合支援法」に基づいて提供される障害福祉サービスは障害種別ごとではなく目的別に構成されています.「障害者総合支援法」は「自立支援給付」

と「地域生活支援事業」に大別され，自立支援給付には，「介護給付」「訓練等給付」「相談支援」「自立支援医療」「補装具」の5つがあります．介護給付や訓練等給付のサービスを利用するための相談と利用計画を作成，マネジメントをするのが「相談支援」になります（図10-2参照）．

「障害者総合支援法」のサービスを利用するには，市町村に申請し，認定調査を受けます．サービスによってその流れは異なり，介護等給付は障害支援区分の認定を受け，計画相談支援事業所（特定相談支援事業所）がサービス等利用計画を立て支給が決定し，利用者はサービス提供事業所と契約し，利用開始になります．訓練等給付は支援区分の認定がなく，計画相談支援事業所が計画を策定し，暫定支給決定を経て，サービスの支給が決定されます．

一般的にイメージされる入所施設は「障害者支援施設」といい，介護給付の

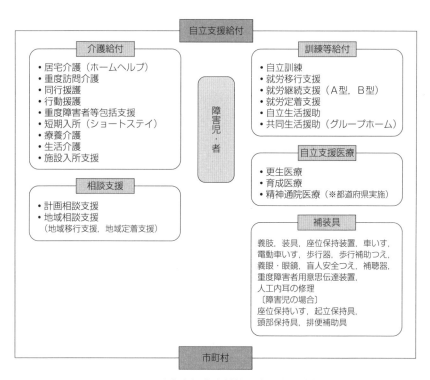

図10-2　障害者総合支援法の自立支援給付

（出典）社会福祉法人全国社会福祉協議会「障害福祉サービスの利用について（2021年4月版）」〈https://www.mhlw.go.jp/tenji/dl/file01-01.pdf〉，2024年10月21日閲覧．

夜間のケアを提供する「施設入所支援」と昼間の創作活動等を提供する「生活介護」の２つを提供しています．利用者からみると２つのサービスを組み合わせて利用することになります．障害福祉は児童期から高齢期まで幅広い年代を対象にしていることから，個々のニーズの変化に応じ，その時に必要なサービスを選択し組み合わせる仕組みになります．選択して組み合わせるには相談支援が重要です．

　障害児が利用できるものとしては，「児童福祉法」にはない介護給付の中の居宅支援系である「居宅介護（ホームヘルプ）」「短期入所（ショートスティ）」「重度障害者等包括支援」「行動援護」「同行援護」などがあります．

　訓練等給付には就労支援のサービスとして一般就労への支援を行う「就労移行」やその定着のための「就労定着」や，働く場を提供する「就労継続」には契約を結ぶ雇用型（A型）と非雇用型（B型）があります．2024（令和6）年には，新しく「就労選択支援」の事業が創設されました．また，身体機能や生活リハビリを行う「自立訓練」やグループホームである「共同生活援助」，一人暮らしに移行したときに定期的な巡回訪問や随時の対応を行う「自立生活援助」の他，施設から地域移行の相談にのる「地域相談」など，施設や家庭からグループホームへ，グループホームから一人暮らしへと地域での暮らしを支えるよう法律が改正されています．

　また，社会的養護を目的とした児童養護施設においても，知的障害，自閉スペクトラム症や注意欠如多動症など心身の状況で何かしら「該当あり」の割合が42.8％となっており，退所後の支援としてグループホームへの移行や地域相談支援を利用することもあります．

　その他にも医療費の自己負担を軽減する「自立支援医療」や義肢や車いすなどの「補装具」を購入する費用の給付，市町村や都道府県で実施される地域生活支援事業などの中には児童を対象としたものもあります．自立支援医療には3種類あり，身体の障害の除去や軽減を目的とした手術などの医療が対象となる「更生医療」と「育成医療」，てんかんなどの治療で入院しないで行われる通院医療が対象の「精神通院医療」があります．「更生医療」は18歳以上で身体障害者手帳が交付されたもの，「育成医療」は18歳未満と年齢によって分かれています．

第3節　障害児の保育と教育との連携

1994（平成6）年にスペインのサラマンカで「特別なニーズ教育に関する世界大会」が開催され，それまでの「特殊教育」や「障害児教育」といった通常の教育と分けて教育する分離教育の考え方ではなく，障害の有無にかかわらず一人一人の子どものニーズに応じた教育を行うインクルーシブ教育の必要性が示されたサラマンカ宣言が出されました．日本でも2012（平成24年）年に文部科学省より「共生社会の形成に向けたインクルーシブ教育システム構築のための特別支援教育の推進」が示され，2006（平成18）年に特別支援教育がスタートしました．

1　教育における配慮が必要な子ども

インクルーシブ教育の考え方にそって，特別支援教育の対象は「障害」のある子どもだけではなく，学習上の困難性がある配慮が必要な子どもへと概念が広がりました．『保育所保育指針解説』でも個別的な配慮を必要とする子どもに，慢性疾患児，児童発達支援の必要な子ども，医療的ケアを必要とする子どもが挙げられていますが，『幼稚園教育要領』では，配慮が必要な子どもとして，「障害のある幼児」に加え「海外から帰国した幼児や生活に必要な日本語の習得に困難のある幼児」が挙げられています．『小学校学習指導要領』では，上記に「不登校」が，中学校ではさらに「学齢を超過した者」が含まれています．幼稚園や小学校でも『保育所保育指針』と同様に家庭，地域および医療や福祉，保健等の関係機関と連携を図るため個別の教育支援計画，また幼児や児童の実態を的確に把握した上で個別の指導計画を作成し活用します．保育所で作成する個別の支援計画は小学校と連携する上で重要な役割を担います．

また，障害のある子どもの進路には地域の小学校の他に特別支援学校も含まれます．特別支援学校は「学校教育法」第72条で視覚障害者，聴覚障害者，知的障害者，肢体不自由者又は病弱者（身体虚弱者を含む）を対象とした学校ですが，学校区内の幼稚園や小学校等を支援するセンター的機能を果たしており，研修を受けた特別支援教育コーディネーターが助言や連携調整等の支援を行います．

2　自立活動

　通常の教育と特別支援教育では何が違うでしょうか．『特別支援学校教育要領』には，障害による学習上または生活上の困難を改善・克服するための必要な知識，技能，態度および習慣を養い，心身の調和的発達の基盤を培うことを目的とした「自立活動」という教科があります．自立活動は，特別支援学校だけでなく，特別支援学級，通級指導などで通常の教科に加えて取り組まれる他，各教科，休憩時間や学校行事などでもその内容を含むことができます．自立活動は「健康の保持」「心理的な安定」「人間関係の形成」「環境の把握」「身体の動き」「コミュニケーション」の6つの領域とそれぞれの領域で項目合わせて27項目があり，たとえば，自立活動の時間に日常生活に必要な基本的動作の獲得に向けて着替えの訓練や自己の理解と行動の調整を図るためのソーシャル・スキルズ・トレーニング（SST）などが実施されます．

3　就学相談

　学校との連携で特に重要なのは小学校への接続です．保護者は就学について非常に悩みます．市（特別区を含む）町村の教育委員会は，「学校保健保全法」の第11条に基づいて就学時健康診断をしなければならず，その結果をもとに保護者や専門的知識を有する者の意見を聴きながら就学先が決定されます．就学時健康診査が実施される10月から11月頃までに保護者が意向を決定できるよう，多くの学校ではオープンスクールなどの見学会を6月から7月に開催しており，教育委員会もその時期に合わせて相談できるよう説明会を行っています．2013（平成25）年に「学校教育法施行令」が一部改正になり，就学先の決定にあたり保護者の意見を聴くことになりました[7]．しかし，保護者の意向に反した決定がなされることがあり，就学決定取り消しを求める訴訟がしばしば起きています．就学の際には，選択に必要な情報提供の他，同じ悩みをもつ仲間同志のつながりや先輩の保護者から話を聞き相談できる機会を作るなど保護者の悩みや葛藤に寄り添うことが重要です．

第4節　家族をとりまく現状と支援

1　障害受容とは

　療育現場では，親が子どもの障害を受容するプロセスを支援することが重要

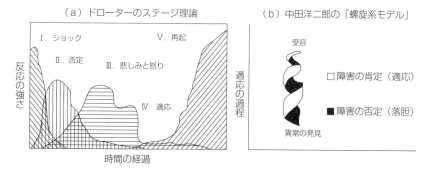

図10−3　障害受容のモデル

(出典)　(a)：Drotar, Dennis, et al., "The adaptation of parents to the birth of an infant with a congenital malformation: a hypothetical model," *Pediatrics*, 56（5）, 1975, pp.710-717.
　　　　(b)：中田洋二郎「親の障害の認識と受容に関する考察——受容の段階説と慢性的悲哀——」『早稲田心理学年報』27, 1995年, pp.83-92.

であるといわれてきました．障害受容のプロセスでよく用いられる理論にドローターのステージ理論[8]と中田洋二郎の螺旋形モデル[9]の2つがあります．

　ドローターは親の反応として，「Ⅰショック（Shock）」「Ⅱ否定（Denial）」「Ⅲ悲しみと怒り（Sadness and Anger）」「Ⅳ適応（Adaptation）」「Ⅴ再起（Reorganization）」の5つがあると述べています．そしてこのモデルは，階段状に次の段階へ向かうものではなく，「ショック」と「否定」，「否定」と「悲しみと怒り」というように感情が重なり合い，保護者はさまざまな感情の中で揺れ葛藤することが表現されています（図10-3参照）．

　一方で，中田洋二郎は，障害があることを認める気持ちと認めたくない気持ち，すなわち障害の肯定と否定の両方がコインの表と裏のように保護者の心の中で共存し，状況に応じて表裏が逆転する「螺旋形モデル」を提唱しました．そして，障害受容は本来個人的体験であり，障害を受容するか否かは個人の主体性にゆだねるべきであり，支援者が意図して進めることはできず，支援者にできることはそれぞれの分野で子どもと家族にそれぞれの専門性を使って支援することであると述べています[10]（図10-3参照）．

　保育者は気になる子どもに診断名が付き障害者手帳を取得したら，適切な情報提供を行い，特別な配慮が受けられる体制づくりができると考えます．そのため，子どもに障害はないと否定し積極的に診断を受けようとしない保護者を障害受容できていないと考え悩みます．しかし，「否定」も受容の大切なプロ

セスであり，子どもの診断を受け「悲しみと怒り」を感じる段階でも「否定」の感情が残ることや「適応」や「再起」の段階への時間は個々で異なることを理解し，保護者一人一人の感情に寄り添うことが重要です．

2　家族支援の具体的内容

保育所保育指針解説では育てにくさを感じている保護者に対して，子育てに前向きになれるよう子どもへの理解や対応についてのプログラムを紹介することが挙げられています．そのプログラムの例に，ペアレント・トレーニング（以下，ペアトレ）とペアレント・プログラム（以下，ペアプロ）があります[11]．

ペアトレは，行動理論を背景に子どもの行動に焦点を当て具体的な対応法を保護者が学ぶもので，米国では注意欠如多動症の包括的治療の2本柱として薬物療法に並んで重視されています．日本でも児童発達支援や放課後等デイサービス事業のガイドラインの中でペアトレが家族支援プログラムとして挙げられています．ペアトレには子どもの行動が変化し，保護者の育児への自信の改善やメンタルヘルスの向上などの効果があるといわれています．しかし，ペアトレの実施には高い専門性が必要で，実施できる機関も限られるといった課題がありました．そのため，普及用のペアプロが作成され，厚生労働省の障害者総合支援推進事業として位置づけられました．ペアトレやペアプロは保護者の養育スキル向上を目的としていますが，普段あたりまえと思われている家事育児などの保護者の行動を認めフィードバックすること，保護者自身を積極的にほめることを大切にしています．

3　出生前診断と優生思想

現在，障害のある子どもの保護者は「出生前診断」と「優生思想」という社会的な課題に直面しています．

出生前診断とは，出生前に行われる遺伝子変異や染色体異常などの先天異常に関する検査や診断のことで，絨毛検査や羊水検査，母体血清マーカー検査や超音波断層法（エコー）などがあります．2013（平成25）年に従来の検査と比べ感度が高く母体の血液を用い容易にできる新型出生前診断（NIPT）が登場すると，出産年齢の高齢化や子育てへの不安を背景にその実施が急増しています．適切な情報提供がなされないまま検査が実施され，妊娠の混乱と不安を引き起こしていることが問題となり，「遺伝カウンセリング」の提供の整備等が急務

の課題になっています．出生前診断はもちろん母体の保護や早期治療，事前の準備といった意義もありますが，「陽性」の場合，高い割合で人工妊娠中絶を選択する人が多いことから，疾患や障害が悪いものでありそれを避けるために検査を受けることを前提にしているという現実を否定できず，「命の選別」や「障害者差別」につながるといった社会的倫理的問題が議論されてきました．[12]

　現在では福祉国家として有名なスウェーデンでは，1940年代に優生学の影響を受け，約1万3000人の精神障害や知的障害者が親になるのに向いていないと考えられ合法的に強制不妊手術を受けさせられていたことが明らかになりました[13]が，実は同じことが戦後の日本でも起きています．1948（昭和23）年にできた「優生保護法」の第1条には「優生上の見地から不良な子孫の出生を防止する」ことが目的とあり，この法律のもと多くの障害者が強制不妊手術を受けさせられました．「優生保護法」は1996（平成8）年に「母体保護法」に改正され，第1条の目的の前文が削除されましたが，約50年という長い年月にわたり生まれてきてはいけない存在として障害者の人権を傷つけてきました．「旧優生保護法」に基づいた強制不妊手術をめぐり，国に損害賠償を求めた訴訟が全国で起き，国に対して賠償金の支払いを命じる判決がでました．このような中，2019（令和元）年に「旧優生保護法に基づく優生手術等を受けた者に対する一時金の支給等に関する法律」が成立しています．

　このような社会の現状や歴史を踏まえ，障害者の差別や偏見をなくし，障害の有無にかかわらず子どもがあたり前に育ち暮らせる環境を構築することが保護者を支援することにつながることを理解しておかなければなりません．

注
⑴　上田敏『ICF（国際生活機能分類）の理解と活用──「人が生きること」「生きることの困難（障害）」をどうとらえるか──』きょうされん，2005年.
⑵　Theresia Degener, “A human rights model of disability”, 2014〈https://www.researchgate.net/publication/283713863〉，2024年8月29日.
⑶　高松鶴吉『自立に向かう療育』ぶどう社，1994年.
⑷　高松鶴吉『療育とはなにか』ぶどう社，1990年.
⑸　公益法人日本知的障害者福祉協会児童発達支援部会「令和4年全国知的障害児入所施設実態調査報告」〈http://www.aigo.or.jp/choken/chosa.html〉，2024年8月28日.
⑹　こども家庭庁「児童養護施設入所児童等調査の概要（令和5年2月1日現在）」〈https://www.cfa.go.jp/resources/research〉，2024年8月28日.
⑺　文部科学省「学校教育法施行令の一部改正について（通知）（25文科初第655号）平成

25年9月1日」〈https://www.mext.go.jp/a_menu/shotou/tokubetu/material/1339311.
htm〉，2021年8月23日．

(8) Drotar, Dennis, et al, "The adaptation of parents to the birth of an infant with a congential malformation: a hypothetical model," *Pediatrics*, 56（5），1975年, pp. 710-717.

(9) 中田洋二郎『発達障害のある子と家族の支援——問題解決のために支援者と家族が知っておきたいこと——』学研プラス，2018年．

(10) 同上．

(11) アスペ・エルでの会『楽しい子育てのためのペアレント・プログラムマニュアル2015-2020』特定非営利活動法人アスペ・エルでの会，2015年．

(12) 厚生労働省「NIPT等の出生前検査に関する専門委員会報告書（2021年5月）」〈https://www.mhlw.go.jp/index.html〉，2021年8月24日閲覧．

(13) 二文字理明・椎木章編『福祉国家の優生思想——スウェーデン発強制不妊手術報道——』明石書店，2000年．

参考文献

井上雅彦監修『子育てに活かすABAハンドブック——応用行動分析学の基礎からサポート・ネットワークづくりまで——』日本文化科学社，2009年．

上林靖子監修『こうすればうまくいく発達障害のペアレント・トレーニング実践マニュアル』中央法規，2009年．

佐々木正美『完　子どもへのまなざし』福音館書店，2011年．

竹内美奈子作，三木葉苗絵『すずちゃんののうみそ——自閉症スペクトラム（ASD）のすずちゃんの，ママからのおてがみ——』岩崎書店，2018年．

鶴宏史編『障害児保育』晃洋書房，2018年．

第11章

ひとり親家庭

　近年，結婚や家族の形態が多様化している中，ひとり親家庭への理解や支援も保育者にとっては大きな役割となっています。本章では，ひとり親家庭の現状（生活状況や悩みなど）と支援（制度・政策など）の実際を整理し，ひとり親家庭が置かれている状況への理解を深めていきます。

第1節　子ども家庭福祉とひとり親家庭

　みなさんは何人家族ですか？　誰と一緒に住んでいますか？　お父さんとお母さんときょうだいと一緒に住んでいる人，おじいちゃんやおばあちゃんも一緒に住んでいる人，2人や3人家族の人もいれば，7人や8人家族の人もいるでしょう。以前は多くが多世代家族，つまり祖父母などと同居している形態がほとんどでしたが，近年では核家族や養子縁組など家族構成や形態も多様化しています。代理出産や人工授精など妊娠・出産の形態，事実婚や夫婦別姓など婚姻・結婚の形態も多様化し，子どもを取り巻く養育環境が複雑化しています。いかなる環境であっても，すべての子どもとその子育て家庭が子ども家庭福祉の対象であるため，ひとり親家庭への支援も子ども家庭福祉の一部ということになります。

　ひとり親家庭とは，端的に示すと母親と子どもで構成される「母子家庭（世帯）」あるいは父親と子どもで構成される「父子家庭（世帯）」を総称した意味として使われています。海外では，one parent，lone parent，solo parentなどと表現されています。わが国では単親家族，片親などと表現されることもあり，子どもには両親がいて当たり前とされていた時代には，父親のみ・母親のみという家庭に対して「不十分」「欠如」「欠損」などの否定的なとらえ方が含まれていました。しかし近年は，家族の形を固定化するのではなく，それぞれの家族の形を肯定的・積極的にとらえ，認めていく傾向が高くなったため，「片親」などの表現は控え，「ひとり親家庭」と総称されるようになりました。

第 11 章　ひとり親家庭　*149*

第 2 節　ひとり親家庭を取り巻く社会状況

1　ひとり親になった理由と親子の年齢

「令和 3 年度 全国ひとり親世帯等調査結果報告」（以下「全国調査」とする）によると，母子家庭は119.5万世帯，父子家庭は14.9万世帯とされ，圧倒的に母子家庭が多い現状です．ひとり親家庭になった理由としては，母子家庭・父子家庭ともに「離婚」が 7 ～ 8 割です．2022（令和 4 ）年人口動態統計によると，離婚件数は約18万組とされ，2002（平成14）年の約28万9000件をピークに減少傾向にはあります．しかし，ひとり親家庭になる理由として離婚が多いことから，親権や養育費，面会，子どもへの伝え方などさまざまな課題が生じてくる可能性が考えられます．

　母子家庭になった時の母親の年齢は平均が34.4歳であり，父子家庭になった時の父親の年齢は平均が40.1歳です．つまり，母子家庭の母親，父子家庭の父親ともに30～40代であることから，再婚をする可能性も考えられ，ステップファミリーが増えることも想定されます．ステップファミリーとは，ひとり親家庭同士（あるいはひとり親と初婚）の婚姻によって形成される家族形態のことです．母子家庭の母親と父子家庭の父親が結婚することで，血縁関係のある親子・きょうだいと血縁関係のない親子・きょうだいが混在することになります．家族内の人間関係が複雑になるため，配慮や支援が必要となる場合もあります．

　母子家庭になった時の末子の年齢は平均が4.6歳でした．子どもの年齢別にみると，就学前（ 0 ～ 5 歳）で58.0％，小学生（ 6 ～11歳）で22.5％，中学生以上（12～19歳）で8.3％となっていました．一方，父子家庭になった時の末子の年齢平均は7.2歳でした．同様に，子どもの年齢別にみると就学前（ 0 ～ 5 歳）で37.6％，小学生（ 6 ～11歳）で33.0％，中学生以上（12～19歳）で18.3％となっていました．母子家庭，父子家庭ともに，子どもが就学前の段階で離婚している場合が多い現状を踏まえると，こうした保護者への理解を深めると共に子どもの生活や心情に配慮することが保育者には求められるでしょう．

2　親の就業状況

　ひとり親家庭になる前後の親の就業状況（全国調査）を整理しましょう（図11-1）．まず，母子家庭になる前に就業していた母親は78.8％，さらに従業上の

地位は「パート・アルバイト等」が50.0％と最も多くなっていました。母子家庭になった後に就業している母親は86.3％、従業上の地位は「正規の職員・従業員」が48.8％と最も多くなっていました。一方、父子家庭になる前に就業していた父親は96.7％、従業上の地位は「正規の職員・従業員」が73.1％と最も多くなっていました。父子家庭になった後に就業している父親は88.1％、従業上の地位は「正規の職員・従業員」が69.9％と最も多くなっていました。

このように、父子家庭の父親に比べると圧倒的に母子家庭の母親の方が「パート・アルバイト等」で働いている割合が高く、母子家庭では収入の不安定さがあると考えられます。しかし、ひとり親家庭になる前後で比べると、母子家庭の母親は就業している割合が高まり、さらに「正規の職員・従業員」として働いている割合も高くなっていましたが、逆に父子家庭の父親は就業している割合が低くなり、「正規の職員・従業員」として働く割合も低くなっていました。つまり、ひとり親家庭になることで、母親は収入面の課題に向き合うために安定した就業を目指し、父親は子育てや日常生活に向き合うために柔軟な就業を目指している傾向があるのかもしれません。

このことは、ひとり親家庭になったことを契機として転職をした母親（全体

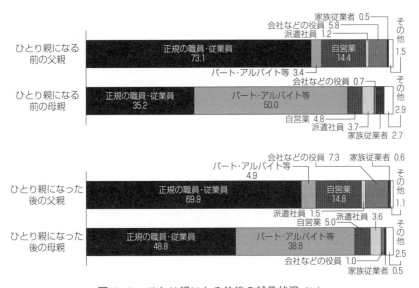

図11-1　ひとり親になる前後の就業状況（％）
（出典）令和3年度全国ひとり親世帯等調査（厚生労働省）をもとに筆者作成.

の45.5％）と父親（全体の18.3％）の仕事を変えた理由からもうかがい知ることができます．母親が仕事を変えた理由として最も多かったのは「収入がよくない（35.4％）」，父親は「労働時間があわない（25.9％）」でした．ひとり親家庭になるということは，子どもにも大きな影響が与えられますが，親にとっても生活が大きく変わるため，何とか生活のバランスを保とうと試行錯誤している実情を私たちは理解しておく必要があるでしょう．

3　所得状況

　全国調査（表11-1）によると，母子家庭の母親自身の2020（令和2）年の平均年間収入は272万円，母親自身の平均年間就労収入は236万円，母子家庭の平均年間収入（平均世帯人員3.18人）は373万円となっていました．父子家庭の父親自身の2020（令和2）年の平均年間収入は518万円，父親自身の平均年間就労収入は496万円，父子家庭の平均年間収入（平均世帯人員3.41人）は606万円でした．母子家庭と父子家庭を比べると，明らかに父子家庭の収入の方が高くなっていますが，2015（平成27）年の平均年間就労収入をみると，父親も母親も収入が増えている傾向があります．ただし，2023（令和5）年の国民生活基礎調査では，児童のいる世帯の平均稼働所得が750万円であることから，依然として苦しい生活を強いられていると考えられます．

　さらに，就業している母親および父親の地位別年間就労収入の平均（表11-2）は，母親の場合では「正規の職員・従業員」が344万円，「パート・アルバイト等」が150万円であり，父親の場合では「正規の職員・従業員」が523万円，「パート・アルバイト等」が192万円であり，両者とも2016（平成28）年の調査時点と比べると高くなっている可能性はありますが，「パート・アルバイト等」においては，厳しい経済状況が続いているといえます．これらの内容は，子どもの貧困（第12章）にも関連してきますので，併せて学習しましょう．

表11-1　ひとり親家庭の年間収入状況（自身の収入）

	母子家庭		父子家庭	
	平成27年	令和2年	平成27年	令和2年
平均年間収入	243万円	272万円	420万円	518万円
平均年間就労収入	200万円	236万円	398万円	496万円

（出典）令和3年度全国ひとり親世帯等調査（厚生労働省）から一部抜粋．

表11-2　地位別年間就労収入の平均

	母子家庭	父子家庭
正規の職員・従業員	344万円	523万円
パート・アルバイト等	150万円	192万円

(出典) 令和3年度全国ひとり親世帯等調査 (厚生労働省) から一部抜粋.

4　ひとり親の悩み

　母子家庭の母親と父子家庭の父親が抱く子どもに関する悩みを，図11-2に示しています (令和3年度全国ひとり親世帯等調査).　両者ともにおおよその傾向は類似しており，全体を通して「しつけ」や「教育・進学」に関する悩みが多いことがわかります.　当然とも言えますが，子どもの年齢によって割合は変化し，低年齢では「しつけ」や「食事・栄養」に関する悩みが高く，高年齢に向けて「教育・進学」「就職」に関する悩みが高くなっています.　一方，ひとり親自身が困っていることとしては (表11-3)，母親・父親ともに最も多かったのが「家計」に関することで，さらに母親は「仕事 (14.2%)」「自分の健康 (10.7%)」，父親は「家事 (14.1%)」「自分の健康 (11.8%)」と続いていました.　前述した就労状況や所得状況がひとり親の悩みに直結しており，母子家庭にしても父子家庭にしても，両親がいれば2人で取り組む子どもの養育や家族の生活を1人で支えなければならない状況の中で，子育てと仕事の両立が難しく，大きな精神的負担や経済的負担を抱えていることがうかがえます.

　このような悩みや困っていることを相談する相手がいる母親は78.1%，父親は54.8%と，父親の約半数は相談相手がいないと言えます.　相談相手がいないと回答した中で「相談相手がほしい」と希望しているのは，母親が58.1%，父親は48.0%であり，母親はおおよそ自ら相談相手を見つけている，あるいは見つけようとしている傾向が高いと考えられます.　一方，父親に関しては全体からみて約2割が「相談相手は必要ない」と思っていることになります.　具体的な相談相手としては，母親・父親ともに「親族」が最も多く，次いで「知人・隣人」となっていました.　母親と父親を比較すると，「公的機関」は母親 (1.4%)よりも父親 (2.8%) の方が高くなっていましたが，「母子・父子自立支援員等」「母子・父子福祉団体」「NPO法人」などは父親の相談先になっていない現状です.

第11章　ひとり親家庭　153

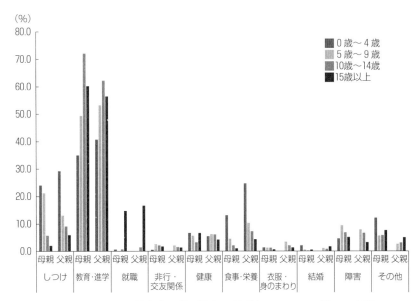

図11-2　ひとり親家庭の親が抱える子どもについての悩みの内訳
(注)「特に悩みはない」と「不詳」を除く.
(出典) 令和3年度全国ひとり親世帯等調査（厚生労働省）をもとに筆者作成.

表11-3　ひとり親本人が困っていることの内訳
(%)

	住居	仕事	家計	家事	自分の健康	親族の健康・介護	その他
母子家庭	9.4	14.2	49.0	3.0	10.7	6.7	6.8
父子家庭	4.7	11.4	38.2	14.1	11.8	10.9	8.9

(出典) 令和3年度全国ひとり親世帯等調査（厚生労働省）から一部抜粋.

第3節　ひとり親家庭への支援

1　歴史的変遷

現在のひとり親家庭を支える法律としては，主に「児童福祉法」「児童扶養手当法」「母子及び父子並びに寡婦福祉法」があげられます．とくに1961（昭和36）年に制定された「児童扶養手当法」は，当時「弱者」とされていた「母子」をまずは経済的に支える社会保障制度として施行されました．また，1964（昭和39）年に現在の「母子及び父子並びに寡婦福祉法」の前身である「母子福祉法」

が制定され，経済的支援のみならず，母子家庭の福祉増進を図る取り組みが始められました．その後，離婚率の急激な上昇等による影響で，児童扶養手当の受給率が増加したため，「児童扶養手当中心の支援」から「就業・自立に向けた総合的な支援」へと転換する動きがみられるようになりました．つまり，ひとり親家庭に対して一方的な手当（支給）による支援だけではなく，ひとり親家庭がさまざまな支援を自ら選択して，それを活用しながら，その家庭らしく生活していく，生きていくことができる支援が必要だと考えられました．

　このような考えを基に，2002（平成14）年に厚生労働省は「母子家庭等自立支援対策大綱」を取りまとめ，これに伴い，「児童手当法」や「母子及び寡婦福祉法」が改正されました．この時，「子育て・生活支援策」「就業支援策」「養育費の確保策」「経済的支援策」の4本柱が提示され，現在のひとり親支援の基本的な方針となっています（図11-3）．さらに，母子家庭と比べて就業率や平均年収が高いことを理由に，従来，父子家庭は児童扶養手当等のような支援の対象とされていませんでした⁽¹⁾．しかし，前節でも整理したように，父子家庭であっても経済面，生活面等で困難さは生じているため，母子家庭に加えて父子家庭に対しても支援を拡充していくことになりました．2010（平成22）年には「児童扶養手当法」の改正によって父子家庭にも児童扶養手当が支給されることになり，2014（平成26）年には「母子及び寡婦福祉法」の対象にも父子家庭が加えられ，「母子及び父子並びに寡婦福祉法」と名称の改正もなされました．

子育て・生活支援	就業支援	養育費確保支援	経済的支援
・母子・父子自立支援員による相談支援 ・ヘルパー派遣，保育所等の優先入所 ・こどもの生活・学習支援事業等によるこどもへの支援 ・母子生活支援施設の機能拡充 など	・母子・父子自立支援プログラムの策定やハローワーク等との連携による就業支援の推進 ・母子家庭等就業・自立支援センター事業の推進 ・能力開発等のための給付金の支給 など	・養育費相談支援センター事業の推進 ・母子家庭等就業・自立支援センター等における養育費相談の推進 ・「養育費の手引き」やリーフレットの配布 など	・児童扶養手当の支給 ・母子父子寡婦福祉資金の貸付 　就職のための技能習得や児童の修学など12種類の福祉資金を貸付 など

図11-3　ひとり親家庭等の自立支援策の体系

（出典）こども家庭庁支援局家庭福祉課「ひとり親家庭等の支援について」（令和6年8月）〈https://www.cfa.go.jp/assets/contents/node/basic_page/field_ref_resources/0a870592-1814-4b21-bf56-16f06080c594/1a35e485/20240911_policies_hitori-oya_62.pdf〉，2024年12月18日閲覧，から一部抜粋.

2 子どもの育ちを支える支援

(1) 子どもの生活・学習支援

ひとり親家庭の子どもの居場所づくりとして，地域の児童館や公民館等を活用し，地域の支援スタッフ（学生，教員OB等）が学習支援，遊び等の諸活動，調理実習，食事の提供などを行う取り組みです．子どもの学習支援だけではなく，悩み相談にも応じ，地域とのつながりを保ちながら安心して生活できるよう支援します．子どもの生活の安定・向上を図ることにより，貧困の連鎖を防止する観点も含まれています．

困窮するひとり親家庭を始めとする要支援世帯のこども等を対象として，こども食堂，こども宅食，フードパントリー等を実施する事業者のような広域的に運営支援や物資支援等を行う民間団体の取り組みを支援することで，こどもの貧困や孤独・孤立への支援を行う事業もあります．

(2) 進学のための経済的支援

母子父子寡婦福祉資金貸付（就学支度資金・修学資金）をはじめ，各自治体による奨学育英基金貸付制度や高等学校定時制課程及び通信制課程修学奨励金貸与制度など，各種減免制度・奨学金制度があります．

(3) 養育費確保および面会交流への支援

養育費確保および面会交流への支援には，① 養育費確保支援，② 面会交流支援事業があります．

① 養育費確保支援では，養育費の「取り決めをしている」母子家庭の母親は46.7％，父子家庭の父は28.3％に留まっていた（令和3年全国ひとり親世帯等調査）背景から，ひとり親家庭の養育費確保に関する支援が取り組まれています．たとえば，養育費の相場を知るための養育費算定表や養育費の取得手続の概要等を示した「養育費の手引き」を活用する，「養育費に関するリーフレット」による養育費取り決めの啓発を行う，養育費の取り決め等に関する相談を受けつける養育費相談支援センターを創設する，離婚届に取り決めの有無のチェック欄を設ける（面会交流も同様）などのような内容です．「取り決めをしている」にチェックした母子家庭は25.7％，父子家庭は18.1％（令和3年全国ひとり親世帯等調査）となっています．チェック欄があることを知らない人が多いようです．

② 面会交流支援事業における面会交流は，子どもの健やかな育ちを確保する上で有意義であったり，養育費を支払う意欲につながったりする場合もあるため，継続的な面会交流の支援を行うことにより，面会交流の円滑な実施を図

ることを目的としています。面会交流の取り決め状況として，「取り決めをしている」母子家庭は30.3％，父子家庭は31.4％となっています（令和3年全国ひとり親世帯等調査）。

3 親への支援

(1) 子育て・生活支援

子育て・生活支援には，① 母子・父子自立支援員による相談・支援，② ひとり親家庭等日常生活支援事業，③ ひとり親家庭等生活支援事業等があります（表11-4）。

① 母子・父子自立支援員による相談・支援では，「母子及び父子並びに寡婦福祉法」に基づき，原則福祉事務所に母子・父子自立支援員が配置されます。2022（令和4）年度末で，1807人の母子・父子自立支援員が働いています。主な相談内容としては，約6割が福祉資金や児童扶養手当など経済的支援・生活援護に関すること，その他，就労や配偶者等の暴力，養育費など生活一般に関することなどとなっています。

2014（平成26）年度以降は，ひとり親家庭と適切な支援を確実につなげるために，総合的な支援のための相談窓口の強化や就業支援専門員との連携，IT機器等を活用したワンストップ相談体制の強化（図11-4）などが取り組まれています。

② ひとり親家庭等日常生活支援事業では，一時的に家事援助，保育のサービス等が必要な場合（技能習得のための通学や就職活動，病気や事故，冠婚葬祭や出張など）や定期的な利用が必要な場合（就業上の理由）に，家庭生活支援員を派遣して，乳幼児の保育，食事の世話，身の回りの世話・生活必需品等の買物などを行います。利用料は，1時間当たり子育て支援が0～150円，生活援助が0～300円となっています。

③ ひとり親家庭等生活支援事業は，ひとり親の生活に関する悩み相談，家計管理・育児等に関する専門家による講習会の実施，高等学校卒業程度認定試験合格のための親に対する学習支援，ひとり親家庭の交流や情報交換を実施することにより，ひとり親家庭等の生活の向上を図る取り組みです。2024（令和6）年には，離婚前後において母子生活支援施設等を活用し，離婚後の住まい・就業の支援や同居する親子関係の再構築を含めた家庭・生活環境を整える支援が拡充されました。

第11章 ひとり親家庭

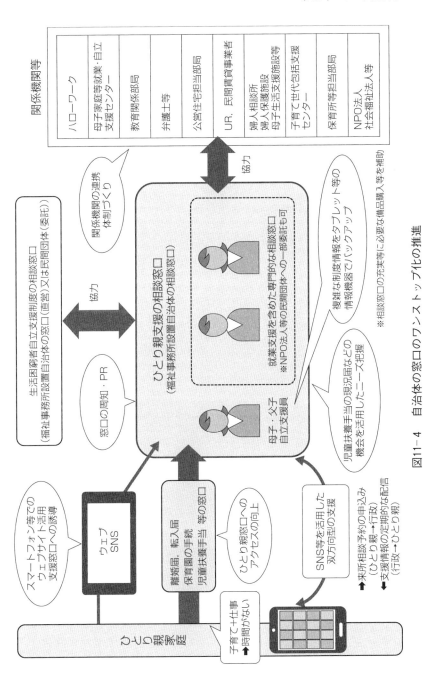

図11-4 自治体の窓口のワンストップ化の推進

(出典) こども家庭庁支援局家庭福祉課「ひとり親家庭等の支援について」(令和6年8月)から一部抜粋.

表11-4　ひとり親家庭の子育て・生活支援関係の主な事業

事業名		事業内容	実績
母子・父子自立支援員による相談・支援		ひとり親家庭及び寡婦に対し，生活一般についての相談指導や母子父子寡婦福祉資金に関する相談・指導を行う．	配置状況： 1807人（常勤469人，非常勤1338人） 相談件数：65万1245件
ひとり親家庭等日常生活支援事業		修学や疾病などにより家事援助，保育等のサービスが必要となった際に，家庭生活支援員の派遣等を行う．	派遣延件数： 2万4643件
ひとり親家庭等生活向上事業	相談支援事業	ひとり親家庭等が直面する様々な課題に対応するために相談支援を行う．	相談延件数： 4万2884件
	家計管理・生活支援講習会等事業	家計管理，こどものしつけ・育児や健康管理などの様々な支援に関する講習会を開催する．	受講延件数：5905件
	学習支援事業	高等学校卒業程度認定試験の合格のために民間事業者などが実施する対策講座を受講している親等に対して，補習や学習の進め方の助言等を実施する．	利用延件数：32件
	情報交換事業	ひとり親家庭が定期的に集い，お互いの悩みを相談しあう場を設ける．	開催回数：492回
	ひとり親家庭地域生活支援事業	母子生活支援施設を活用し，短期間の施設利用による子育てや生活一般等に関する相談や助言の実施，ひとり親家庭の状況に応じた各種支援の情報提供，必要に応じて施設入所に関する福祉事務所等関係機関との連絡・調整を行う．	利用件数：14件
	こどもの生活・学習支援事業	ひとり親家庭や貧困家庭等のこどもに対し，放課後児童クラブ等の終了後に基本的な生活習慣の習得支援，学習支援や食事の提供等を行い，ひとり親家庭や貧困家庭等のこどもの生活の向上を図る．	利用延人数： 53万8424人
母子生活支援施設		配偶者のない女子又はこれに準ずる事情にある女子及びその者の監護すべき児童を入所させて，これらの者を保護するとともに，これらの者の自立の促進のためにその生活を支援し，あわせて退所した者について相談その他の援助を行うことを目的とする施設．	施設数：213か所 定員：4437世帯 現員：3152世帯
ひとり親家庭住宅支援資金貸付		母子・父子自立支援プログラムの策定を受け，自立に向けて意欲的に取り組んでいる児童扶養手当受給者に対し，住居の借り上げに必要となる資金の貸付を行う．	貸付件数：1729件

（注）母子・父子自立支援員，母子生活支援施設：令和4年度末現在.
（出典）こども家庭庁支援局家庭福祉課「ひとり親家庭等の支援について」（令和6年8月）から一部抜粋.

(2) 就業支援

　就業支援には，①ハローワーク（公共職業安定所），②母子家庭等就業・自立支援センター事業，③母子・父子自立支援プログラム策定事業，④各種給付金等があります．

　①ハローワークでは，子育て中の女性のほか，子育て中の男性，子育てをする予定のある女性に対する再就職支援を実施する専門のハローワークとしてマザーズハローワークが設置されています．ハローワークが未設置地域にはマザーズコーナーが設けられています．とくにひとり親に対しては，就職支援ナビゲーターを配置し，母子家庭の母等のひとり親に対してプライバシーに配慮した専門的な相談のほか，仕事と子育てが両立しやすい求人情報の提供，就職に役立つセミナーの開催などを行っています．

　②母子家庭等就業・自立支援センター事業では，都道府県・指定都市・中核市が実施主体となり，母子家庭の母等に対して，就業相談から就業支援講習会の実施，就業情報の提供等一貫した就業支援サービスの提供を行うとともに，弁護士による養育費確保のための法律相談，ひとり親の心理面を考慮した就業相談，相談関係職員の研修会の開催なども強化されています．実際には，社会福祉協議会や母子寡婦福祉連合会などが委託を受けて実施されていることが多いです．

　③母子・父子自立支援プログラム策定事業は，母子家庭の母及び父子家庭の父（離婚前から当該事業による支援が必要な者も含む）の個々のニーズに合わせ，ハローワークによる取り組みと自治体による取り組みを一貫して実施できるように，自立支援プログラムを立てて支援を行う事業です．福祉事務所等に自立支援プログラム策定員（前述した母子・父子自立支援員との兼務の場合もあります）が配置され，前述したハローワークの就職支援ナビゲーターとも連携し，全体の状況把握からアフターケアまでの支援を行っています．

　④各種給付金等には，自立支援教育訓練給付金，高等職業訓練促進給付金，高等学校卒業程度認定試験合格支援事業のように，能力開発や資格取得等のための経済的な支援を行うことで，就業，転職，正規雇用等へつなげていく取り組みがあります．高等職業訓練促進給付金における2022（令和4）年度資格取得者数は，看護師984人，准看護師723人，保育士264人，美容師129人などとなっています．

⑶ 経済的支援

経済的支援には，① 児童扶養手当，② 母子父子寡婦福祉資金貸付金制度，③ ひとり親家庭住宅支援資金貸付等があります．

① 児童扶養手当の受給者数は2012（平成24）年度（108万3317人）まで増加傾向にありましたが，2013（平成25）年度以降は減少傾向にあります．2023（令和5）年度末において，母子家庭は72万4944人，父子家庭は3万6342人が受給しています（福祉行政報告例令和6年7月分概数）．児童扶養手当の月額は（2024（令和6）年4月〜）は，全部支給4万5500円，一部支給4万5490円〜1万740円（受給者の所得や扶養親族等の数が勘案される）となっています．

また，児童扶養手当に関しても改正が重ねられています．たとえば，離婚後等の生活の激変を一定期間内で緩和し，自立を促進するという趣旨から，就労支援施策等の強化を図ることとあわせて，受給期間が5年を超える場合に，その一部を支給停止されるようになりました（2008（平成20）年4月から適用）．また，公的年金を受給できる場合は，児童扶養手当を支給しないとされていましたが，受給者等の年金額が児童扶養手当額を下回る場合には，その差額分の手当を受給できるようになりました（2014（平成26）年）．その他，全部支給の所得制限限度額の引き上げ（2018（平成30）年），支払回数を年3回から年6回に見直し（2019（令和元）年），ひとり親の障害年金受給者についての併給調整の方法の見直し（2021（令和3）年），所得限度額及び第3子以降の加算額の引き上げ（2024（令和6）年）等がなされています．

② 母子父子寡婦福祉資金貸付金制度は，ひとり親家庭で，児童を扶養している父あるいは母等に対し，その経済的自立の助成と生活意欲の助長を図り，あわせてその扶養している児童の福祉を増進することを目的としています．事業開始資金，修学資金，技能習得資金，医療介護資金，生活資金，住宅資金，就学支度資金など12種類があり，無利子あるいは年利1.0％で貸付ができます．

③ ひとり親家庭住宅支援資金貸付は，母子・父子自立支援プログラムの策定を受け，自立に向けて意欲的に取り組んでいる児童扶養手当受給者に対し，住居の借り上げに必要となる資金の貸付を行うことにより，就労またはより稼働所得の高い就労，子どもの高等教育の確保などにつなげ，自立の促進を図ることを目的としています．

4　親子への支援

　親子への支援については，「児童福祉法」に基づく児童福祉施設である母子生活支援施設があります．児童（18歳未満）およびその保護者（配偶者のない女子又はこれに準ずる事情にある女子）が対象ですが，児童が満20歳に達するまで在所することができます．経済的に困窮している母子や配偶者からの暴力を受けている女子（とその子ども）等を保護するとともに，その自立を促進するため，個々の母子の状況に応じた就労，家庭生活，児童の教育に関する相談・助言などの支援を行います．母子支援員，少年指導員，調理員，嘱託医，必要に応じて保育士，心理療法担当職員，個別対応職員が配置されています．

注
(1)　綿村恵「子どもの貧困とひとり親家庭の自立支援──児童扶養手当法の一部を改正する法律案──」『立法と調査』375，2016年，pp. 12-26.

参考文献
厚生労働省「令和 3 年度全国ひとり親世帯等調査結果報告」〈https://www.mhlw.go.jp/stf/seisakunitsuite/bunya/0000188147.html〉，2024年10月21日閲覧.
こども家庭庁支援局家庭福祉課「ひとり親家庭等の支援について」（令和 6 年 8 月）〈https://www.cfa.go.jp/assets/contents/node/basic_page/field_ref_resources/ 0 a870592-1814- 4 b21-bf56-16f06080c594/ 1 a35e485/20240911_policies_hitori-oya_62.pdf〉，2024年12月18日閲覧.
福祉・保育小六法編集委員会編『福祉・保育小六法　2024年版』みらい，2024年.
宮島清・山縣文治『ひと目でわかる保育者のための子ども家庭福祉データブック2024』中央法規，2023年.

第12章
貧困家庭，外国籍等の子どもとその家族への対応

　本章では，貧困家庭および外国籍等の特別な配慮が必要な背景がある子どもとその家族の現状や支援について学びます．その学びから，地域において多様な機関や人びとが連携して子育て家庭にかかわり，子どもやその親を孤立させない取り組みが必要なことを理解します．

第1節　貧困家庭の子どもたち

1　わが国の子どもの貧困

　近年，わが国の「子どもの貧困」が社会的に注目されています．「2022（令和4）年 国民生活基礎調査の概況」によれば，わが国の17歳以下の子どもの貧困率は11.5％であり，およそ9人に1人が貧困の状態であると言えます．ここでいう子どもの貧困率とは，子どもの相対的貧困率を指します．「相対的貧困」とは，最低限必要とされる食べ物がない，住む家がないなどの「絶対的貧困」ではなく，その国や地域の文化水準，生活水準と比較して困窮している状態のことをいいます．

　家庭の状況を見てみると，子どもがいる現役世帯（世帯主が18歳以上65歳未満で子どもがいる世帯）の世帯員の相対的貧困率は10.6％となっており，そのうち「大人が一人」の世帯員では44.5％，「大人が二人以上」の世帯員では8.6％となっており，特にひとり親世帯が経済的に厳しい生活を送っている割合が高いことがわかります．なお，わが国のひとり親世帯の貧困率は，OECD（経済協力開発機構）加盟国の平均を上回っています．

　わが国の現在の子どもの貧困の特徴として，一見するだけでは，どの子どもに経済的な支援が必要なのかわかりにくいことがあげられます．なぜならば，ファストファッション（安価な衣料品）や100円均一などのお店を利用して身の回りの物を安い金額で揃えることができるため，子どもの身なりなどだけでは貧困状況に置かれているか判断がつきにくいからです．しかしながら，実際には，部活動や習い事がしたくても，用具の購入や遠征費，月謝などでお金がか

かるためにできなかったり，お小遣いがないため友達からの誘いを断ったりするなど，貧困によって他の子どもと比較すると，経験することが少なくなったり，人とのつながりが乏しくなっていたりする子どもがいるのです．

また，貧困は子どもの健康や学力，そして精神面にも悪い影響を及ぼします．そして，それが結果的に進学や就職を困難にする要因となり，大人になっても貧困から抜け出せない状況をつくる「貧困の世代間連鎖」を生んでいます．貧困の連鎖が起こることで，将来的に低所得者世帯や生活保護世帯の増大につながり，社会保障の面でわが国の財政にも大きな負担をかけることになります．したがって，子どもの貧困は，その子どもと子育て家庭のみの問題とはいえないのです．

2　貧困に陥る背景

　子どもたちが貧困に陥る背景には，その子どもの親の貧困があります．近年，親世代の貧困が深刻になった理由の一つには，非正規雇用の増加があげられます．非正規雇用は，雇用そのものが不安定であると同時に，その多くは正規雇用と比較すると低賃金です．子どもがいる世代の収入が非正規雇用によって少なくなっていることが，子どもの貧困を生む要因になっています．

　また，ひとり親家庭，特に母子家庭は厳しい経済状態となっています．「2022（令和4）年 国民生活基礎調査の概況」によれば，母子世帯の総所得は年間328.2万円であり，これは，「児童のいる世帯」の41.8％の金額に留まっています[3]．「令和3年度 全国ひとり親世帯等調査結果報告（令和3年11月1日現在）」によれば，母子世帯の母の86.3％が就業していますが，このうち「パート・アルバイト等」が38.8％を占めています[4]．このことが他の世帯との所得の差を広げる要因となっています．ひとり親の場合，他に子どもの世話をする人がいないと就労条件などで不利になるため正規雇用の就職が難しく，非正規雇用の職にしか就けない現実があります．

　この他にも，疾病等によって親が働いていなかったり，親が借金返済に追われていたりするケースなども子どもたちが貧困に陥る要因としてあげられます．

第2節　貧困が及ぼす子どもへの影響

1　子どもの発達と貧困

　貧困は，子どもたちの心身の発達にも関係します．貧困家庭の具体的なケースを2つ紹介します．

（事例1）

　小学6年生のAくんの家は母子家庭です．母親は生活費を工面するため，日中は近くのホームセンターで働き，夜は居酒屋で深夜まで働いています．食事の準備をする時間がとれないため，母親は「夜はスーパーかコンビニで何か買って食べてちょうだい」とAくんに言い，毎朝数百円を渡します．Aくんは，毎晩，1人でテレビを見ながらカップラーメンか菓子パンで夕食を済ませます．最近，1人で家にいるのが寂しくて，夕食後，外を出歩くようになり，隣町の中学生たちと知り合いました．彼らも親が深夜まで働きに出ていたり，子どもに関心がなかったりする家庭で育っています．Aくんは夜遅くまで彼らと公園で一緒にいることが多くなり，朝になってもなかなか起きられず，学校も休みがちです．

（事例2）

　小学3年生のBさんの家庭は，長距離トラックの運転手をしている父親，精神疾患のある母親と暮らしています．父親は借金返済に追われ，仕事であまり家に帰ってきません．母親は治療費がもったいないからと病院には行かず，一日中，布団で横になっています．家事をすることが難しく，Bさんが幼いころから家はゴミであふれています．Bさんは，もう1年以上，学校に行っていません．何日も同じ洋服を着てくるBさんをクラスの子どもたちが「くさい，汚い」と言ってからかったからです．Bさんは恥ずかしさと辛さから，学校に行くことができなくなってしまいました．

　（事例1）のAくんの生活では，保護者が多忙なため，成長期の子どもにとって必要なバランスのよい食事を準備できず，栄養の偏りや不足が見られ，身体への影響が懸念されます．また，家庭内での子どもの世話やしつけ，教育等が

十分に行き届きにくい状況があります．家族と一緒に食卓を囲む時間もなく，夜間１人で家にいるような場合，寂しさや不安を感じることも考えられます．Aくんは，その寂しさを紛らわせる居場所として，夜の公園で仲間と一緒に過ごしていますが，これをきっかけに不登校や非行に至る可能性もあります．

（事例２）のBさんは，身なりについてからかわれたことがきっかけで不登校の状態ですが，その背景には，貧困から派生したネグレクトがあります．

虐待や不登校，少年の非行問題は，貧困家庭だけに生じるものではありません．しかしながら，経済的な困窮を理由に親自身の忙しさ，生活への不安やいら立ちなどから，子どもへの虐待へと結びつくこともあります．また，貧困から生じる親や友達との関係の歪みから，家庭や学校に自分の居場所を感じられず，不登校や非行に走る子どももしばしば見られます．

貧困は，子どもの心身の発達にさまざまなマイナスの影響を及ぼします．また，貧困家庭の子どもたちは，経済的に困窮するだけでなく，家庭や社会から孤立してしまいやすい立場でもあることを理解しておく必要があります．

2　学力と貧困

保護者の経済状況は，子どもの学力にも影響を及ぼす可能性が高いです．これは，教育費を子どもにどの程度かけられるかが関係するからです．経済的理由により就学困難と認められた場合に学用品や給食費などの援助を行う「就学援助」を受けている子どもの割合は，2022（令和４）年度で13.9％となっています[5]．貧困家庭では，就学援助によって学校生活に必要な費用は工面できても，塾や習い事などの教育費を支出する金銭的余裕がないことは容易に想像できます．

また，家庭学習の面においても，貧困家庭の親は仕事や生活に追われて子どもへの学習の促しや見守りを頻繁に行えないなど，子どもの学習習慣が身につきにくい状況もあります．このようなことから，貧困家庭の子どもと平均的な収入がある家庭の子どもの間に学力の格差が生じやすいことが推察されます．

学力格差の問題は，その後の進学や就職にかかわってきます．学力が低ければ，学歴も低くなりやすく，低賃金の職業につかざるを得ない可能性が高まります．その結果，「貧困の世代間連鎖」を生むことになってしまいます．さらに，学力が低くなることで，学校での学習に苦痛を感じたり，興味を持てなくなったりして，不登校や中退へとつながるケースも後を絶ちません．その結果，友

人関係など学校を通じてあるはずの社会とのつながりも失い，ますます孤立していく子どももいます.

3　進路と貧困

　低所得者層の子どもたちの進学状況は，あまりよくありません．貧困家庭の子どもの進学率が低い背景には，経済的な問題だけでなく，学力の低さからくる子ども自身の進学へのモチベーションの低さ，親が子どもの進学に対して熱心ではないことなどもあげられます.

　また，せっかく進学しても，学業と生活費などを稼ぐためのアルバイトとの両立が困難となり，退学する子どももしばしば見られます．さらに，中学校卒業後に進学をせずに働いた者の3年目までの離職率は高校等を卒業した者よりも高く，仕事を続け，安定した収入を得るためには，子どもたちの進路選択が重要です.

第3節　貧困家庭への対応

1　公的な子どもの貧困対策

　公的な子どもの貧困対策として，2013（平成25）年に「子どもの貧困対策の推進に関する法律」（子どもの貧困対策推進法）が成立しました．この法律の目的は，子どもの将来がその生育環境に左右されることのないよう，貧困の状態にある子どもが健やかに育成される環境を整備するとともに，教育の機会均等を図り，子どもの貧困対策を総合的に推進することでした．また，翌年には，「子供の貧困対策に関する大綱～全ての子供たちが夢と希望を持って成長していける社会の実現を目指して～」が策定され，子どもの貧困を解消するためには，貧困の世代間連鎖を断ち切るとともに積極的な人材育成を行うことが重要であるとし，教育の支援，生活の支援，保護者に対する就労の支援などが盛り込まれました．具体的には，ひとり親家庭や生活困窮世帯の子どもへの学習支援の充実，児童養護施設の職員配置の改善など社会的養護の体制整備，ひとり親家庭の親の学び直し支援などによる就業支援などがあげられます．また，子どもの貧困対策については官公民の連携等によって国民運動として展開していくことになりました.

　2019（平成31・令和元）年には，子どもの貧困対策推進法の改正が行われ，子

第12章 貧困家庭，外国籍等の子どもとその家族への対応 *167*

どもの「将来」だけではなく「現在」に向けた子どもの貧困対策を推進すること，各施策を子どもの状況に応じ包括的かつ早期に講ずること，貧困の背景に様々な社会的要因があることを踏まえる等，目的および基本理念の充実が図られたほか，市町村に対する子どもの貧困対策計画の努力義務が規定されました．また，新たに「子供の貧困対策に関する大綱～日本の将来を担う子供たちを誰一人取り残すことがない社会に向けて～」が閣議決定され，基本的方針として「親の妊娠・出産期から子どもの社会的自立までの切れ目のない支援」「支援が届かないまたは届きにくい子ども・家庭への配慮」などを掲げました[8].

　さらに，2024（令和6）年にも子どもの貧困対策推進法の改正が行われ，名称に「解消」を加え，「こどもの貧困の解消に向けた対策の推進に関する法律」になりました．その目的は，貧困により，こどもが適切な養育及び教育並びに医療を受けられないこと，こどもが多様な体験の機会を得られないこと，こどもがその権利利益を害され及び社会から孤立することのないようにするため，日本国憲法第25条その他の基本的人権に関する規定，児童の権利に関する条約及びこども基本法の精神にのっとり，こどもの貧困の解消に向けた対策を総合的に推進することとされました．基本理念として，「こどもの現在の貧困を解消するとともにこどもの将来の貧困を防ぐこと」などが規定され，基本的施策として，貧困の指標に離婚後に養育費を受け取るひとり親世帯の比率を加えることや子どもの貧困対策に取り組む民間団体への財政的支援などが盛り込まれました．

2　民間の子どもの貧困に対する支援

　子どもの貧困が社会で注目されるにしたがい，NPOなどによる民間の支援が広がりつつあります．また，民間の取り組みに対して，国や地方公共団体が助成を行っているものもあります．ここでは代表的な取り組みとして，地域における学習支援と子ども食堂について取り上げます．

(1)　学習支援

　貧困の連鎖を断つためには，教育の支援が重要となります．そのため，NPO法人等が主催者となって，大学生や教員OB等のボランティアが公民館等の公共施設や民家等で子どもたちに勉強を教える取り組みが各地で行われています．ここに来ることで学習習慣が定着し，学力が向上するとともに，進学への意欲が増す子どもたちがたくさんいます．また，学生ボランティアや地域住

民等との交流を通じて，この学習支援の場を「自らの居場所」と感じる子ども
もいます．学習支援が主たる目的ではありますが，子どもたちにとって，ここ
で出会った大人に悩みを相談することもできれば，さまざまな大人と接するこ
とで，自分の親とは違う生き方を知る機会にもなります．

(2) 子ども食堂

NPO法人などが実施する「子ども食堂」の取り組みが全国に広がっています．
この取り組みは，地域の子どもたちに栄養バランスの取れた食事を無料または
安価で提供しています．貧困家庭やひとり親家庭の子どものなかには，食事が
不足していたり，子どもだけで食事をしていたりする家庭があります．そういっ
た生活をしている子どもたちに食事を提供することで，子どもの発達保障を地
域で行います．また，食事の支援に留まらず，ボランティアや地域の人びとと
食事を通じて交流することで，子どもの居場所づくりの一端を担っています．
さらに，「子ども食堂」としていますが，必ずしも子どもだけに限らず，その
親も対象としている場合もあり，親も子どもと一緒に食事をするだけでなく，
地域の人と触れ合う機会となり，社会から貧困家庭が孤立することを防止する
役割も担っています．

3　子どもの貧困対策の視点

子どもの貧困対策については，貧困家庭の子どもへの支援とその親への支援
の2つの視点から考えなくてはなりません．

第1に，貧困家庭の子どもへの支援では，その子どもの現在から未来までを
救う視点が必要です．たとえば，子ども食堂での食事の提供は，基本的には，
現在，栄養の不足や偏りがある子どもに対しての支援と言えます．また，家族
で食卓を囲むあたたかさを感じることが少ない子どもに対して，地域の大人た
ちがそのような空間を提供することで，子どもが安心できる居場所としての意
味があります．一方，学習支援は，子どもの学力を向上させることで進学へと
つなげ，貧困の連鎖を防ぐ将来に向けた支援だと言えます．ただし，学習支援
の場も子どもにとっての居場所であることに変わりはありません．その居場所
で出会った大人をモデルとして，自分の進路を決めることもあります．このよ
うに子どもへの支援には，子どもが困っている現在の状況への支援と貧困の連
鎖を断ち切るという未来に向けた支援の2つが重要です．

第2に，貧困家庭の親への支援は，収入の安定と子育て支援の2つが必要で

す．子どもの貧困をなくすには，親の収入を増やし，安定した生活を送ること
ができるようにすることが一番の解決策と言えます．そのためには，児童扶養
手当等の拡充，低所得者に対する社会保険料や税の負担の軽減など，低所得の
子育て家庭の金銭的負担を減らすことが必要です．また，ひとり親世帯の親の
正規雇用を増やすために就業支援などを行うことで，安定した収入を親自身で
得ることができるようになります．さらに，生活保護世帯やひとり親家庭の親
への養育相談，ひとり親家庭への一時的な家事援助や保育のサービスを行う支
援員の派遣などにより，貧困家庭の親の子育てを支えていくことが貧困からの
脱却につながります．そして，子ども食堂への親参加など，親自身が地域の人
びととつながる仕組みをつくり，社会で孤立させないようにすることも大切で
す．それらが貧困家庭の子どもの虐待や非行を防止することにつながります．

　子どもの貧困は，親の責任であるという見方もありますが，子ども自身は親
を選んで生まれてくることはできません．貧困によりさまざまなことを諦めて
きた経験は，子どもの自己肯定感を低下させ，何をやっても変わらないという
無力感を植えつける危険性があります．たとえ貧困家庭に生まれ育ったとして
も，支援によって適切な生育環境や教育が保障されれば，その子どもが貧困か
ら抜け出すことができる可能性は高まります．社会全体が子どもの貧困の実情
や背景を正しく知り，貧困で苦しむ子育て家庭や子どもを早期に発見し，子ど
もが育つ過程で切れ目なく支援ができるように，公的機関と民間が連携して支
援に取り組んでいくことが今後も求められています．

第4節　外国籍等の特別な配慮が必要な背景がある子どもと
　　　　その家庭への対応

1　外国籍等の特別な配慮が必要な背景がある子どもたち

　地域の中では，本書でとりあげているひとり親家庭や貧困家庭の子ども，虐
待を受けている子ども，障がいのある子ども以外にも特別な配慮が必要な背景
がある子どもや家庭が存在します．ここでは，近年注目されている外国籍等の
子どもとヤングケアラーについて紹介します．

⑴　外国籍等の子ども

　近年，外国人就業者（日系人を含む）や留学生など，多くの外国人が日本で暮
らし，その子どもたちも日本で生活するケースが増えています．そのような場

合，子どもたちは家庭では母国の言語や習慣で育つことが多いため，保育所などの保育の場や学校で日本語や文化・習慣等が理解できず，集団生活への適応に困難を示す場合があります．また，日本語での日常会話は不自由がないように見えても，読み書きが正しくできなかったり，言葉を適切にとらえられなかったりするケースもあり，学力，認知力が低いとみなされてしまう場合もあります．保護者も日本語の読み書きが難しく，日本の制度・サービスを知らなかったり，手続きが難しかったりするため，保育所などを利用していない場合もあります．さらに，外国籍の子どもに対する法的な就学義務はないため，学校に通わずにいる子どももいます．保育所や学校などに子どもが通えないことは，保育・教育を受ける機会を奪うだけでなく，その子どもや家庭が支援につながることや地域とのかかわりをもつ機会も得ることができず，ますます孤立を深めることになります．

　このような子どもたちに対しては，日本語指導，学校や社会に適応するための指導などを行うとともに，その子どもの「居場所」となる場づくりが必要です．また，保護者に対しても通訳等を介して必要な制度・サービスなどの支援につなげるとともに，日本語等を習得できるような地域支援も必要です．

　なお，外国籍ではあっても保護者が日本で長く生活しているなど，日本語も文化や制度なども理解していて，子どもに対しても特別な支援が必要ない場合もあります．その一方で，日本国籍であっても帰国子女など海外での生活が長いため，日本語指導等が必要な子どももいます．子ども一人一人の状況をよく理解し，それぞれに合わせた支援が必要になります．

(2)　ヤングケアラー

　ヤングケアラーとは，一般に，本来大人が担うと想定されている家事や家族の介護などを日常的に行っている18歳未満の子どものことを指します．子どもたちが担っている「ケア」は，食事・洗濯などの家事，幼い弟妹の保育所等への送迎などを含む育児，祖父母の介護，精神疾患を抱えている親の対応，日本語がわからない親への通訳など，家庭によって違い，その内容も幅広いです．ヤングケアラーには，家族の世話に追われ，学校に通えなかったり，友達と遊んだり，勉強したりする時間もとれず，子どもらしい生活ができない状態も見受けられます．それは，その子どもの心身の疲労，不登校，社会からの孤立へとつながっていきます．また，貧困や家族の障がい・病気等の家庭の問題は，子どもも他者に話すことに抵抗があり，周囲も踏み込みにくいため，ますます

孤立を深めていきます.

　ヤングケアラーに子どもたちが陥る背景には，貧困のために親が仕事を掛け持ちしていて家事や介護などができなかったり，親自身に障がいや病気があったりすることがあげられます. ただし，そういった背景があっても適切な福祉や介護・医療のサービスにつながっていれば，子どもがケアを担う必要はないはずです. ヤングケアラーは，その家庭の問題に対応する支援につながっていないことで起こる問題だといえます. また，日本の「家族のことは家族で助け合う」という家族主義の意識から，家族も子どもにケアをさせることに抵抗がなかったり，子ども自身も自分がヤングケアラーである自覚がなかったりすることもあり，それがこの問題の難しさでもあります.

　このような子どもたちには，子ども自身が家庭の状況を安心して相談することができる場をつくるとともに，子どもがケアをしなくてよいようにその家庭に必要な介護や家事援助サービスなどの支援につなげる方法がないか検討する必要があります.

　2021（令和3）年には，「ヤングケアラーの支援に向けた福祉・介護・医療・教育の連携プロジェクトチーム報告」が発表されました. これまでわが国ではヤングケアラーに対する社会的認知度が低く，支援が必要な子どもがいても周囲の大人は気づかない状況がありました. 今後は，ヤングケアラーの社会的認知度を向上させるとともに，早期発見・把握する取り組みを行い，ヤングケアラーの心身の負担を軽減し，子どもらしい生活を送ることができるようにすることが必要です. そのためには，ヤングケアラーの家庭に対し，既存の支援サービス等に適切につなげる支援策の推進が図られていくことになります.⁽⁹⁾

2　特別な配慮が必要な背景がある子どもとその家庭を理解する視点

　近年，明らかとなっている特別な配慮が必要な背景がある子どもの問題は，外国籍等の子どもやヤングケアラーだけではありません. たとえば，「無戸籍児」や「きょうだい児」などがあげられます. 無戸籍児は，さまざまな理由で出生届が提出できないことにより，戸籍がない状態であり，就園・就学や就職といった生活のさまざまな場面で困難を伴います. また，障がいのある子どもの兄弟姉妹を指すきょうだい児は，保護者が障がい児のケアに追われ，きょうだい児に向き合う時間が少ないために寂しさを感じたり，過度な期待をかけられたりなど精神的な負担を感じる場合もあります.

こういった特別な配慮が必要な背景がある子どもたちの問題は，長年見過ごされてきました．近年，同じ背景がある子どもたちが増えたことによって子どもとかかわる現場から支援の必要性を訴えるようになったり，当事者である子どもが大人になって声をあげたりすることで社会に認知されてきました．このことから，地域には，いまだ社会的に認知・周知されていない問題を抱えた子どもたちがいるかもしれないという視点でかかわることが必要です．

また，外国籍等の子ども，ヤングケアラーなどの家庭は，貧困状態である場合もあります．また，きょうだい児は，障がいのある子どもの世話をするヤングケアラーである場合もあります．つまり，一つの家庭で複数の課題を重複して抱えていることもあると理解しておくことが重要です．

3 特別な配慮が必要な背景がある子どもたちとその家庭への対応について

特別な配慮が必要な背景がある子どもたちとその家庭への対応は，外国籍等の子どもへの支援とヤングケアラーへの支援が違うように，その抱えている問題ごとに支援は全く違ってきます．しかしながら，その子どもと家庭が抱えている問題をできるだけ早く発見し，支援につなげることは共通して必要なことです．

さらに，貧困家庭も含め，特別な配慮が必要な背景のある子どもや家庭は，社会から孤立している傾向があります．子育て家庭に対して，地域の大人が子どもたちに幼い頃からかかわり，親だけに子育てを任せない，地域みんなで子どもを育てるという視点でかかわることが大切です．そうすることで問題の早期発見ができ，子どもの心身の発達を保障することができます．また，それは結果的に貧困の連鎖や非行などを防ぎ，将来的には，社会保障費の削減や優秀な働き手の確保等につながり，社会全体の利益にもなります．

そのためには，保育所等の保育施設，学校，行政や福祉施設・機関，そして，児童委員や子ども食堂にかかわる人々といった地域住民や民間団体など，さまざまな機関や人々が日ごろから連携し，子どもを見守る体制をつくっていくことが求められます．

注
(1) 厚生労働省政策統括官付参事官付世帯統計室「2022（令和4）年 国民生活基礎調査の概況」p.14〈https://www.mhlw.go.jp/toukei/saikin/hw/k-tyosa/k-tyosa22/dl/14.

pdf〉，2024年 8 月12日閲覧.
⑵　同上，p.14.
⑶　同上，p.11.
⑷　子ども家庭局家庭福祉課母子家庭等自立支援室「令和 3 年度 全国ひとり親世帯等調査結果」p.13〈https://www.moj.go.jp/content/001388754.pdf〉，2024年 8 月12日閲覧.
⑸　文部科学省初等中等教育局修学支援・教材課「就学援助実施状況等調査結果」p. 1〈https://www.mext.go.jp/content/20231221-mxt_shuugaku-000018788_001.pdf〉，2024年 8 月12日閲覧.
⑹　厚生労働省「新規学校卒業就職者の在職期間別離職状況」〈https://www.mhlw.go.jp/content/11800000/001158624.pdf〉，2024年 8 月12日閲覧.
⑺　閣議決定「子供の貧困対策に関する大綱〜全ての子供たちが夢と希望を持って成長していける社会の実現を目指して〜（平成26年 8 月）」〈https://www.mext.go.jp/b_menu/shingi/chukyo/chukyo 0 /gijiroku/__icsFiles/afieldfile/2014/10/01/ 1352204_ 3 _ 2 .pdf〉，2024年 8 月12日閲覧.
⑻　閣議決定「子供の貧困対策に関する大綱〜日本の将来を担う子供たちを誰一人取り残すことがない社会に向けて〜（令和元年 11月）」〈https://www 8 .cao.go.jp/kodomonohinkon/pdf/r01-taikou.pdf〉，2024年 8 月12日閲覧.
⑼　ヤングケアラーの支援に向けた福祉・介護・医療・教育の連携プロジェクトチーム「ヤングケアラーの支援に向けた福祉・介護・医療・教育の連携プロジェクトチーム報告（令和 3 年 5 月17日）」〈https://www.mhlw.go.jp/content/000780549.pdf〉，2024年 8 月12日閲覧.

参考文献

阿部彩『子どもの貧困——日本の不公平を考える——』岩波書店，2008年.
―――　『子どもの貧困II——解決策を考える——』岩波書店，2014年.
保坂渉・池谷孝司『子どもの貧困連鎖』新潮社〔新潮文庫〕，2015年.
毎日新聞取材班編『にほんでいきる——外国からきた子どもたち——』明石書店，2020年.
宮武正明『子どもの貧困——貧困の連鎖と学習支援——』みらい，2014年.

第13章

子ども虐待

　本章では，まず，子ども虐待の定義を紹介するとともに，「児童虐待の防止等に関する法律」（以下：児童虐待防止法）が社会に与えた意義を整理します．そのあと，子ども虐待の実態として，子どもへのダメージそして保護者支援を難しくする要因そして背景を考察します．そして現在行われている子ども虐待の防止対策の方向性についての理解を深めていきます．

第1節　子ども虐待とは何か

　子ども虐待とは，保護者（親または親にかわる養育者）が子どもの心や身体を傷つけ，子どもの健やかな発育や発達に悪い影響を与えることを指します．「児童虐待防止法」では，表13-1に示す4つの種類の行為を子ども虐待と定義しています．

　子ども虐待は子どもの人権を無視した行為であり，決して許されるものではありません．しかし，子ども虐待の件数は年々増加の一方です．2022（令和4年度）年度に，全国2232か所の児童相談所が子ども虐待相談として対応した件数は21万9170件で過去最多を更新しました．1999（平成11）年の件数が1万

表13-1　子ども虐待の定義と種類

身体的虐待	殴る，蹴る，叩く，投げ落とす，激しく揺さぶる，やけどを負わせる，溺れさせる，首を絞める，縄などにより一室に拘束する　など
性的虐待	子どもへの性的行為，性的行為を見せる，性器を触る又は触らせる，ポルノグラフィティの被写体にする　など
ネグレクト	家に閉じ込める，食事を与えない，ひどく不潔にする，自動車の中に放置する，重い病気になっても病院に連れて行かない　など
心理的虐待	言葉による脅し，無視，きょうだい間での差別的扱い，子どもの目の前で家族に対して暴力をふるう（ドメスティック・バイオレンス：DV），きょうだいに虐待行為を行う　など

（出典）厚生労働省「児童虐待の定義と現状」2021年.

1631件であったことをみると，この約20年で20倍近く増加していることがわかります（図13-1参照）．

子ども虐待に対する人びとの関心を高めたのは，「児童虐待防止法」が2000（平成12）年に制定されたことがきっかけでした．そして，この法律ができて以降，子ども虐待への対応が大きく変わりました．「児童虐待防止法」が社会に与えたインパクトとして，筆者が重視するのは，「民事不介入の原則」を破った法律だということです．民事不介入の原則とは，暴力など明確に刑事事案に発展する要件が存在しない場合，警察権の発動を行わないという原則です．個人の私的関係にとどまるような事案には，警察は介入しないということです．警察が民事介入しない例としては，夫婦や親子，きょうだい間のトラブルなどの親族間のいざこざがあげられます．このような例からすると，しつけを理由とした子ども虐待は民事事件として扱われると考えることができます．そのため，長きにわたって，しつけを理由とした子ども虐待は民事であるとみなされていたために，誰からも介入されず，子どもを適切に保護することが叶いませんでした．

このような状況を変えるために制定されたのが，「児童虐待防止法」です．「児童虐待防止法」では，子ども虐待の確証がなくても疑われる場合において，児童相談所や市町村が家庭に介入できるようになりました．つまりは，「民事不

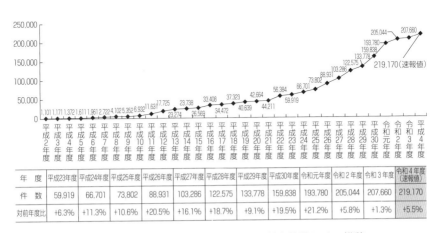

図13-1　児童相談所での児童虐待相談対応件数とその推移

（注）平成22年度の件数は，東日本大震災の影響により，福島県を除いて集計した数値．
（出典）厚生労働省「令和4年度　児童相談所での児童虐待相談対応件数」2023年．

介入の原則」を破ったのです．子どもの保護者からの「これは家庭内のことなので，家庭の中のことに口を出さないでください」との主張に対して，「児童虐待防止法」により介入する権限が児童相談所や市町村に与えられました．このことが与えた社会へのインパクトは大きく，2000（平成12）年の「児童虐待防止法」が制定される前と後で，子ども虐待への対応の仕方は大きく変わっています．

第2節　子ども虐待の実態

1　子ども虐待の種類

　2020（令和2）年度の子ども虐待に関する統計[1]を見てみますと，虐待の内容としては，心理的虐待が最も多く，59.2％となっており，次いで身体的虐待（24.4％），ネグレクト（15.3％），性的虐待（1.1％）となっています．2012（平成24）年までは身体的虐待が最も多い子ども虐待でしたが，2013（平成25）年に子ども虐待相談の対応件数が7万件を超えて以降，心理的虐待が最も多い子ども虐待になっています．心理的虐待が最も多い子ども虐待になった理由として考えられるのは，「泣き声通告」と「面前DV通告」が増えたことがあげられます．「泣き声通告」とは，住民から児童相談所に寄せられる「近所で子どもの泣き声が聞こえる」「大人の怒鳴り声が聞こえる」といった通告です．また，「面前DV通告」とは，DVへの対応のために警察が家庭に出向いたところ，その場に子どもがいた場合，警察から児童相談所へ行われる通告のことです．

　2018（平成30）年に公表された全国児童相談所長会の調査[2]によると，「泣き声通告」と「面前DV通告」が多くの自治体で，全子ども虐待相談の対応件数の20〜40％を占めているのが示されました．このことが示すのは，子ども虐待と認識する人びとの意識が向上していること，また，厚生労働省により「児童相談所全国共通ダイヤル（189）」が整備されたことが要因と考えられます．

2　子ども虐待の被害者の年齢

　子ども虐待の被害者となっているのは，小学生が最も多く34.2％となっており，次いで0〜3歳未満（19.3％），3歳〜学齢前児童（25.7％），中学生（13.7％），高校生・その他（7.1％）となっています．このことから子ども虐待の被害者の多くは小学生や未就学児童であることがわかります．しかしながら，中学生以

上の子どもが20％いることは忘れてはいけません．自分の意志を表示できる年になって，はじめて支援につながることのできる子どもがいるということです．

3　子ども虐待の加害者

主たる虐待者として報告されているのは，実母が47.4％で最も多く，次いで実父（41.3%），実父以外の父（5.3%），実母以外の母（0.4%）となっています．海外の統計を見ると，実父が主たる虐待者の一番目にあがることが多く，実母が一番にあがる日本の独自性がよく話題となります．日本において，実母が主たる虐待者の一番にあがる理由としては，それだけ女性に育児の負担が集中していることが影響していると考えられています．

4　子ども虐待による死亡事例等の検証結果からみえる現状

厚生労働省社会保障審議会児童部会児童虐待等要保護事例の検証に関する専門委員会が，2021（令和3）年4月1日から2022（令和4）年3月31日までの1年間に発生した，または表面化した子ども虐待による死亡事例68例（74人）を対象に検証を行いました．「子ども虐待による死亡事例等の検証結果等について（第19次報告）[3]」によると，心中以外で虐待死した子どもは50人で，0歳児は24人（48.0%）を占めており，3歳未満の子どもの死亡数までで60％を超えていました．主たる加害者は実母が多く，母子手帳未交付，妊娠検診未受診で，特定妊婦[4]としても把握されていませんでした．支援の枠組みからこぼれ落ちてしまっていたのです．

主な虐待の種類としては，身体的虐待が21人（42.0%）そしてネグレクトが14人（28.0%）となっていました．

5　子ども虐待の起こる背景

子ども虐待のリスク要因には，3つのものがあると言われています．1つ目が，保護者自身が持つ生活上のストレスや生い立ちの問題といった「保護者の側のリスク要因」，2つ目が未熟児，障がい児，何らかの育てにくさのある子どもといった「子どもの側のリスク要因」，そして3つ目が未婚を含む単身家庭，夫婦関係をはじめ人間関係に問題を抱える家庭といった「養育環境のリスク要因」となります．これらの要因があるからといって，すべての家庭が子ども虐待につながるとはいえませんが，これらの要因がからまりあい，子ども虐待に

まで至ってしまうといえます。そして，これらの要因のからまりあいをより深刻にしていく要因として考えられるのは，貧困の問題です。子どもを虐待する保護者は生活苦などのストレスを抱えていることが多く，保護者自身がさまざまなことから追い詰められているのが現状のようです。子ども虐待の問題には社会経済的な問題が横たわっていて，社会経済的な問題から生み出される生活の苦しさが子ども虐待の背景にあると言えます。

6　子ども虐待を受けた子どもへのダメージ

　子ども虐待は子どもに多くのダメージを与えることが知られています。子ども虐待を受けた子どもの特徴として，知的な遅れがみられる子どもが多く，学習に困難を抱えることが多いこと，また，多動で，衝動のコントロールがうまくできずに，ささいなことからパニック行動が生まれやすいことなどがあげられることが多く，発達障がい者によくみられる特徴があることが知られています[5]。そして，この子ども虐待により生じたと考えられる症状を，反応性愛着障害と呼びます。

　では，この反応性愛着障害はどのように作り上げられるのでしょうか。筆者は，子ども虐待を受けた子どもへのダメージで一番深刻なのは，子ども虐待を受けた子どもに人を信じる力が育ちにくいということだと考えています。人の心の発達を8段階に分けて整理した精神科医のエリクソンは，人の成長の一番の基礎に，人を信じる力である基本的信頼感の獲得をあげました。基本的信頼感は，日常生活の営みの中での養育者とのやり取りから獲得されます。赤ちゃんは自分の世話を自分ですることはできません。ただできるのは，空腹やおむつを替えてほしい，寒い，気持ちが悪いといった不快な気持ちを，泣いて伝えることです。そのため，赤ちゃんは一日に何回も泣いて，不快のサインを伝えていきます。そして，養育者は赤ちゃんの不快を取り去ろうと，このサインに応えていきます。これは，養育者にとって簡単なことではありません。しかし，このやりとりを通し，不快から快に戻してもらえる経験を繰り返すことで，不快を訴えると快に戻してくれる養育者に対する信頼感が生まれてくるのです（図13-2）。ところが，子ども虐待を受けた子どもは，この大事な体験ができず，一番愛されるはずの保護者からの子ども虐待は，この快と不快の往復の経験を阻害してしまうことになってしまいます。成長発達の土台となる基本的信頼感からゆらぎ，健全な成長が妨げられるのです。

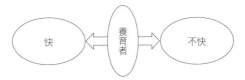

図13-2　基本的信頼感の獲得のプロセス
(出典) 筆者作成.

第3節　子ども虐待への支援

1　通告からはじまる支援

児童相談所に寄せられた子ども虐待相談の相談経路は，警察等，近隣知人，家族，学校等からが多く，通告によって子ども虐待が発見され，支援がはじまっています．時には，子ども本人からの相談で発見されることがありますが，数は少なく，周りの目が重要になります．児童福祉法第25条では，子ども虐待を受けたと思われる子どもを発見した場合は，すべての国民に対して通告する義務が定められています．また，児童虐待防止法第6条でも，子ども虐待を受けたと思われる子どもの通告義務を明記しています．ここで，注目して欲しいのは，「児童虐待を受けた子ども」ではなく「児童虐待を受けたと思われる子ども」となっていることです．「受けたと思われる」段階での通告を促しています．2008 (平成20) 年の法改正で「児童虐待を受けた子ども」から「児童虐待を受けたと思われる子ども」に変更となりました．

児童虐待の通告義務に関する条文

児童福祉法第25条（要保護児童発見者の通告義務）
・要保護児童を発見した者は，これを市町村，都道府県の設置する福祉事務所若しくは児童相談所又は児童委員を介して市町村，都道府県の設置する福祉事務所若しくは児童相談所に通告しなければならない（抜粋）．

児童虐待の防止等に関する法律第6条（児童虐待に係る通告）
1　児童虐待を受けたと思われる児童を発見した者は，速やかに，これを市町村，都道府県の設置する福祉事務所若しくは児童相談所又は児童委員を介して市町村，都道府県の設置する福祉事務所若しくは児童相談所に通告しなければならない．
2　前項の規定による通告は，児童福祉法第25条の規定による通告とみなして，同法の規程を適用する．
3　刑法の秘密漏示罪の規程その他の守秘義務に関する法律の規定は，第1項の規定による通告をする義務の尊守を妨げるものと解釈してはならない．

2 子ども虐待への支援を難しくするもの

子ども虐待への支援の多くが通告からはじまると先述しましたが，このことが子ども虐待への支援を難しくします．それは，支援者と保護者との間での子ども虐待という問題認識において，食い違いが起こりやすいからです．

では，なぜこの食い違いが起こってしまうのでしょうか．ここでは，子ども虐待の特殊性から考えていきます．子ども虐待の特殊性は子ども虐待をする保護者の多くが支援を必要と思っていないことにあります．エイザーは子ども虐待をする保護者への支援が難しくなることを以下のように整理しました．子ども虐待は保護者の行動上の問題（虐待行為そのもの）が主題であるのにもかかわらず，子ども虐待をする行為といった問題行動が，子ども虐待をする保護者自身がその問題によって被る影響のためではなく，子ども虐待を受ける子どもへと及ぼす影響のために関心がもたれるという点が他の問題と異なります．つまりは，保護者自身がその問題により直接的な被害を受けないので，問題を認識させることから，援助をはじめないといけないことが援助関係を結ぶことを難しくしてしまうのです．このように考えますと，子ども虐待という問題は，子ども虐待をしている保護者ではなく子どもへの影響において問題となるもので，保護者は子ども虐待において自らが困ることはないということです．

実際，2004（平成16）年に兵庫県中央こども家庭センター企画指導課が子ども虐待と認定した817件において調査した報告（『神戸新聞』，2006年12月4日）では，子ども虐待の背景として，「育児疲れ」（168件　20.6％）や「育児不安」（138件16.9％）はそれぞれ2割程度にとどまっていました．「育児につかれている，不安だと状況や気持ちをしっかり伝えてくれるケースはまれで，保護者との信頼関係を築くのはかなり難しい」とのコメントが紹介されていました．保護者自身が支援を必要としているとの認識をもつことが低い現状が報告されました．

このような状況を生み出してしまうもう一つの要因としてあげられるのは，「虐待」という言葉自体です．広辞苑によれば，「虐待」とは「むごく取り扱うこと．残虐な待遇」とあります．また，「虐」という漢字は「しいたげる．むごくあつかう」と定義されていて，用例としては，「虐待」「虐殺」「暴虐」があがっています．このように「虐待」という言葉の持つイメージは極めて酷い状況を意味します．このイメージは，子ども虐待をする保護者が自ら行っている子どもへの不適切な行為を「虐待」ではなく，「しつけ」であると考え，子ども虐待であることを認識することを難しくしてしまいます．このような言葉

は子ども虐待をする多くの保護者から聞かれます.

　また，このように言う保護者もいます.「自分がしていることが虐待なら，自分が親からされたことは虐待だ. それなら，なぜ，自分は虐待をしていると責められるのに，自分の親は責められなかったのか. なぜ自分だけが責められ，そして子どもを取り上げられないといけないのか」. 保護者のこのような発言は，自己保身をしているようにも聞こえます. しかし，このような発言をする当事者である保護者は本当にそう思っていることのほうが多いです. それは，「児童虐待防止法」が2000（平成12）年に成立した比較的新しい法律で，それ以降，子ども虐待への対応は大きく変わったからです. このようにさまざまな要因が重なり，保護者への支援を難しくしていることを保育者は認識しておかなければなりません.

3　子ども虐待防止対策の拡充

　子ども虐待は最悪の場合，子どもの死を招く重大な問題です. そして，残念ながら，虐待により多くの子どもたちの命が失われました. 中でも，私たちの社会に衝撃を与えたのが千葉県野田市立小学校4年生の栗原心愛さんが虐待死した事件です.「お父さんに暴力を受けています. 夜中に起こされたり，起きているときにけられたり，たたかれたりしています. 先生，どうにかできませんか」と学校のいじめに関するアンケートに自分の言葉でSOSを出していたことと，子ども虐待の加害者であった父親に少女が記したアンケートの複写を渡していたという事実でした. こういった死亡事例を教訓として，子ども虐待防止対策は強化されてきました.

　全体的な最近の子ども虐待防止対策の経緯については，図13-3を参考にしてください. 2016（平成28）年の児童福祉法の一部改正から，子どもたちの健全育成そして子ども虐待の防止そして予防のため，司法の関与の強化，子ども虐待事例への迅速な対応に応じるための児童相談所の機能強化・人員増員，そして地域における身近な支援の窓口としての市町村の機能強化・人員増員といったことを中心に子ども虐待防止対策の拡充が急がれてきました. ここでは，2019（平成31・令和元）年に出された「児童虐待防止対策の抜本的強化について」を紹介することにより，現在の子ども虐待防止対策の方向性を確認します.

　「児童虐待防止対策の抜本的強化について」は，子ども虐待件数の急増，2018（平成30）年の目黒区の事案，2019（平成31・令和元）年の野田市の事案等を

2016年 5月成立	**H28児童福祉法等の一部改正** (2017.4 施行等)

全ての児童が健全に育成されるよう，発生予防から自立支援まで一連の対策の強化等を図るため，児童福祉法の理念の明確化（子どもが権利の主体であること，家庭養育優先等）・母子健康包括支援センターの全国展開・市町村及び児童相談所の体制強化・里親委託の推進策等の所要の措置を講ずる．

2017年 6月成立	**H29児童福祉法及び児童虐待防止法の一部改正** (2018.4 施行)

虐待を受けている児童等の保護を図るため，里親委託・施設入所の措置の承認の申立てがあった場合に家庭裁判所が都道府県に対して保護者指導を勧告することができることとする等，児童等の保護についての司法関与を強化する等の措置を講ずる．

2018年 7月20日	**児童虐待防止対策の強化に向けた緊急総合対策** (関係閣僚会議決定)	2018.3 目黒区で5歳女児の 死亡事案が発生

増加する児童虐待に対応し，子どもの命が失われることがないよう，国・自治体・関係機関が一体となって，対策に取り組む．緊急的に講ずる対策と合わせ，必要な児童虐待防止対策に対する課題に取り組む．

2018年 12月18日	**児童虐待防止対策体制総合強化プラン（新プラン）** (関係府省庁連絡会議決定)

緊急総合対策に基づき，児童相談所及び市町村の体制と専門性の強化を図るため，専門職の大幅な増員等について，2019年度から2022年度までを対象とした計画を策定．

2019年 2月8日	**緊急総合対策の更なる徹底・強化について** (関係閣僚会議決定)	2019.1 千葉県野田市で10歳 女児の死亡事案が発生

児童相談所及び学校における子どもの緊急安全確認の実施，要保護児童等の情報の取扱い・関係機関の連携に関する新ルールの設定及び児童相談所等の抜本的な体制強化を図る．

2019年 3月19日	**児童虐待防止対策の抜本的強化について** (関係閣僚会議決定)

昨今の児童虐待相談件数の急増，昨年の目黒区の事案，今年の野田市の事案等を踏まえ，児童虐待防止対策の抜本的強化を図る．児童虐待を防止するための児童福祉法等の改正法案を提出するとともに，2020年度予算に向け，さらにその具体化を図る．

2019年 6月19日 成立	**R1児童福祉法等の一部改正** (2020.4 施行等)	2019.6 北海道札幌市で2歳 女児の死亡事案が発生

児童虐待防止対策の強化を図るため，児童の権利擁護（体罰の禁止の法定化等），児童相談所の体制強化，児童相談所の設置促進，関係機関間の連携強化など，所要の措置を講ずる．

図13-3 　最近の児童虐待防止対策の経緯

（出典）厚生労働省「2020年度児童相談所所長研修〈前期〉児童家庭福祉の動向と課題」2020年.

踏まえ，子ども虐待防止対策の抜本的強化を図るものです．ここでは，重点施策として，「子どもの権利擁護」「児童虐待の発生予防・早期発見」「児童虐待発生時の迅速・適格な対応」「社会的養護の充実・強化」の4つがあげられています．

(1)　子どもの権利擁護

　子どもの権利擁護として，①体罰禁止および体罰によらない子育て等の推進，②子どもの権利擁護の在り方に関する検討，があげられており，体罰禁止についての法定化，そして子どもの意見表明権を保障する仕組みの構築を目指すとあります．そして，子どもへの体罰の禁止に関しては，2019（平成31年・令和元）年6月に成立した児童福祉法等の改正において，「しつけ」と称する体罰を含めて一切の体罰が許されないものであることが法定化され，2020（令和2）年4月1日に施行されました．

(2)　児童虐待の発生予防・早期発見

　子ども虐待の発生予防・早期発見の課題としては，①乳幼児健診未受診者に関する定期的な安全確認，②地域における相談窓口や子育て支援拠点促進

等，③ 相談窓口の周知・徹底，④ 学校等における虐待等に関する相談体制の
強化，があげられており，地域における取り組みの強化を目指すとしています．

(3) 児童虐待発生時の迅速・適格な対応

子ども虐待発生時の迅速・適格な対応では，① 児童相談所の体制強化，②
児童相談所の設置促進，③ 市町村の体制強化，④ 子ども家庭福祉に携わる者
に関する資格化も含めた資質向上の在り方の検討，⑤ 学校・教育委員会にお
ける児童虐待防止・対応に関する体制強化，⑥ DV対応と児童虐待対応との連
携強化等，⑦ 関係機関間の連携強化等が課題としてあげられ，児童相談所そ
して地域における資源の充実が目指されています．

(4) 社会的養護の充実・強化

社会的養護の充実・強化では，① 里親の開拓および里親養育への支援の拡充，
② 特別養子縁組制度等の利用促進，③ 児童養護施設の小規模化かつ地域分散
化の推進，④ 自立に向けた支援の強化，が課題としてあげられ，里親を中心
とした家庭的養護への移行の推進を進めることが明記されています．

4 地域における支援

「児童虐待防止対策の抜本的強化について」においては，児童相談所の機能
強化と同時に，地域での見守りそして支援体制の強化が図られています．それ
は，子ども虐待相談対応件数のうちのほとんどが施設入所等にはならず，子ど
もは地域で保護者と暮らしているからです．2018 (平成30) 年の件数をみますと，
相談対応件数15万9838件のうち，一時保護されたのが2万4864件 (15.6%)，施
設入所等になったのが4641件 (2.9%) でした．

地域での支援を支える拠点として，各市町村に子ども家庭総合支援拠点の整
備が進められて来ました．子ども家庭総合支援拠点とは，すべての子どもと家
庭からの相談に対応する子ども支援の専門性のある支援体制であり，子ども家
庭支援員，心理担当支援員，虐待対応専門員といった専門職を配置しています．
地域の資源を有機的につないで在宅支援を行うこと，そして原則18歳までの子
どもと家庭 (妊産婦を含む) を切れ目なく継続的に支援します．また，行政の一
部局で子どもの命は守れないとの認識を持ち，要保護児童対策地域協議会とい
う地域支援のネットワークを活用することで，庁内の関係部局と地域の要保護
児童対策地域協議会の構成員がワンチームとしての役割分担と責任を果たすこ
とが求められる組織です．

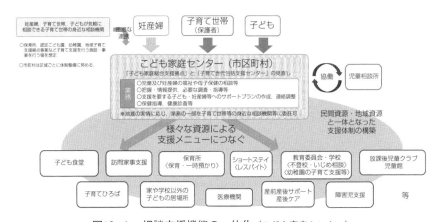

図13-4 相談支援機能の一体化（こども家庭センター）
(出典）こども家庭庁支援局虐待防止対策課「こども家庭センターについて」〈https://www.mhlw.go.jp/content/11907000/001283333.pdf〉，2024年12月18日閲覧．

　子ども家庭総合支援拠点のあるべき姿としては、「虐待対応のミニ児童相談所型」ではなく、「すべての子どもと家庭を支えるポピュレーション・アプローチ型(9)」を目指すとあり、住民に一番身近な基礎自治体としてのより添い型の支援を行うことが求められています．子ども虐待が発生すると、その対応は「介入」になりがちです．しかし、介入しようとすると、多くの保護者は防衛的になり、ときには攻撃的になります．これでは、保護者に対する支援の入り口に立つことすら難しくなります．このような子ども虐待の特徴を考えると、予防を優先し、住民への寄り添い型のサービスであるポピュレーション・アプローチへの転換は進められるべきものと言えます．また、この子ども家庭総合支援拠点は2024（令和6）年に施行された児童福祉法で、子育て世代包括支援センターと一元化されこども家庭センターとして再編されることになりました．こども家庭センターは、妊娠期から子育て期にわたるまでの切れ目のない支援をワンストップで行う拠点機能を維持しつつ、すべての妊産婦、子育て世帯、子どもと家庭への総合的相談や支援を一体的に行います．ここでは、児童および妊産婦に関する実情の把握、情報の提供、妊娠の届出から妊産婦支援、子育てや子どもに関する相談を受けて支援につなぐためのマネジメント（サポートプランの作成）を担うとあります．より住民に寄り添うサービスをきめ細かく行うことを目指します．

子ども虐待を自分とは関係無いものと思う人は多いかもしれません．しかし，子ども虐待は特別なことではありません．子ども虐待を子育てに生じる困難さから生まれたものと考えれば，いまやすべての家庭が子育て支援の対象となります．このように考えると，子ども虐待を起こす家族を特別な家族と捉えるのではなく，子育てに困難さを抱えた家族と捉え，社会の一員として地域に包摂されるべきです．地域から孤立しがちな家族をどのように地域が支えることができるのかが，これからの課題だと言えます．

注

(1) 厚生労働省「令和 3 年度，福祉行政報告例」.

(2) 全国児童相談所所長会「虐待通告の実態調査（通告と児童相談所の対応についての実態調査）」報告書〈http://senjiso.org/wp-content/uploads/2019/03/944827e487eeef01b8c54f94e1396153.pdf〉, 2021年 7 月12日閲覧.

(3) 厚生労働省社会保障審議会児童部会児童虐待等要保護事例の検証に関する専門委員会「子ども虐待による死亡事例等の検証結果等について（第15次報告）」〈Microsoft Word - 0723①はじめにdocx（mhlw.go.jp）〉, 2021年 7 月12日閲覧.

(4) 特定妊婦とは，妊娠期より産後の養育について支援が必要だとされる妊婦のことです．ここで把握された特定妊婦は，要保護児童対策地域協議会の支援対象となり，関係機関が連携して出産後の支援を含めた支援計画を立て，出産後の養育支援を行うことにより，子ども虐待を防止します．

(5) 杉山登志郎『子ども虐待という第四の発達障害』学習研究社，2007年.

(6) Azar, S. T. "Training Parents of Abused Children," In C. E. Shafer & J. M. Briesmeister (eds.), *Handbook of Parent Training Parents as Co-Therapists for Children's Behavior Problem*, NY: John Wiley & Sons, 1989（「被虐待児の親訓練」山上敏子・大隈紘子監訳『共同治療者としての親訓練ハンドブック』二瓶社，1996年，pp.561-597）.

(7) 2018（平成30）年に東京都目黒区で度重なる虐待を受けていた 5 歳女児が死亡し，女児の両親が逮捕された事件．5 歳の子どもが父親に向けて書いた反省文が社会に大きな衝撃を与えました．

(8) 要保護児童対策地域協議会とは，子ども虐待を受けた子どもなどに対する市町村の体制強化を図るために関係機関が連携し，子ども虐待等への対応を行う協議会である．児童福祉，教育機関，保健医療，司法，警察などの分野の関係者で構成されます．

(9) ポピュレーション・アプローチとは，ある集団が抱える問題の解決手段として，その集団全体へアプローチする手法のことです．問題のある人だけを対象にしたハイリスク・アプローチではなく，集団全体へアプローチすることで，全体としてのリスクを下げます．地域においては，ヘルスプロモーションなどの手段として，予防プログラムの一斉実施などがあります．

参考文献

椎名篤子『凍りついた瞳2020』集英社，2019年．

杉山春『児童虐待から考える——社会は家族に何を強いてきたか——』朝日新聞出版，
　　2017年．

野口啓示『被虐待児の家族支援——家族再統合実践モデルと実践マニュアルの開発——』
　　福村出版，2008年．

菱川愛・渡邉直・鈴木浩之編『子ども虐待対応におけるサインズ・オブ・セーフティ・ア
　　プローチ実践ガイド——子どもの安全を家族とつくる道すじ——』明石書店，2017年．

第14章 子どもと非行

本章では，子どもの非行が法的にどう定められているか，子どもにとって非行はどういう意味があるか，非行にかかわる専門機関の役割は何かを学びます．子どもの支援者は非行とその対応について正しく理解し，偏見を持つことなく，非行克服に向けて関係機関と力を合わせることが必要です．

第1節　非行という言葉

1　子どもと少年

児童福祉法の児童は18歳未満と規定されています（児童福祉法第4条1項）．本書では児童を子どもと記しています．一方，少年という言葉も使われますが，児童福祉法上の少年は就学の始期から18歳未満（児童福祉法第4条1項3号）です．民法上の成人年齢は，2018（平成30）年改正により20歳から18歳に引き下げられ，2022（令和4）年4月から施行されています．少年法の少年は20歳未満です．少年法も民法改正を受けて2021（令和3）年に改正されましたが，少年年齢を20歳未満とする（少年法第2条1項）ことに変化はありませんが，18・19歳を特定少年として18歳未満と少し異なった取り扱いをすることになりました（少年法第66～66条）．

本章では，子どもは児童福祉法上の児童，少年は少年法上の少年という使い方をします．

2　非行と非行の類似用語

⑴　子どもの育ちと「良くないこと」

子どもは何歳くらいから「良くないこと」（悪いこと）をし始めるのでしょうか．幼児でも，他人を叩く，蹴るなど暴力を振るうことはあります．人の持ち物を自分の物にすることもあります．それも持ち主がいない隙にこっそり自分のものにしたり，人が持っている物を強引に奪ったりなど方法はいろいろです．人の物を壊すこともあります．それも意識して壊すこともあれば，不注意で壊す

こともあります．決められた順番を守らないこともあります．尋ねたことに正直に答えなかったりあえて嘘をついたりすることもあります．

　幼児のそのような行為を親や保育者が見つけると，たいていすぐに「やめなさい」「何をしているの」などと子どもを叱ります．そして，その子どもの年齢に応じて，なぜその行為をしたのか問い詰めたり，どの程度なぜ良くないかを説明したりします．ただ，年齢にかかわらずやった行為が「良くないことだ（悪いことだ）」というメッセージは誰でもしっかり伝えようとします．また，被害を受けた子どもが「良くないこと」の原因を作ったと思うとき，然るべき大人が２人の間を仲裁することもあるかもしれません．また，幼児のやったことでも相手がけがをした，高価な物を壊したという場合，保護者が謝罪し，治療費や修理費を支払います．

　「良くないこと」は近隣の子ども同士，保育園内ではほぼ毎日起きており，親や保育者がそのつど常識的に判断し対応しています．その中で子どもは心を成長させていきます．「良くないこと」は成長発達のため必要な行為のようにも見えます．

　⑵　触　法

　子どもの「良くないこと」は，年齢が上がるにつれてまわりの大人だけでは収められなくなります．小学校の教室でしばしば物がなくなり，ある１人の子どもが盗んでいたことがわかったとか，乱暴の傾向のあった子どもが教室で同級生に大けがをさせてしまったとか，事が大きくなった場合，その後始末は学校と被害・加害の保護者だけではできないのではないでしょうか．学校や保護者が犯罪を扱う専門機関の警察署に相談を持ちかけるでしょう．

　それでは，このような小学生の行った行為は窃盗罪や傷害罪などの犯罪になるのでしょうか．実はそれを犯罪とは呼びません．刑法第41条に「14歳に満たない者の行為は，罰しない」と規定されています．14歳未満の子どもは責任能力がないとされているため，刑罰法令に抵触する行為があっても刑罰を受けないのです．もちろん14歳未満の子どもも窃盗，傷害を起こすことはありますし，数は少ないですが殺人もあります．この場合，犯罪ではなく触法という言葉を使います．

　⑶　非　行

　非行は，少年法第１条に使われている言葉です．少年法は非行のある少年に保護処分を行う手続きなどを定めた法律です．非行があるのではないかと疑わ

れる少年（20歳未満）は家庭裁判所の審判に付されますが，次の３種類があります（少年法第３条１項・２項）．

① 犯罪少年：刑罰法令を犯した14歳以上の少年
② 触法少年：刑罰法令に触れる行為をした14歳未満の少年（ただし，都道府県知事又は児童相談所から送致されたもの）
③ ぐ犯少年：イ 保護者の正当な監督に服しない性癖のあること，ロ 正当な理由がなく家庭に寄り附かないこと，ハ 犯罪性のある人若しくは不道徳な人と交際し，又はいかがわしい場所に出入すること，ニ 自己又は他人の徳性を害する行為をする性癖のあること，のいずれかがあり，その性格又は環境に照して，将来，罪を犯し，又は刑罰法令に触れる行為をするおそれのある18歳未満の少年（ただし，14歳未満の少年は都道府県知事又は児童相談所から送致されたもの）

少年法では，家庭裁判所において非行事実と要保護性が認定されて保護処分が言い渡される少年を「非行のある少年」と呼んでいます．したがって，非行という言葉は過去にあった犯罪や触法の事実そのものでなく家庭裁判所審判時の少年の状態を表します．一般には非行という言葉は若者や子どもの犯罪行為あるいは不良行為を指すことが多いので，用語の正しい理解が求められるでしょう．

(4)　不良行為

非行とよく似た言葉に不良行為があります．不良行為の子どもは「非行少年には該当しないが，飲酒，喫煙，深夜はいかいその他自己又は他人の徳性を害する行為をしている少年をいう」（少年警察活動規則第２条）と定義されています．

第２節　非行の動向

1　子どもの触法・犯罪，ぐ犯，不良行為の動向

14歳未満の子どもが触法で警察に補導された人員の統計は表14-１に示すとおりで，2020（令和２）年を底にして増加傾向にあります．14歳以上の子どもが犯罪で検挙される人員は表14-２のとおり2021（令和３）年を底にして増加しています．また，表14-３のとおり，子どものぐ犯人員は2019（平成31・令和元）年から2023（令和５）年まで一貫して減少し，不良行為の補導人員は2022（令和４）

表14-1 触法少年（刑法）の年齢別補導人員・年齢別（2019～2023年）

(人)

	2019年	2020年	2021年	2022年	2023年
8歳以下	991	877	1,018	1,066	1,089
9歳	525	504	521	553	633
10歳	678	541	611	602	688
11歳	829	665	663	751	882
12歳	1,146	930	1,065	1,143	1,443
13歳	1,993	1,569	1,703	1,910	2,522
総数	6,162	5,086	5,581	6,025	7,257

（出典）警察庁生活安全局人身安全・少年課『令和5年における少年非行及び子供の性被害の状況』〈https://www.npa.go.jp/bureau/safetylife/syonen/pdf_r5_syonenhikoujyokyo.pdf〉, 2024年10月21日閲覧.

表14-2 刑法犯少年人員・年齢別（2019～2023年）

(人)

	2019年	2020年	2021年	2022年	2023年
14歳	2,185	1,870	1,697	1,859	2,604
15歳	3,086	2,630	2,224	2,386	3,328
16歳	4,422	3,681	3,042	3,003	4,174
17歳	3,791	3,500	2,905	2,915	3,421
総数	13,484	11,681	9,868	10,163	13,527

（注）下の資料に基づき18・19歳を省略し, 14～17歳について筆者が作成した.
（出典）警察庁生活安全局人身安全・少年課『令和5年における少年非行及び子供の性被害の状況』〈https://www.npa.go.jp/bureau/safetylife/syonen/pdf_r5_syonenhikoujyokyo.pdf〉, 2024年10月21日閲覧.

表14-3 ぐ犯・不良行為の補導件数（2019～2023年）

(人)

	2019年	2020年	2021年	2022年	2023年
ぐ犯	1,068	869	795	656	504
不良行為	374,982	333,182	308,563	297,078	321,689

（注）警察庁資料に基づき筆者が作成した.
（出典）警察庁生活安全局人身安全・少年課『令和5年における少年非行及び子供の性被害の状況』〈https://www.npa.go.jp/bureau/safetylife/syonen/pdf_r5_syonenhikoujyokyo.pdf〉, 2024年10月21日閲覧.

年まで減少を続け2023（令和5）年に増加しました．

少年の校内暴力の認知件数は，2017（平成29）年―717件から2022（令和4年）年―593件に減少しました（法務省『平成5年版犯罪白書』）．

警察庁生活安全課「少年による家庭内暴力・認知件数の推移」によると，少年の家庭内暴力の認知件数は，2017（平成29）年―2996件から2022（令和4年）年―4551件に大幅に増加しています（法務省『平成5年版犯罪白書』）．

新型コロナウイルス感染症による生活の制限が緩和されたことで，子どもの触法・犯罪などが増えて来たものと考えられます．

2　非行少年率

非行少年率とは，年齢別の人口に占める少年の刑法犯での補導・検挙人員を人口10万人当たりに換算した数のことです．

2020（令和2）年までに成人した1990（平成2）年生まれ，1995（平成7）年生まれ，2000（平成12）年生まれの者についての非行少年率は図14-1に示すとおりです．ピーク時の年齢・非行少年率は，1990（平成2）年生まれでは15歳・2183.2人であったものが，1995（平成7）年生まれでは14歳・1672.6人，2000（平成12）年生まれでは14歳・860.9人になっています．この統計から，非行少年率が若い世代ほど小さくなっていることがわかります．

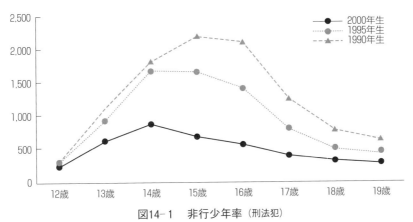

図14-1　非行少年率（刑法犯）

（注）法務省資料から筆者が作成した．縦軸の数字は各年齢10万人当たりの刑法犯検挙・補導人員である．
（出典）法務省『平成2年版犯罪白書』の「少年による刑法犯・非行少年率の推移」〈http://hakusyo1.moj.go.jp/jp/67/nfm/n67_2_3_1_1_2.html〉，2024年10月21日閲覧．

第3節　非行への対応

1　警　察

(1)　14歳未満の子ども

14歳未満の触法，ぐ犯について，警察はその行為の内容や子どもや家庭の状況を調査します（少年警察活動規則第15条）．

触法行為が殺人，傷害致死，強盗，不同意性交，放火という重大な事件であるとき，警察は必ず児童相談所に送致します（少年法第6条の6第1項，少年警察活動規則第22条1項1号）．触法行為が何であるかを問わず，子どもが要保護状態（保護者がいない，保護者に監護させるのが不適当である）であれば，警察は児童相談所に通告します（少年警察活動規則第22条1項2号）．

ぐ犯の場合も要保護であれば児童相談所に通告します（少年警察活動規則第33条1項1号）．

(2)　14歳以上の子ども

14歳以上の犯罪について，警察は成人と同じように捜査を行います．捜査を遂げて犯罪事実ありと判断したら検察庁に送致しますが，18歳未満の少年の軽微な事件は直接家庭裁判所に送致します（少年法第41条）．検察庁は犯罪事実ありと判断した事件はすべて家庭裁判所に送致します（少年法第42条）．

14歳以上18歳未満のぐ犯について，警察は児童相談所に通告することもできますし，家庭裁判所に送致することもできます．警察がその子どものぐ犯行為がどのようなものか，児童相談所と家庭裁判所のどちらの機能が立直りのために効果があるかを見極めて，そのいずれが適当かを判断します．

(3)　補　導

警察は，触法，ぐ犯，不良行為の子どもについて同じような行為を繰り返すことがないよう補導を行います．触法・ぐ犯の子どもも，児童相談所への送致・通告が必要ないと判断したとき警察署限りで手続きを終わらせることができます．逆に，不良行為の子どもに要保護性があると判断したときは児童相談所に通告することができます．

警察の中で子どもを主に担当するのは事件捜査をする刑事課ではなく生活安全課です．また，警察は各地域に補導活動を総合的に行う少年サポートセンターを設置しており，そこには少年補導職員や少年相談専門職員など子どもの問題

に詳しい専門職員を配置しています.

2 児童相談所と児童自立支援施設

(1) 児童相談所

児童相談所が扱う相談の種類の一つに非行相談があります(『児童相談所運営指針』). 非行相談は保護者,学校,警察からが多く,また要保護児童対策地域協議会で報告された子どもについて市町村から相談があることもあります. 警察が触法・ぐ犯の調査をした結果,児童相談所に送致・通告するものは非行相談に分類されます.

児童相談所では,非行の子どもも養護相談,障害相談等などと同じように,相談受付後受理会議を開いて,主たる担当者,調査および診断の方針,一時保護の要否などを検討します. その後,社会診断,心理診断,医学診断,行動診断など各種の診断を行い,その結果を持ち寄って判定会議を開きます.

判定会議で,非行の子どもに対して児童相談所あるいは都道府県が執るべき措置を決定します. 都道府県が執る措置は次のとおりです.

① 子どもと保護者に訓戒を加え,誓約書を提出させる(児童福祉法第27条1項1号)
② 児童福祉司等が児童相談所等に通わせたり,子どもの自宅を訪問したりして指導を行う(児童福祉法第27条1項2号)
③ 里親に委託するか,児童養護施設,児童心理治療施設,児童自立支援施設などに入所させる(児童福祉法第27条1項3号)
④ 家庭裁判所に送致する(児童福祉法第27条1項4号)

児童相談所は,相談援助活動を行うこととしたすべての事例について援助方針会議を開催し,子どもや保護者等に対する最も効果的な援助指針を策定します. 上の③の措置を子どもの親権者,未成年後見人の同意なく執ることはできません. 児童相談所が,非行の子どもを親権者等の反対があってもなお児童自立支援施設に入所させることが必要だと判断したときは,④の措置を執ることができます.

本章末尾に「非行の子どもへの児童相談所の支援事例」を掲載していますので,参考にしてください.

(2) 児童自立支援施設

児童自立支援施設は「不良行為をなし，又はなすおそれのある児童及び家庭
環境その他の環境上の理由により生活指導等を要する児童を入所させ，又は保
護者の下から通わせて，個々の児童の状況に応じて必要な指導を行い，その自
立を支援し，あわせて退所した者について相談その他の援助を行うことを目的
とする施設」（児童福祉法第44条）です．

非行のある子ども，不良行為の止まない子どもで家庭や地域から切り離して
生活指導をする必要があると児童相談所が判断した場合，都道府県知事の措置
によるか家庭裁判所の審判によって児童自立支援施設に入所することになりま
す．同施設は法律上通所も可能ですが，通常は入所です．

児童自立支援施設は都道府県には必ず設置しなければならず（児童福祉法施行
令第36条），2023（令和5）年現在全国に58あります．内訳は国立2，都道府県立
50，市立（政令指定都市）4，民間2です．児童福祉施設の中では歴史が長く，
従来児童自立支援施設の多くは小舎夫婦制で運営されていましたが，現在は職
員交代制のほうが多くなっています．

児童自立支援施設の子どもは，施設内に設置された小学校，中学校に通学し
ます．ごくわずかですがいまだ施設内学校のないところがあり，そこでは施設
職員などによる義務教育に準ずる教育が行われます（1997（平成9）年の改正児童
福祉法により施設内の学校設置が義務づけられましたので，早期解決が求められます）．

(3) 強制的措置

子どもが施設から逃走したり，施設内で暴力的な言動があったりして平穏に
支援をすることが困難な場合，児童相談所からの送致により家庭裁判所が「児
童の行動の自由を制限し，又はその自由を奪うような強制的措置」を許可する
審判を行うことがあります（児童福祉法第27条の3，少年法第6条の7・2項）．

現在，強制的措置の実施可能な設備のある施設は，2つの国立児童自立支援
施設（男子：武蔵野学院，女子：きぬ川学院）です．家庭裁判所が強制的措置を許
可する決定をすると，その子どもはこの2施設のいずれかに入所します．ただ，
その子どもを閉鎖した寮で生活させるか否かは，施設長の判断によります．

(4) 相談の内容

2021年（令和3）年度の児童相談所の非行相談件数とその対応の種類別の統
計は，表14-4のとおりです．相談を受け付けた後，多くは児童相談所が面接
指導（助言指導，継続指導，他機関あっせんに分かれます）を行います．この統計から，

第14章　子どもと非行　　*195*

表14-4　児童相談所における非行相談件数と対応の種類（2021年度）

（人）（%）

	非行相談総数	ぐ犯行為等	触法行為等
総数	10,690	6,371	4,319
面接指導	8,127 （76.0）	5,233	2,894
児童福祉司等指導	600 （ 5.6）	316	284
訓戒・誓約	737 （ 6.9）	71	666
児童福祉施設入所 うち強制的措置	438 （ 4.1） 15 （ 0.1）	287 2	151 13
家庭裁判所送致（法27-1-4）	168 （ 1.6）	73	95

（注）厚生労働省資料から必要なデータのみ筆者が抜粋した（対応の種類にはダブりがあり
　　　合計が100%を超える）.
（出典）厚生労働省『令和3年度福祉行政報告例　児童福祉』の「7表・児童相談所におけ
　　　る対応件数及び未対応件数，相談の種類×対応の種類別」〈https://www.e-stat.
　　　go.jp/stat-search/files?page=1&layout=datalist&toukei=00450046&tstat
　　　=000001034573&cycle=8&tclass1=000001200200&tclass2=000001200208&c
　　　ycle_facet=tclass1&tclass3val=0〉, 2024年10月21日閲覧.

相談を受けた子どもの18%程度に年度内に児童福祉法第27条1項に基づく措置
が行われていることがわかります.

3　家庭裁判所と保護処分

⑴　家庭裁判所

　家庭裁判所の審判に付すべき少年（犯罪少年，触法少年，ぐ犯少年，但し14歳未満
の触法少年・ぐ犯少年は児童相談所から送致されたもの）には，原則として裁判官の命
令により家庭裁判所調査官が社会調査を行います.

　本人の心身の状態を詳細に明らかにする必要がある場合，観護措置によって
少年鑑別所に入所させることがあります. 少年鑑別所は閉鎖施設で，収容され
た子どもは施錠された寮の施錠された部屋で生活します. ただ，職員は教育，
心理の専門職（法務教官，法務技官）であり，少年法の目的にかなうよう運営さ
れています. 観護措置の期間は2週間で原則1回更新ができます.

　家庭裁判所調査官の調査の結果，家庭や学校などの適切な対応により子ども
自身の内省が深まり，非行のある状態でなくなっているとき，裁判官は審判不
開始の決定をします. 調査結果を受けて裁判官が審判を開いて保護処分にしな
い（不処分）決定をすることもあります. 家庭裁判所の調査，審判で行われる

少年や保護者へのはたらきかけを教育（保護）的措置と呼びます．

　調査の結果，非行があり，その解消のため処分が必要であると判断したとき，家庭裁判所は審判において次の3つのうちいずれかの保護処分を言い渡します．

① 保護観察所の保護観察に付すること（少年法第24条1項3号）
② 児童自立支援施設又は児童養護施設に送致すること（少年法第24条1項2号）
③ 少年院に送致すること（少年法第24条1項3号）

　上の①と③の決定に合わせて，家庭裁判所は保護観察所長に家庭その他の環境調整に関する措置を命じることができます（少年法第24条2項）．②の決定のほとんどは児童自立支援施設への送致です．

　家庭裁判所の調査，審判，保護処分の執行は，少年法の目的である「健全育成」（少年法第1条）のために行われます．

(2)　保護観察所

　保護観察とは，非行をなくすために国の機関である保護観察所の指導と支援を受けることです．対象となるのは，家庭裁判所の審判で保護観察の言い渡しを受けた少年，地方更生保護委員会の決定により少年院を仮退院した少年です．保護観察を行うのは保護観察所の保護観察官と保護司です．保護司は民間から選任され，無給でその職務を行います．保護司が少年や保護者と直接面接して日々の生活を把握する役割のほとんどを担います．

(3)　児童自立支援施設，児童養護施設

　家庭裁判所の審判で児童自立支援施設あるいは児童養護施設への送致が決定されたとき，都道府県知事は同施設入所の措置を行います．そのとき親権者，未成年後見人の同意は必要ありません．家庭裁判所の強制的措置の許可があるときを除いて開放施設で支援が行われます．

　施設入所後の支援内容は行政機関の措置による場合と何ら変わりません．一人一人の少年に自立支援計画が立てられ，それに基づいて支援が行われます．措置停止や解除の決定も行政機関の判断で行うことができます．

(4)　少年院

　少年院は国が設置する施設です．入院者は通常施錠された施設の中で生活します．家庭裁判所の少年院送致決定の言い渡しを受けた少年は，第一種，第二種，第三種少年院のいずれかに入院します．第一種はもっとも一般的な少年院

であり，第二種は非行性の進んだ者，第三種は医療の必要な者が対象となります．少年院は一人一人の少年について個人別矯正教育計画を立て，それに基づいて矯正教育を行います．矯正教育は入院少年の非行をなくし健全に育て直すことを目的としており，その内容は生活指導，職業指導，教科指導，体育指導，特別活動指導です．

　少年院の少年のほとんどは，成人までに仮退院となって社会に戻ります．仮退院中は必ず保護観察が付されます．

　⑸　処分の内容

　14～17歳の少年についての家庭裁判所における決定の内訳は，**表14-5**のとおりです．保護処分率は，終局時14歳未満か14・15歳で37.2％，16・17歳で34.8％です．終局時14歳未満か14・15歳で62.7％，16・17歳で64.5％が家庭裁判所の教育的（保護的措置）措置で終結していることがわかります．

　⑹　特定少年に対する処分

　重大な事件を起こした18・19歳の特定少年は，家庭裁判所は原則検察官送致し，20歳以上の成人と同じように刑事裁判の被告人となります．家庭裁判所が特定少年を保護観察処分にするとき，6か月か2年のいずれかを選択して決定し，また少年院送致処分にするとき，3年以下の範囲で収容する期間を定めます．

表14-5　家庭裁判所における一般保護事件の年齢別終局処分率(2023年)

(人)(%)

	14歳未満 14・15歳	16・17歳
家庭裁判所が最終決定した少年の人数（終局人員）	4,186	10,606
保護観察	1,130 (27.0)	3,129 (29.5)
児童自立支援施設等送致	123 (2.9)	4
少年院送致	206 (4.9)	615 (5.8)
児童相談所長送致	100 (2.4)	16 (0.2)
不処分	845 (20.2)	2,186 (20.6)
審判不開始	1,782 (42.6)	4,652 (43.9)
検察官送致	0	4

(出典) 最高裁判所『司法統計年報　少年令和5年度』の「一般保護事件の終局総人員―終局時年齢別終局決定別―全家庭裁判所」〈https://www.courts.go.jp/app/files/toukei/720/012720.pdf〉，2024年10月21日閲覧.

第4節　非行の原因と克服

1　非行の原因

　子どもが非行行為を起こす原因には，どんなことがあるでしょうか．生物（バイオ）・心理（サイコ）・社会（ソーシャル）の三面からその理由を考えることが必要です．

　生物学的側面からは，子どもに知的障害，発達障害のチェックが必要です．このような障害があることが非行に直結する，非行行為を起こす比率が高くなるということはありません．ただ，何らかの障害が親子間の葛藤や学校内不適応の背景にあることを見逃してはいけません．

　心理学的側面からは，発達課題上の躓き，過剰な自己意識，親子や友達関係における心的葛藤などのチェックが必要です．しかし，思春期特有の不安に悩まされることは誰にでもありうるということを理解しておく必要があります．

2　非行の克服

　非行の子どもに対応する専門職は，生物・心理・社会の三面からバランスよくアセスメントを行います．その結果，非行をなくすための支援の方法を検討しますが，将来重荷になるようなスティグマをできる限り避けることを考えなければなりません（現状では児童自立支援施設入所，家庭裁判所による保護処分が将来不利益を生む可能性がないとは言えません）．子どもは成長発達途上にありますので，起こされた非行行為のみに着目するのでなく，良い面を伸ばし本人に適した進路を切り拓く支援を考えることが大切です．

　非行克服のために第1に必要なことは，その子どもが，成長発達にもっとも影響力を持ち責任のある保護者，もっとも多くの時間を費やす学校の教師と子ども集団との関係を良いものにしていくことです．保護者と関係良好，学校内の人間関係良好という子どもは，たとえ非行行為があったとしても，それは一時的なものであると理解してよいでしょう．

第 14 章　子どもと非行　　*199*

〔参考〕非行の子どもへの児童相談所の支援事例
　中学 1 年生のA君は，コンビニから菓子数点を万引きし，警察に補導されました．A君はひとり親家庭で，働いている母親の帰宅はほぼ毎日夜 9 時頃になり，夕食が用意されていないことが多かったのです．A君には 2 歳上の兄がいますが，万引きの繰り返しのほか中学校で暴力事件を起こし，現在児童自立支援施設に入所中です．A君は小学 4 年生のとき兄に誘われて万引きを始め，兄と一緒に何度かやったものの，この事件まで 1 人で万引きすることはありませんでした．今回たまたまコンビニに立ち寄った際空腹を感じて手を出したのです.
　A君の窃盗事件は警察から児童相談所に通告されました．その後，A君と母親は児童相談所から呼び出しを受けました．児童福祉司からA君と保護者は事件のことや家庭や学校での生活の様子を聞かれ，またA君は児童心理司の心理検査を受けました.
　児童相談所から，A君と母親がいっしょに月 1 回児童相談所に通うよう指示されました（児童福祉司指導の措置）．A君は，勉強は苦手ですがサッカー部の活動に一生懸命取り組み，部の友達とは良い付き合いをしています．A君本人は学校生活が楽しいと言います．事件後，母は夕食を準備して冷蔵庫に入れて置くよう努力し，またA君は地元の子ども食堂が開く日にはそこを利用するようになりました．親子が児童相談所に通い始めて 6 か月経ちましたが,現在まで万引きはありませんし,ほか目立った問題行動もありません.
　児童相談所からA君と母親は，もうしばらく通所するよう言われています．母親はその都度勤め先の勤務を調整する苦労をしていますが，親子とも児童福祉司が親身に話を聴いてくれるので，児童相談所への通所は自分たちのためになっていると思っているようです.
　社会学的側面からは,過度の競争意識やいじめなど同世代間の人間関係,学校や地域の年上世代(不良グループ)からの圧力，学校教師との関係，アルバイトを含む就労先での人間関係などをチェックする必要があります．保護者が地域の中で協力を得やすい存在か否かも重要です.

注
⑴　刑罰法令で罰金以下の刑罰で対応する罪の事件.
⑵　夫婦職員と家族，入所の子どもが同一寮舎内で生活（職員家族と入所の子どもの生活エリアは区分されている）し，家庭的な雰囲気のもとに支援する方式.
⑶　Stigmaは英語であり，日本語訳は「汚名，恥辱，柱頭，聖痕^{せいこん}」（weblio英和辞典・和英辞典）．一般的には差別，偏見を生む属性のこと.

参考文献
警察庁生活安全局人身安全・少年課『令和 5 年における少年非行及び子供の性被害の状況』
　〈https://www.npa.go.jp/bureau/safetylife/syonen/pdf_r 5 _syonenhikoujyokyo.pdf〉,
　2024年 8 月25日閲覧.
厚生労働省『令和 3 年度福祉行政報告例　児童福祉』〈https://www.e-stat.go.jp/stat-
　search/files?page= 1 &layout=datalist&toukei=00450046&tstat=000001034573&cycle
　= 8 & tclass 1 =000001200200& tclass 2 =000001200208& cycle_facet=tclass 1
　&tclass 3 val= 0 〉，2024年 8 月25日閲覧.
最高裁判所『司法統計年報　少年事件編　令和 5 年』〈https://www.courts.go.jp/app/
　files/toukei/720/012720.pdf〉，2024年 8 月25日閲覧.
法務省『平成 2 年版　犯罪白書』〈http://hakusyo 1 .moj.go.jp/jp/67/nfm/n67_2 _ 3 _
　1 _ 1 _ 2 .html〉，2024年 8 月25日閲覧.
──────『令和 5 年版　犯罪白書』〈https://www.moj.go.jp/content/001410095.pdf〉,
　2024年 8 月25日閲覧.

第15章 子ども家庭福祉の課題

　この章では，子ども家庭福祉をさまざまな視点から学んだ上で，これから求められる視点を整理し，課題を一緒に考えていきます．まず，わが国が取り組んでいる次世代育成支援（私たちの次の世代が安心・安全な暮らしを営めるように支援を行う）の基本理念と行動計画を学びます．次に，地域における連携ネットワークについて学び，地域のことは地域で支えていくための具体的な施策を学びます．その上で近年の諸課題である医療的ケア児への理解と保育における最善の利益を護る取り組みついての理解を深めていきましょう．

第1節　次世代育成支援と子ども家庭福祉の推進

　わが国における次世代育成支援とは，近年の急速とも言える少子化の進行を捉え，次の社会を担う子どもが健やかに生まれ，また，健全に育成される環境の整備を図るために，国によって次世代育成支援対策について基本理念を定め，行動計画策定指針と地方公共団体，事業主による行動計画の策定を求めたものです．

　次世代育成支援の中核となる「次世代育成支援対策推進法」は，次代の社会を担う子どもが健やかに生まれ，育成される環境を整備するために，国，地方公共団体，事業主，国民が担う責務を明らかにし，2005年（平成17）年から施行されています．2014（平成26）年度末までの時限立法でしたが，有効期限が2025（令和7）年3月31日まで10年間延長，また2024（令和6）年5月に改正され，2035（令和17）年まで延長となりました．

① 基本理念

　保護者が子育てにおいて第一義的な責任（一番最初に責任を求められる者）を有する，という基本的な認識を基に，家庭やその他の場において子育ての意義についての理解が深められ，同時に子育てに伴う喜びが実感されるように行われるものとされています．

② 行動計画

主務大臣（計画の中心となる省庁で，ここではこども家庭庁を指します）は，基本理念を第一として地方公共団体（都道府県と市町村）と事業主（会社の経営者）が行動計画を策定出来るように指針を策定することと決められています．

地方公共団体は，地域における子育て支援，親子の健康の確保，教育環境の整備，子育て家庭に適した居住環境の確保，仕事と家庭の両立（ワーク・ライフ・バランス）などについて目標を設定し，その目標を達成するために行う具体的活動の内容を明確にした行動計画を策定します．

事業主は，従業員の仕事と子育てに関する，一般事業主行動計画を策定することが規定されています．常時雇用する従業員が101人以上の企業は行動計画を策定し，都道府県の労働局に届け出ることが義務になっています．なお，100人以下の企業は努力義務とされています．この計画は，従業員の仕事と家庭の両立に関して，事業主が具体的な行動計画を策定し，厚生労働大臣から認定を受けます．なお，事業主が地方公共団体の場合は特定事業主行動計画という名称になり，同様に行動計画を策定することが求められます．

③ ひとり親家庭支援施策の推進

こども家庭庁が推進する，ひとり親家庭等に対する支援としては「子育て・生活支援策」「就業支援策」「養育費確保策」「経済的支援策」の4つの柱を中心に支援が展開されています．母子及び父子並びに寡婦福祉法に基づき，国が基本方針を定め，都道府県等は，基本方針に即し，区域におけるひとり親家庭

表15-1　ひとり親家庭等に対する4つの支援

子育て・生活支援 母子・父子自立支援員による相談支援，ヘルパー派遣，保育所等優先入所 こどもの生活・学習支援事業等によるこどもへの支援，母子生活支援施設の機能拡充 など
就業支援 母子・父子自立支援プログラムの策定やハローワーク等との連携による就業支援の推進，母子家庭等就業・自立支援センター事業の推進，能力開発等のための給付金の支給 など
養育費確保支援 養育費等相談支援センター事業の推進，母子家庭等就業・自立支援センター等における養育費相談の推進，「養育費の手引き」やリーフレットの配布など
経済的支援 児童扶養手当の支給，母子父子寡婦福祉資金の貸付，就職のための技能習得や児童の修学など12種類の福祉資金を貸付など

（出典）こども家庭庁支援局家庭福祉課「ひとり親家庭等の支援について」2024年8月〈https://www.cfa. go.jp/assets/contents/node/basic_page/field_ref_resources/0a870592-1814-4b21-bf56- 16f06080c594/1a35e485/20240911_policies_hitori-oya_62.pdf〉，2024年10月20日閲覧．

等の動向, 基本的な施策の方針, 具体的な措置に関する事項を定める自立促進計画を策定しています. 具体的な内容は表15-1の通りとなります.

④ 計画の推進とくるみんマーク

先述の計画を推進するために, 厚生労働省は, 事業主の団体を次世代育成支援対策推進センターとして指定し, 行動計画の策定や実施を支援しています. そして, 次世代育成支援対策地域協議会を地方公共団体, 事業主, 住民などが協力して組織していくことになります.

また, 事業主の自発的な次世代育成支援に関する取り組みを促すため, 行動計画に定めた目標を達成したなどの一定の基準を満たした事業主は, 申請することにより, 厚生労働大臣の認定 (くるみん認定) を受けることができます. 認定を受けた企業は, 子育てサポート企業として「認定マーク (愛称: くるみん)」(図15-1参照) を商品, 広告, 求人広告などに付け, 子育てサポート企業であることをPRすることができます. 事業主としてはイメージの向上や, 優秀な従業員の採用・定着を図ることができます.

さらに, 認定を受けた企業が, より高い水準の取組を行って一定の基準を満たすと, 特例認定 (プラチナくるみん認定) を受けることができます. 特例認定を受けた事業主は,「特例認定マーク (愛称: プラチナくるみん)」が付与され, 商品等に付けることができます. また, 特例認定を受けた後は, 行動計画の策定・届出義務が免除される特典が付与されます. なお, 特例認定を受けた証として, 次世代育成支援対策の実施状況について毎年少なくとも1回, 公表を行う必要が生じます. なお, 認定・特例認定を受けた企業には, 税制優遇措置 (くるみん税制) があります. 事業主にとっては, ブランドイメージの向上を図れるの

図15-1 くるみんマークとプラチナくるみん

(出典) 厚生労働省「くるみんマーク・プラチナくるみんマークについて」〈https://www.mhlw.go.jp/stf/seisakunitsuite/bunya/kodomo/shokuba_kosodate/kurumin/index.html〉, 2021年6月1日閲覧.

第15章　子ども家庭福祉の課題　　203

と同時に，経費節減にも繋がり，従業員の士気が向上するきっかけにもなります．次世代育成支援は人と社会の仕組みに優しい効果をもたらすことが出来る取り組みと言えるでしょう．

第2節　地域における連携・協働とネットワーク

「地域の必要は地域で支える」といった支え合いの機能が年々減少していると言われています．在宅で育児を行う場合，身近な地域で相談できる相手が少なく，子育てへの負担感が増大しています．親が働いている・いないにかかわらず，親と子の育ちを地域で支え，孤独感を減らしていくことが求められています．その活動を具体的に示したのが次世代育成支援対策推進法で定められた地域行動計画であり，それはすべての都道府県と市町村で策定されています．この計画では，地域における子育て支援の内容が計画されています．以下，その事業内容を見ていきます．

① こんにちは赤ちゃん事業

地域の保健師等が，生後4か月までの乳児を育てているすべての家庭を訪問します．さまざまな不安や悩みを聞き，子育て支援に関する情報提供を行いながら，親と子それぞれの心身の状態，養育環境の把握を行い，支援を求めている家庭に対しては，適切な支援につなげます．乳児を育てている家庭と地域社会をつなぎ，地域での孤立化を防いで健全な育成環境を確保していきます．

② 地域子育て支援拠点事業

2007（平成19）年度から，従来のつどいの広場事業や地域子育て支援センターなどを再編した形で地域子育て支援拠点事業が創設されました．この事業は，現在，一般型と連携型があります．一般型は保育園やマンション，公共施設，空き店舗などで行われるものです．連携型は，児童館などで行われるものです

表15-2　地域子育て支援拠点事業の2類型

一般型	常設の地域の子育て拠点を設け，地域の子育て支援機能の充実を図る取組を実施
連携型	児童館等の児童福祉施設等多様な子育て支援に関する施設に親子が集う場を設け，子育て支援のための取り組みを実施

（出典）こども家庭庁『地域子育て支援拠点事業について』〈https://www.cfa.go.jp/assets/contents/node/basic_page/field_ref_resources/321a8144-83b8-4467-b70e-89aa4a5e6735/939cc95b/20240529_policies_kosodateshien_shien-kyoten_33.pdf〉，2024年10月21日閲覧．

（表15-2）.

③ 一時預かりサービス

親の就労形態の多様化に対応する一時的な保育や，専業主婦家庭等の緊急的な保育の必要性に応じて，一時保育促進事業を実施しています.

④ 幼稚園における子育て支援活動

現在の幼稚園には，地域における「幼児教育センター」としての働きが求められています. これは幼稚園が，子育て支援機能を併せ持ち，親子の育ちの場としての役割を期待されている背景があるからです. 2007（平成19）年に改正された学校教育法において，「幼稚園は保護者や地域住民等の相談に応じて，家庭や地域における幼児期の教育の支援に努めるべき」と明記されています. 具体的には，子育てに関する相談活動や未就園児の親子登園，園庭や園舎の開放などが行われています.

また，上記の働きを支える仕組みとして，それぞれの支援をつなぎ合わせていくネットワークづくりは欠かすことが出来ません. 現在，さまざまな子育て支援サービスが実施されていますが，利用する親子が相談の窓口や具体的なサービスの内容が分からなければ，利用には至りません. 地域における多様な子育て支援サービスを把握し，個々の家庭が求める適切なサービスを選択し，利用出来る様に整備することが求められています. そのためにはまず，市町村において子育て支援サービスの実施状況が地域住民に開示され，自ら必要なサービスを選ぶことのできる環境の整備が必要不可欠です. これらを支える役割として，子育てサポーターや子育てサポーターリーダーの養成を実施して，子育てに関する相談援助の充実が拡充されています. あわせて，子育て中の親やそれ以外の大人が会員となって，送迎や預かりなどの相互援助活動を実践するファミリー・サポート・センターの設置が進んでいます.

第3節　医療的ケア児への対応

近年の医療技術の進歩は目覚ましく，私たちの健康面に多大な貢献をなし，これまで不可能であったようなことを可能にしてきました. その成果の一つとして，平均寿命の延びがあげられます. 日本国民の平均寿命は年々延び，2023（令和5）年の男性の平均寿命は81.09年，女性の平均寿命は87.14年となっています（厚生労働省2023年簡易生命表，2024年）. 国際比較では，男性は世界5位，女

性は1位であり，日本は世界有数の長寿国となっています．このことは，一方で高齢化社会という新たな福祉的な課題に直面することになりました．2025(令和7)年には国民の5人に1人が後期高齢者(75歳以上)となる超高齢化社会を迎えることになり，社会保障の面でさまざまな問題の発生が懸念されています(「2025年問題」)．

　2025年問題と同様に，広く社会全体の福祉課題として捉えられるべきものに「医療的ケア児」への支援があります．医療技術の中でも特に周産期先進医療の発達は，これまでは助けることができなかった命を助けることが可能になってきました．その結果，乳児死亡率も低下し続け，2022(令和4)年には1.7(1000人当たり)となっています(厚生労働省人口動態総覧，2023年版を参考)．このことは，医療的ケア児の数は年々増加傾向にあることを意味しており，2022年(令和4年)には推計値で2万人を超える状況になっています(図15-2参照)．医療的ケア児とは，NICU(新生児集中治療室)等に長期間入院した後，引き続き日常生活及び社会生活を営むために医療的ケアを必要とする児童のことです(医療的ケアとは，人工呼吸器による呼吸管理，喀痰吸引その他の医療行為を指し，経管栄養などもそれに含まれます)．例えば，知的な遅れがなく自力歩行ができるのに経管栄養が必要な医療的ケア児は，これまでの大島分類と呼ばれる障害の客観的な評価法(身体能力と知的能力をそれぞれ5段階で評価し障害レベルを判定しようとするもの)では重症心身障がい児の障害判断と同様の判断をつけることができませんでした．そのため，障がい児者支援のための法律上の対象として含むことができず，国や地方

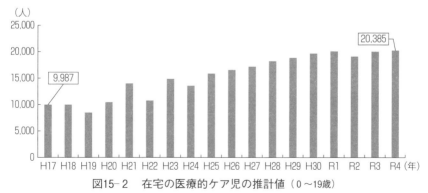

図15-2　在宅の医療的ケア児の推計値(0～19歳)

(出典) 総務省行政評価局作成の資料(2024年3月)〈https://www.soumu.go.jp/main_content/000933150.pdf〉，2024年8月8日閲覧．

公共団体からの支援の対象となりませんでした．これは，ややもすると障がい者差別につながりかねない状況にありました（2016年4月1日には障害者差別解消法が施行されている）．

　このような状況を改善することが急務となっている中，2016（平成28）年には児童福祉法が改正され，医療的ケア児への支援が法的に位置付けられました．しかし，その支援は努力義務であったことから，実際の取り組みに地域間格差が生じることにもなりました．その後，2021（令和3）年に「医療的ケア児及びその家族に対する支援に関する法律（医療的ケア児支援法）」が施行され，医療的ケア児及びその家族に対する支援に関し，国や地方公共団体，保育所及び学校設置者等の責務を明らかにしたのです．この法律の第3条では，「医療的ケア児及びその家族に対する支援は，医療的ケア児の日常生活及び社会生活を社会全体で支えることを旨として行われなければならない．」と規定し，法律の基本理念を示しています．この法律に基づいて今後の医療的ケア児及びその家族の支援が一層進展していくことが期待されるところです．

　ところで，医療的ケアの実施については，「社会福祉士及び介護福祉士法」の改正に基づき2012（平成24）年4月より，本来，業務・名称独占資格である医師や看護師が行う医療行為（医療的ケア）を，医療や看護との連携により安全確保が図られた条件のもとで家族のほか研修を受けた教員など（認定特定行為業務従事者）が行うことが可能となりました．その結果，学校や保育所での医療

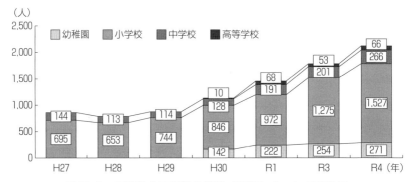

図15-3　医療的ケア児数の推移（幼稚園，小・中・高等学校）

（注）令和2年度は新型コロナウイルス感染症の感染状況を踏まえ，学校の負担軽減の観点から調査を実施していない．
（出典）総務省行政評価局作成の資料（2024年3月）〈https://www.soumu.go.jp/main_content/000933150.pdf〉，2024年8月8日閲覧．

的ケア児の受け入れが進み（図15-3参照，保育所を除く），特別支援学校での受け入れはここ数年の間は8000名を超える人数で推移しています（2022年は8361名）．また，幼稚園，小・中・高等学校では2022（令和4）年に2130名（2016年は766名）となっています．また，保育所での受け入れは2021（令和3）年に768名（2015年は303名）となっており，いずれの学校や施設においても年々増加傾向にあります．そのため，医療専門職が医行為として行う以外に，教員等が行う医療的ケアの役割や負担も大きくなってきていることもあり，看護師による専門的な対応へのニーズが高まっている要因にもなっています．

　ここで，自治体による医療的ケア児の実際の受け入れ状況について，一つの事例を参考として取り上げ，考察してみたいと思います．岡山市では，市立の幼稚園や保育園で2023（令和5）年度から医療的ケア児の受け入れがスタートしていますが，その成果や課題を箇条書きにまとめると，以下のような点が明らかになっています（『山陽新聞』2024年5月11日付）．

- ・市ではケア児の入園の可否や手続きに関する窓口を設置した．また，民間の訪問看護ステーション2ヶ所と業務委託契約を結び，ケア児が入る園に看護師を派遣する仕組みをつくった．
- ・2024（令和6）年度時点で計3名を受け入れ（市内にはおよそ100名のケア児），保護者の付き添いなしに園で過ごしている．母親の一人は，「他の子と一緒に保育園に通えてうれしい．本人も笑顔が増えた」と喜ぶ．
- ・市のガイドラインによると，人工呼吸器の装着やたんの吸引で看護師が常に付き添う必要があるケースはマンパワー不足などから断らざるを得ない．
- ・園の負担も増すことから，市内のある保育園は「普段から業務に追われる保育士に対応できるのか．何か起きたときに責任が取れない」と不安を口にする．
- ・市や園などは実績の積み重ねや先進地の事例からノウハウを蓄積し，サポートの充実に努めていくことが欠かせない．

　受け入れの成果が明確に表れている一方で，いくつかの課題も浮かび上がっています．医療的ケア児に対する合理的配慮が具体化しているものの，まだまだ道半ばの状況にあるといえ，受け入れや支援方法などについて今後一層の充実が求められています．さらに岡山市では，幼稚園や保育園以外に，中学校で

の積極的な受け入れの事例も報告されています（『山陽新聞』2024年8月25日付）．具体的には，看護師の配置のほか，ストレッチャーで移動しやすいようにエレベーターやスロープの設置などハード面の整備の実現などです．このように，受け入れが進むことで，学級内での相互理解も進み級友が積極的にサポートするなど，インクルーシブ教育の進展がみられるなど，学校設置者が責務を果たそうとする姿勢が感じられる事例となっています．

　医療的ケア児支援法は，子どもやその家族の支援を徐々にですが確実に推進させる契機となっています．学校や施設での受け入れが進むことで，インクルーシブ教育・保育のさらなる進展が期待されるとともに，より理想的な共生社会の実現に向けた具体的な取り組みが定着することも期待されます．そのためには，看護師などの支援スタッフの配置やハード面の整備などは喫緊の重要課題といえるでしょう．それとともに，家族の支援の強化も大切です．学校等での付き添いの負担は軽減されても，家庭での介護負担は依然として大きく，そのために就労ができないなどの問題を抱えています．家族のストレスを軽減させ心身の健康を回復させるために，一時的に休息がとれるようにサポートをするレスパイトケアなどの取り組みが定着するなど支援の進展もありますが，家族支援を一層進めるためには，医療，福祉，教育など分野を超えた連携による具体的な支援の充実が欠かせません．

第4節　子ども家庭福祉の中にある「保育」

1　子どもの最善の利益の尊重

　こども家庭庁は2023（令和5）年5月に「保育所等における虐待等の防止及び発生時の対応等に関するガイドライン」において，これまで一般的に「不適切な保育」と表現されてきたものを「虐待等と疑われる事案」という名称に改めました．その理由として，不適切な保育の定義が明確でなかった点があげられます．この不適切な保育の実態を把握するためにこども家庭庁が2022（令和4）年に行った全国調査で明らかになった事例の約7割が「内部告発などの情報提供」といわれています．そのため，明らかになった事例は氷山の一角である可能性があります．

　本来，子どもにとっての一番の理解者であるはずの保育者による虐待がなぜ起こるのでしょうか．考えられる要因の一つに，保育士の配置基準や負担の増

大といった労働環境の問題があります．そのため，労働環境の改善は急務の課題といえるでしょう．しかし，環境が改善されれば，果たして虐待はなくなるのでしょうか．保育者以上に虐待のリスクが高いのが，障がいのある子どもの保護者です．保護者が虐待に陥る要因として，障がいの有無が大きく関係しているという報告があります．報告では，知的障がいのある子どもの保護者は，障がいのない子どもの保護者と比較して虐待発生のリスクは13.3倍となっています．この高い倍率の原因を考えた場合，保護者が強い心理的なストレスを感じていることが推察されます．同様に，保育者による虐待も「心」の面に一因があると考える必要があります．しかし，保育者は保護者とは立場が異なるうえ，保育士等養成機関において専門的な課程を経て保育士や幼稚園教諭の資格を取得している訳ですから，虐待が子どもの重大な人権侵害であることは当然理解して子どもに向き合っているはずです．そのため，保護者のように強い心理的ストレスを感じているというよりも，「心の緩み⇒人権意識の欠如」が虐待につながっていると捉えたほうがよいように思います．

　子どもの人権は，大人の人権に比べるとその発展の歴史は遅れたものでした（表15-3参照）．子どもの人権が，受け身ではなく権利主体として世界的に初めて規定されたのが1989（平成元）年の「児童の権利条約」においてです．子どもの人権を考えるうえで，この条約の意義は非常に大きいといえます．そしてこの条約で，「児童の最善の利益」という言葉を初めて世界に周知することになりました．今日では，日本においてもこども施策を推進するうえで当たり前のような言葉ですが，児童の権利条約を日本が批准する（1994（平成6）年）までには，条約が発効してから数年の歳月を要しています．そして，条約の批准からさらに20数年が経過し，2016（平成28）年に児童福祉法改正によってこの言葉が盛り込まれるとともに，子どもは「保護の対象」から「権利の主体」となりました．しかし，2019（平成31）年には国連子どもの権利委員会からの総括所見において今後の条約実現の課題が勧告されています（以前にも勧告を受けていた）．すなわち，条約批准から25年が経過しているにもかかわらず，国連からは条約の実現が不十分であるとの指摘を受けたわけです．このような法令等を巡る歴史の流れから考えると，子どもの人権保障に関して日本が世界の情勢からいかに遅れているかがわかります．2022（令和4）年には，こども施策を社会全体で推進するための包括的基本法である「こども基本法」制定されました．今後のこども施策の具体的な取り組みが期待されるところですが，国民全

表15-3　「子どもの権利」に関係する国内外の主な法令等

年	法令等	概　要
1947	児童福祉法	すべての子どもの福祉を対象とし，子どもの権利を具体的に表した．
1948	世界人権宣言	人権の対象を，子どもだけでなく広く人類全般としている．
1951	児童憲章	我が国初の子どもの権利に関する宣言．法的拘束力を伴わず．
1959	児童の権利宣言	子どもの権利の理念が明確に示されたが法的拘束力を伴わず．
1989	児童の権利条約	子どもの人権が権利主体として捉える．「児童の最善の利益」を規定．日本は1994年に批准（世界158番目の批准国）．
2006	学校教育法改正	従来の「特殊教育」を改め，「特別支援教育」の実施．障がいのある子どもの分離教育から共生社会に向けた教育への転換が実現した．
2006	障害者権利条約	インクルーシブ教育の理念を示す．日本は2014年に批准．
2016	児童福祉法改正	国内法で子どもが「権利主体」として初めて規定された．
2022	こども基本法	こども施策を社会全体で総合的かつ強力に推進してしくための包括的基本法．

（出典）筆者作成．

体の関心事として子どもを育てるという意識で，子どもの人権が守られ育てられなければなりません．なお，児童の権利条約と関連して，日本は，「障害者権利条約」を2013（平成25）年に批准していますが，こちらにおいても2022（令和4）年に国連障害者権利委員会から勧告が出されています（インクルーシブ教育に関して，障がいのある児童生徒が通常学級から隔離されているという懸念）．このような世界からの厳しい視線に対して，私たち国民がこのような現状を把握しこれらの条約の理念を正しく理解しこども施策に生かしていくことが求められているといえます．

　「児童の最善の利益」は，こども施策を推進するうえで最も重要なキーワードとなっていますが，この言葉には権利の主体として濫用するものであってはいけないということを自覚できる子どもの心の育ちを支援するという役割的な意味も含まれています．権利の主体として，すべてのことに対して子どもの思いのままに権利を行使できるわけではないからです．この子どもの心の育ちこそが保育活動に課せられた大きな役割であり，保育者はその最前線に立つ存在です．保育者が子どもの良き理解者として子どもの心を育てていくためには，まず保育者自身が子どもの人権を正しく理解し健全な心で子どもに向き合うことが大切です．発達障がいのある子どもの行動特性の背景を正しく理解し関わろうとしなければ，発達障がいの特性について理解することは難しいですが，

同様に，子ども一人一人の人格（個性）を認めることができなければ，インクルーシブ教育・保育の当事者として未来ある子どもの豊かな成長を支えることも難しいでしょう．誰もみな自ら意図してこの世に生まれてきたわけではありません．このように考えることが平等・公平・公正とは何かを理解する糸口になり，正しい人権意識をもつことにつながっていきます．不適切な保育の一因として，保育者の人権意識の欠如という点を指摘しましたが，人権意識を高めていくために，自身の行動を振り返りながら子どもとかかわることが，不適切な保育の根絶に向けて大きな役割を果たすことになります．そしてそれが保育の質の向上にもつながります．

2　こどもまんなか社会に向けた子どもの権利

⑴　保育における子どもの権利

保育所保育指針の総則には，保育所保育に関する基本原則として，保育所の役割が明記されています．

この中で特に注目したいのが「子どもの最善の利益を考慮する」ことと「福祉を積極的に増進する」ことが出来る生活の場を「保育所」としているところです．保育所はその場所を利用する子どもにとって，1日の大半を過ごす生活の場であることは言うまでもありません．その中で子どもの最善の利益を子ども自身が自覚して大切にしたい，と言う気持ちが育まれることが重要です．

> ア　保育所は，児童福祉法（昭和22年法律第164号）第39条の規定に基づき，保育を必要とする子どもの保育を行い，その健全な心身の発達を図ることを目的とする児童福祉施設であり，入所する子どもの最善の利益を考慮し，その福祉を積極的に増進することに最もふさわしい生活の場でなければならない．

子どもの権利条約に定める子どもの権利には，生きる権利，育つ権利，守られる権利，参加する権利があります（図15-4参照）．

さらに内容を詳しく見ていくと，子どもの権利条約の一般原則としては，表15-4のように4つの項目が挙げられています．

これらの権利や一般原則の内容が，日々の保育に具体的に反映すること，何よりも全ての子どもが生き生きと毎日を過ごすことが出来て，自分の思いや願いを実現することが可能な状態が，子どもの最善の利益を考慮された空間であ

表15-4 主要な4つの権利

① 生命，生存及び発達に対する権利（命を守られ成長できること） 　すべての子どもの命が守られ，もって生まれた能力を十分に伸ばして成長できるよう，医療，教育，生活への支援などを受けることが保障されます．
② 子どもの最善の利益（子どもにとって最もよいこと） 　子どもに関することが決められ，行われる時は，「その子どもにとって最もよいことは何か」を第一に考えます．
③ 子どもの意見の尊重（意見を表明し参加できること） 　子どもは自分に関係のある事柄について自由に意見を表すことができ，おとなはその意見を子どもの発達に応じて十分に考慮します．
④ 差別の禁止（差別のないこと） 　すべての子どもは，子ども自身や親の人種や国籍，性，意見，障がい，経済状況などどんな理由でも差別されず，条約の定めるすべての権利が保障されます．

(出典) 日本ユニセフ協会より引用〈https://www.unicef.or.jp/about_unicef/about_rig.html〉，2021年10月1日閲覧．

生きる権利
住む場所や食べ物があり，医療を受けられるなど，命が守られること

育つ権利
勉強したり遊んだりして，もって生まれた能力を十分に伸ばしなら成長できる

守られる権利
紛争に巻き込まれず，難民になったら保護され，暴力や搾取，有害な労働などから守られること

参加する権利
自由に意見を表したり，団体を作ったりできること

図15-4　子どもの最善の利益（基本的な4つの権利）
(出典) 日本ユニセフ協会〈https://www.unicef.or.jp/about_unicef/about_rig.html〉2021年10月1日．

ると言えるでしょう．ユニセフでは，子どもの権利条約が採択されて30年になる2019（令和元）年には，条約をより広く普及することを目指してポスター（図15-5）を作成するなどして，啓発を進めています．今一度，保育の中にこれらの項目が具体的に根付いているかを確認する必要があります．

　このような捉え方に基づいて，子どもの権利条約の精神を保育の中に活かすためには次の項目が必要だと考えられます．

第15章　子ども家庭福祉の課題　　*213*

⑵　子どもの権利条約の精神を保育の中に活かすには

① 子どもの声に耳を傾ける（傾聴）

　子どもは生まれながらにして，ひとりの人としての人格と尊厳を持っています．子ども自らの自己決定を積み重ねて成長し続ける存在として受け止める必要があります．子どもの人生は子ども自身のものであるという視点で耳を傾ける必要があるでしょう．大人が「どのように育てていこうか」と考えるように，子どもは「どう育てられたいと思っているのか」の視点を持つことが重要です．

② 子どもにとって「最善の利益とは何か」を考える

　子どもの権利条約（図15-5）における，主要な4つの権利「生きる・育つ・参加する・守られる」権利を，保育所保育指針における目標・目的・ねらいと照らし合わせて，日々の保育を展開していく視点が必要でしょう．

③ アドボカシーのあり方を考える

　アドボカシーとは「子どものマイクになること」という捉え方があります．子どもが自分自身の気持ちや考え，感情などをうまく表現出来なくても，その心の中には様々な思いや願い，感情が湧き上がっています．その想いや願いを聞き手の解釈を入れずに世の中に表していくのがマイクの存在です．そしてそのマイクを使うか否かは，子ども自身が選ぶことです．子どもに選ばれる為には何が必要で何が求められるでしょうか．今一度，私たちは子ども一人ひとりとの信頼関係が構築できているかを考えること，ラポールの形成に思いを傾けることが重要でしょう．

⑶　こどもまんなか社会を目指す子ども家庭福祉とは

　「福祉を積極的に増進すること」については，福祉という用語が英語でどのように訳されているかで理解を深めることが出来ます．従来は「Social welfare」（社会的に良い生活をおくる，良い生活を与えていく）という，社会制度を整え，それらを提供して（与えて）人々の暮らしを豊かにしていく動きが主流でした．現在ではそれに加えて「Social well-being」（社会的に良い状態を持続していく），つまり，一人一人が望んでいる状態（心地よい生活）を継続していくことが進められています．福祉を増進していくことは，一人一人が思い描く生活，人生を過ごせることと理解できます．子どもと家庭の福祉（子どもと家族が望む，良い生活を持続していく）を増進していくためには，保育者が毎日の保育を大切にとらえ，子どもと保護者が望む保育を展開していくことが求められているの

214

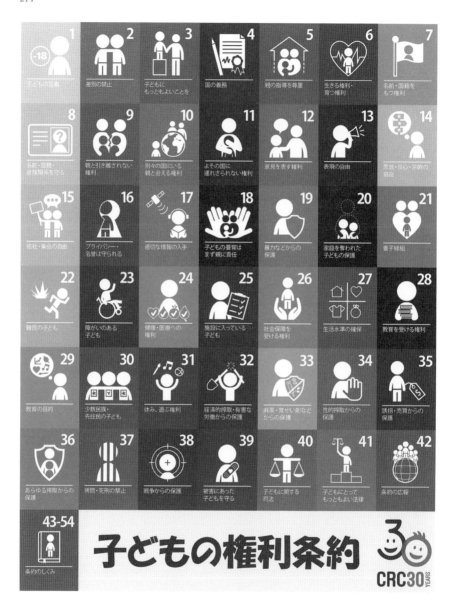

図15-5　子どもの権利条約ポスター
（出典）日本ユニセフ協会〈https://www.unicef.or.jp/about_unicef/about_rig.html〉、2021年10月1日閲覧。

でしょう．保育者は，こども家庭庁が示しているように，「こどもがまんなかの社会を実現するために，こどもの視点に立って意見を聴き，こどもにとっていちばんの利益を考え，こどもと家庭の，福祉や健康の向上を支援し，こどもの権利を守る」ことが求められる，といえるでしょう．

　このように，子ども家庭福祉と保育とは切り離してとらえるものではなく，むしろ密接な関係性の中で補完し合っている事柄であると言えます．私たち保育者に求められているのは，この関係性をしっかり理解して「子ども家庭福祉の中にある保育」を実践していくことだと理解できます．たえず子どもを中心に置き，きょうだいや親との関係性を深め，周囲との密接なつながりを意識できる，いわば「社会全体で一人ひとりの子どもを養育している」ことが実感できる社会を作り上げていく必要があります．その一端を担う私たち保育者にかかっている期待と責任を実感しながら，取り組んでいきたいものです．

参考文献

厚生労働省「人口動態総覧」2023年〈https://www.mhlw.go.jp/toukei/saikin/hw/jinkou/kakutei23/dl/03_h1.pdf〉，2024年10月20日閲覧．

厚生労働省・都道府県労働局ホームページ〈https://www.lcgjapan.com/pdf/nlb0096.pdf〉，2021年9月30日閲覧．

後藤泉希「岡山市立園受け入れ1年　医療的ケア児3人就園」『山陽新聞』2024年5月11日，p.23.

──────「医療的ケア児支援法3年　『インクルーシブ教育ルポ』」『山陽新聞』2024年8月25日，p.27.

こどもアドボカシーとは〈https://kodomonomic.hyakuyobako.com/child-ad/〉，2024年8月25日閲覧．

こども家庭庁「保育所等における虐待等の防止及び発生時の対応等に関するガイドライン」2023年〈https://www.cfa.go.jp/assets/contents/node/basic_page/field_ref_resources/e4b817c9-5282-4ccc-b0d5-ce15d7b5018c/13e273c2/20230512_policies_hoiku_3.pdf〉，2024年10月20日閲覧．

──────「次世代育成支援対策」〈https://www.cfa.go.jp/policies/shoushika/jisedaishien〉，2025年1月17日閲覧．

こども家庭庁ホームページ〈https://www.cfa.go.jp/〉，2024年10月20日閲覧．

総務省行政評価局「医療的ケア児とその家族に対する支援に関する調査──小学校における医療的ケアの実施体制の構築を中心として──　結果報告書」2024年〈https://www.soumu.go.jp/main_content/000933146.pdf〉，2024年10月20日閲覧．

田村静子「虐待につながる児童状況から見た考察」『全児相通』87（別冊），2009年．

内閣府ホームページ〈https://www8.cao.go.jp/shoushi/shoushika/whitepaper/measures/w-2008/20webhonpen/html/i2431000.html〉，2021年9月30日閲覧．

日本ユニセフ協会ホームページ〈https://www.unicef.or.jp/about_unicef/about_rig.html〉，
　2021年10月1日閲覧.
松田文春編『地域共生社会のカタチ』ASOBI書房，2024年.

索　引

〈ア　行〉

愛着理論　34
赤沢鐘美　38, 102
アダムズ，ジェーン　34
アダルティズム　29
アドボケイト　30
意見表明権　20
石井十次　33, 38
石井亮一　38
一時預かり事業　111
糸賀一雄　39
医療的ケア児　205
　——及びその家族に対する支援に関する法律
　　（医療的ケア児支援法）　206
岩永マキ　38
エミール　36
延長保育事業　91
オーウェン，ロバート　32
恩物　36

〈カ　行〉

介護福祉士　79
加速化プラン　94
家庭裁判所　62
家庭支援専門相談員　81
家庭児童相談室　68
家庭と同様の環境における養育の推進　51
看護師　79
企業主導型保育事業　106
虐待等と疑われる事案　208
救護法　37
教育職員等による児童生徒性暴力等の防止等に
　　関する法律　41
きょうだい児　171
業務独占資格　77
ケイ，エレン　22, 36
国際生活機能分類（International Classification
　　of Functioning, disability and Health：
　　ICF）　133
子育て短期支援事業　92

国家資格　73, 75, 77
子どもアドボカシー　30
こども家庭審議会　61
こども家庭センター　43, 52, 69, 91, 184
子ども家庭総合支援拠点　183, 184
こども家庭ソーシャルワーカー　81
こども家庭庁　44, 60
こども基本法　26, 44, 53, 209
子ども虐待による死亡事例　177
子ども虐待の加害者　177
子ども虐待の件数　174
子ども虐待の種類　176
子ども虐待の定義　174
子ども虐待の被害者　176
子ども虐待のリスク要因　177
子ども虐待への支援　179, 180
子ども虐待防止対策　181
子ども・子育て支援新制度　40, 90
子ども・子育て支援法　89
こども大綱　88
子どもの権利ノート　28
子どもの権利擁護　182
子どもの最善の利益　26, 30
子どもの貧困　162
こどもの貧困の解消に向けた対策の推進に関す
　　る法律　167
コルチャック，ヤヌシュ　36

〈サ　行〉

里親支援専門相談員　81
仕事と子育ての両立支援事業　93
次世代育成支援対策推進法　87
慈善組織協会　33
市町村　67
児童委員　69
児童虐待防止対策　183
児童虐待防止法　25, 174-176, 181
児童憲章　26, 39
児童指導員　80
児童自立支援専門員・児童生活支援員　81
児童相談所　63

児童の権利条約　209
児童の権利に関するジュネーブ宣言　22
児童の権利に関する条約　23, 27, 36, 40, 46
児童の権利に関する宣言　23, 33
児童の最善の利益　209
児童の世紀　36
児童福祉司　79
児童福祉法　25
児童扶養手当　54
社会福祉士　78
社会福祉主事　79
恤救規則　37
主任児童委員　70
障害児　49
　──通所支援　137
　──入所支援　137
　──福祉手当　54
障害者権利条約　210
障害者の権利に関する条約　134
少子化社会対策大綱　87
少子化対策プラスワン　86
少年　49
　──事件　62
新子育て安心プラン　89
身体障害者福祉司　80
身体障害者福祉法　135
新・放課後子ども総合プラン　99
スクールソーシャルワーカー　81
健やか親子21　98
ステージ理論　144
精神保健福祉士　78
精神保健福祉法　136
世界児童憲章　33
セツルメント運動　33
全国保育士会倫理綱領　74

〈タ 行〉

待機児童　107
地域型保育事業　105
地域子育て支援拠点事業　92, 111, 203
地域子ども・子育て支援事業　91
知的障害者福祉法　135
特定性犯罪　42
特別障害者手当　54, 55

都道府県　63
　──児童福祉審議会　63
留岡幸助　38

〈ナ 行〉

生江孝之　25
乳児　49
乳児等通園支援事業（こども誰でも通園制度）
　109
認可外保育施設　106
妊産婦　49
妊婦健康診査　97
任用資格　77
能動的権利　20
野口幽香　38

〈ハ 行〉

バイスティック，フェリックス・P.　35
バイスティックの7原則　35
発達障害者支援法　136
バーナード，トマス・ジョン　33
伴走型支援　121
反応性愛着障害　178
病児保育事業　112
ファミリー・サポート・センター事業　93
福祉事務所　68
フレーベル，フリードリヒ　36
ペアレント・トレーニング　145
ペスタロッチ，ヨハン＝ハインリッヒ　36
保育士　78
　──の配置基準　104
保育所の設備・運営の基準　104
保育所保育指針　83, 109
保育の必要性の認定　103
「保育を必要とする」状態　102
放課後子供教室　100
放課後子ども総合プラン　99
放課後児童クラブ　99
ボウルヴィ，ジョン　34
保健所　67
保護者　49
保護命令　56

〈マ・ヤ行〉

民間資格　77
名称独占資格　77
面前DV通告　176
ヤングケアラー　170
養育支援訪問事業　92
幼児　49
要保護児童対策地域協議会　50, 69, 183

〈ラ　行〉

ライフストーリーワーク　123
螺旋形モデル　144
ラポールの形成　213
リッチモンド，メアリー　35
療育　136
利用者支援事業　91
倫理綱領　73
ルソー，ジャン＝ジャック　21, 36

《執筆者紹介》（執筆順，＊は編著者）

潮谷　光人（東大阪大学）……………………………………… 第 1 章

高野亜紀子（東北福祉大学）…………………………………… 第 2 章

中川　陽子（大阪成蹊短期大学）……………………………… 第 3 章

谷　　俊英（大阪大谷大学）…………………………………… 第 4 章

吉田祐一郎（四天王寺大学）…………………………………… 第 5 章

小口　将典（関西福祉科学大学）……………………………… 第 6 章

＊中　　典子（奥付参照）………………………………………… 第 7 章

田辺　昌吾（四天王寺大学）…………………………………… 第 8 章

＊田邉　哲雄（奥付参照）……………………………… 第 9 章・第15章

米倉裕希子（県立広島大学）…………………………………… 第10章

青井　夕貴（仁愛大学）………………………………………… 第11章

松本しのぶ（京都光華女子大学）……………………………… 第12章

野口　啓示（福山市立大学）…………………………………… 第13章

藤原　正範（日本福祉大学）…………………………………… 第14章

松田　文春（今治明徳短期大学）……………………………… 第15章

《編著者紹介》

田邉哲雄 (たなべ てつお)

　　兵庫大学教育学部教育学科教授

主な著書

『第3版 子ども家庭福祉論』（共著）晃洋書房，2017.

『保育ソーシャルワーク』（共著）ミネルヴァ書房，2019年.

『子ども家庭支援論』（共著・編者）ミネルヴァ書房，2024年.

中　典子 (なか のりこ)

　　中国学園大学子ども学部子ども学科教授

主な著書

『子どもと保護者に寄り添う「子育て支援」』（共著）晃洋書房，2022年.

『子どもと保護者に寄り添う「子ども家庭支援論」』（共著・編者）晃洋書房，
　　2022年.

『第4版 子ども家庭福祉論』（共著・編者）晃洋書房，2022年.

第5版
子ども家庭福祉論

2011年4月30日	初版第1刷発行	
2013年4月25日	初版第2刷発行	＊定価はカバーに
2014年5月10日	第2版第1刷発行	表示してあります
2015年10月5日	第2版第2刷発行	
2017年4月10日	第3版第1刷発行	
2018年4月15日	第3版第2刷発行	
2022年4月10日	第4版第1刷発行	
2025年3月20日	第5版第1刷発行	

編著者　　　田　邉　哲　雄 ©
　　　　　　中　　　典　子

発行者　　　萩　原　淳　平

発行所　株式会社　晃　洋　書　房

〒615-0026　京都市右京区西院北矢掛町7番地
電話　075(312)0788番(代)
振替口座　01040-6-32280

装丁　㈱クオリアデザイン事務所　　印刷・製本　西濃印刷㈱
ISBN 978-4-7710-3938-4

JCOPY 〈㈳出版者著作権管理機構 委託出版物〉
本書の無断複写は著作権法上での例外を除き禁じられています.
複写される場合は，そのつど事前に，㈳出版者著作権管理機構
（電話 03-5244-5088，FAX 03-5244-5089，e-mail:info@jcopy.or.jp）
の許諾を得てください.